국가의 딜레마

국가는 정당한가

국가의 딜레마

국가는 정당한가

홍일립

사무사책방
Manifesto

1장 국가는 정당한 조직인가?

국가의 '정당성' 문제 015

헌법의 정당성에 대한 의문 021

미국 헌법은 정당한 절차를 거쳐 만들어졌는가 025

한국 헌법도 예외는 아니다 031

2장 국가의 '비천한' 기원

국가가 자연발생적으로 만들어졌다는 설 048

'자연상태' 모델의 작위성 052

루소가 제시한 '최초 국가'의 단초 057

오펜하이머의 늑대국가론 063

다윈으로부터의 영감 068

3장 국가라는 괴물

'국가주의'라는 이데올로기 082

전쟁 속에서 창궐하는 국가주의 086

홉스의 시대상황적 논거 090

'민족혼'을 부르짖은 피히테 094

르낭의 민족 개념 102

'국가종교'의 출현, 파시즘적 국가주의 108

국가주의의 독일적 전통 114

천황 중심의 일본식 국가주의 122

오늘날의 국가주의 128

4장 반국가주의자들

고드윈의 국가무용론 143

스푸너의 '강도국가' 151

톨스토이의 '폭력국가' 162

마르크스 대 바쿠닌 170

소로의 '시민 불복종' 185

반국가주의의 진실과 한계 196

5장 민주주의는 희망의 언어인가?

민주주의에 대한 철학적 정당화   219

민주주의는 동네북인가?   222

아테네 민주주의의 한계   225

플라톤의 민주주의 비판   229

루소가 제시한 민주주의의 원리   234

대의제라는 새로운 발명품   238

슘페터의 현실주의   247

대의제 이상의 몰락   256

민주주의라는 환상   263

과두제로서의 민주주의   273

6장 국민은 국가의 주인인가?

르봉의 군중 개념   290

서양 근대 지식세계의 대중 혐오   298

타르드의 공중 개념   302

미헬스의 '과두제의 철칙'   309

국가의 주인 행세를 하는 자들   316

관료제의 정치적 성격   326

들러리로서의 국민   336

7장 국가의 딜레마

    통치의 함정   350
    인민이라는 신기루   355
    인치와 법치 사이   360
    언제 끝날지 모를 도덕적 작업   365

    찾아보기   372

1장

국가는 정당한 조직인가?

오늘날 지구촌의 모든 개인은 국가라는 울타리 안에서 살아가고 있다. 수십억 명의 사람들은 각각 크고 작은 200여 개 국가의 한 구성원이다. 그 국가들 가운데 일부는 아직도 원시 부족국가의 형태로 존속되는 반면, 어떤 국가는 '세계의 경찰'임을 자임하며 '초국가'의 위세를 떨치고 있다. 또한 수십억 명이 한 곳에 편중되어 시끌벅적한 국가가 있는 반면에, 어떤 국가는 수십만 명에 불과한 소규모의 집합체에 지나지 않는다. 어찌 되었건 국가의 양적·질적 차이에도 불구하고 모든 개인은 특정한 국가의 구성원이다. 개인에게 부여된 고유한 ID 카드는 그가 특정 국가에 소속된 일원임을 증명한다.

많은 이들은 국가가 자신의 생명과 재산을 지켜주는 든든한 보호자이고, 그런 국가의 구성원인 것을 종종 자랑스럽게 여긴다. 가령 우리나라의 경우 한민족, 한글, 태극기, 무궁화, 조국 산천, 순국선열, 대한 건아, 그리고 '아, 대한민국' 등의 용어를 듣기만 해도 가슴이 뭉클해하는 이들도 많다. 5,000년을 이어온 한민족의 국가는 오늘날의 우리를 존재하게 한 버팀목이고 자랑거리로 여겨지기도 한다. 한민족이 외부세력의 강압에 의해 뿔 뿔이 흩어져 민족적 동질성을 상실하게 되었다면 아마 도 오늘날의 우리는 전혀 다른 모습을 하고 있을지 모르니 말이다. 그래서 어느 나라에서건 피로써 국가를 위해 희생한 의인을 추모하고 숭상하는 일은 국민으로서의 당연한 도리로 여겨진다. 많은 이들에게 국가가 없다면 개인의 삶도 없다는 인식은 널리 퍼져 있다. 그나마 국가가 있는 것을 천만다행으로 여기고 그 속에서 각자나름의 삶을 살아가는 이들도 많다.

그런데 눈을 돌려 국가가 행하는 실제의 모습을 보게 되면 다른 생각을 가질 수도 있다. 국가는 나에게 만족스러운 존재였는가? 그 자랑스러운 대한민국은 안녕한가? 실상은 그렇지 않다. 우리의 일상에서 국가는 대체로 불만의 대상이다. 국가는 늘 시끌벅적하고 안팎에서의 분란이 끊이질 않는다. 그 논란의 중심에는 언제나 백성을 돌보겠다거나 국민을 대표하겠다고 나선 권력자 또는 권력집단이 있다.

그들이 국민을 잘 보살핀 적은 그리 많지 않다. 대부분의 경우 권력의 맛에 취해 국민을 속이기 일쑤였고 심한 경우 국민의 삶을 짓밟기도 했다. 우리의 경우 5,000년 과거 역사에서 통치자다운 통치자는 손가락에 꼽을 정도였다. 대부분은 통치자로서 책무에 충실하지 못했고 무능했다. 그들은 외부세력에 의한 수백 차례의 침입을 허용하면서 자기 나라 백성의 안녕을 지키지 못했다. 급기야 나라를 송두리째 빼앗겨 민족을 타국의 신민으로 복속시키는 대재앙을 자초했다. 남의 힘을 빌려 나라를 되찾은 뒤에도 민족은 두 동강으로 절단되어 두 개의 별개 국가로 분열되었다.

북쪽에 세워진 국가는 인민의 깃발이 넘실대는 나라처럼 보였지만 기실은 일인독재체제의 서막이었다. 남쪽에는 미군정의 지휘 아래 자유국가의 형틀을 갖추었지만, 친일의 무리가 기득권을 휘두르는 이상한 나라가 되고 말았다. 그 후에도 극심한 혼란과 분열은 멈추지 않았다. 국가의 기능을 담당한 권력집단은 국민의 분노와 조롱의 대상에서 벗어나질 못했다. 초대 대통령이라는 자는 무능과 부패로 조국에서 쫓겨났고, 근 20년 철권통치를 휘두른 독재자는 심복의 총에 맞아 죽었다. 야만적 군사 쿠데타의 계보를 이은 두 명의 권력자는 임기가 끝난 후 감옥으로 직행했다. 그 이후에도 권력형 부패와 국기 문란 등으로 두 명은 수감되었고 한 명은 자살을 택했다. 건국 이래 최고 권력자는 민주주의의 옹호자 김영삼과 김대중 두 사람을 제외하고는 정치적 삶을 정상적으로 마무리짓는 행운을 얻지 못했다.

나라가 망하지 않고 버텨온 게 불행 중 다행이지만 우리의 역사에서 국가가 국민을 온전하게 보호하는 구실을 제대로 하지 못한 것은 명백한 사실이다. 그렇다면 국가는 도대체 무슨 일을 한 것인가? 국가는 누구를 위해 있는 걸까? 국가는 누구의 것인가? 국가는 필요할까? 국가는 그저 필요악에 의한 자연적 집합체에 불과한가? 양식 있는 구성원이라면 의당 이 같은 의문을 품을 것이다.

국가의 '정당성^{legitimacy}' 문제

국가의 '존재 이유'에 대한 의문은 비단 특정 국가에 국한된 문제가 아니다. 지구상에는 나라같지 않은 나라가 상당수 존재한다. 툭하면 군부 쿠데타로 국민을 공포와 아사로 몰아가는 나라가 있는가 하면 자국 내 종교 분쟁으로 항시 내란상태를 벗어나지 못하는 참혹한 국가도 있다. 대통령을 하면서 나랏돈을 횡령하고 달아나는가 하면 국민 다수가 경제적 고통에 시달리는데 왕이라는 자가 비행기 모으는 게 취미라는 한심한 나라들도 널려 있다. 힘세고 강하다는 나라들의 사정도 녹록한 편이 아니다. 중국은 일당독재를 반세기 넘게 이어가고 있고, 소비에트 연방의 명맥을 잇는 러시아도 사실상 일인 독재 국가와 다름이 없다. 이웃 나라 일본은 전후 70여 년 동안 단 한 차례 짧은 기간의 정권 교체가 있었을 뿐, 자민당의 일당지배를 허용하는 '절름발이 민주주의' 나라이다. 민주주의의 수출국이라는 미국에서도 국가권력의 정당성 여부에 대한 논란이 빈번하게 일어난다.

미국의 정치학자 로버트 달Robert Dahl에 따르면, 국민이 국가의 주인이라는 원칙을 명시하고 민주주의의 최소한의 척도를 만족시키고 있는 나라는 200여 개의 국가 중 3분의 1에도 미치지 못한다.[1] 그 가운데 인구 수가 적은 소국을 제외하면, 실제 민주주의 국가라고 평가할 수 있는 나라의 수는 한층 줄어든다. 이 말은 곧 국민적 동의에 입각한 '정당성'을 확보한 나라가 그리 많지 않다는 얘기이다.

오늘날의 '정상국가'는 한참 비대해졌다. 현대국가는 적게는 수십 만에서 많게는 수천만 명으로 조직된 관료기구를 품은 거대한 공룡이 되었다. 막스 베버Max Weber가 정의한 바에 따르면, 국가는 "일정한 영토에서 각종 법률적·행정적 장치를 기초로 그 구성원에게 물리적 힘을 독점적으로 행사하는 최고의 정치조직"이다.[2] 국가는 "인간이 인간을 지배하는 관계이자 합법적이라고 간주되는 폭력의 수단에 의해서 유지되는 관계"를 토대로 한다. 그리하여 국가는 다양한 조직과 기구를 갖추고 개인에게 언제든 압도적인 힘을 행사할 권한을 갖고 있다. 국가는, 구성원이 동의하든 동의하지 않든, 수많은 개인의 삶에 엄청난 영향을 미치는 각종 정책을 합법이라는 명분으로 실행한다. 그러나 이 같은 국가적 행위가 정당한 것인지의 여부는 보다 근본적인 추궁을 요하는 문제이다.

민주주의의 원리에 따르면, 국가권력의 정당성은 국민의 동의에서 나온다. 그렇지 못할 때, '국가는 왜 있는 것인가' 하는 그 '존재 이유'에 대한 의구심이 증폭된다. 즉 국가적 행위가 국민의 동의를 얻지 못한 채 물리적 강제력에 의해 실행될 경우, '국가적 행위가 정당한가' 하는 '정당성 문제legitimacy problem'를 초래한다. '정당성'이란 정치적 지배질서의 타당성에 대한 믿음이다. 한나 아렌트Hannah Arendt는 '정당성'을 "국가에 대한 동의와 지지뿐만 아니라 국가의 행위가 국민이 합의한 일련의 규칙 안에서 작동할 때 권위를 획득할 수 있다는 통념"으로 규정한다.[3]

국가권력은 폭력이 아닌 '정당성'에 의존할 때 진정한 권위를 가질 수 있다. 베버는 현대국가의 '합법적 지배'란 "정당한 절차에 의해 결정된 제정 규칙에 의한 지배"라고 말한다.[4] 국민의 동의를 획득한 법률에 의한 지배에 의거할 때 국가의 권위가 정당화될 수 있다. 다시 말해서 합법적으로 만들어진 규정에 기초하여 국가 대행자의 직무 권한이 정해지고, 국민이 그 법령의 정당성을 신뢰하는 한에서 국가는 국민에게 보편적 복종을 요구할 수 있다.

요컨대 합법적 통치란 개인이 국가적 권위에 자발적으로 복종할 때 비로소 성립하는 것이다. 그렇지 않을 경우 국민의 입장에서는 '왜 국가의 권위에 복종하여야 하는가?' 하는 물음을 당연히 제기할 수밖에 없다. 이 의문이 해소되지 않는다면 '개인의 이성과 국가의 권위 간의 긴장상태'를 피할 수 없게 된다.

나아가 베버가 말한 '합법적 지배'에서도 국가의 법이 어떠한 절차를 거쳐 제정되었는가에 따라 그 정당성의 진위 여부는 달라질 수 있다. 하버마스Jürgen Habermas가 지적했듯이, 국가 운영에 관한 법이 형식적으로만 합리적 절차를 거친 것이라면 실질적으로는 국민 공통의 규범적 이해가 결여되었기에 국가의 정당성은 '신뢰의 위기'에 놓이게 된다. 하버마스는 현대 자본주의 국가가 ① 경제적 차원, ② 행정 합리성, ③ 정치적 가치 및 동기 등 세 층위에서 '정당성 위기legitimacy crisis'에 처해 있다고 진단하면서, 국가체제의 정당성이 항시적으로 위협받는 상황임을 직시해야 한다고 주장한 바 있다.[5]

국가의 '정당성 위기'란 한마디로 국민이 국가를 믿지 못하는 상황을 말한다. 국가의 권위가 실질적 의미의 국민적 합의 위에서 성립된 것이 아니라고 한다면, 다시 말해서 국가의 '합법성'과 '정당성'을 뒷받침하는 헌법을 위시한 모든 법률이 국민의 동의에 의한 것은 아니라고 한다면, 국가의 합법적 지배도 그에 따른 강제력 행사도 용인될 수 없는 것이다.

　　　　　　　　　　　　　　　　　　　국가의 딜레마

국가의 '정당성 문제'는 비단 현대 자본주의 단계에 들어서서 야기된 논제가 아니다. 현대국가가 '정당성의 위기'에 처하게 되는 것은 하버마스가 분석한 것보다는 훨씬 더 근본적인 데 그 원인이 있다. 국가가 국민의 동의에 의해 성립되고 운영되는 정치질서라는 기본 원칙을 기준으로 삼는다면, 이에 미달하는 국가는 모두 정당성이 없는 국가이다. '최초의 국가'에서부터 고대, 중세, 근대, 그리고 현대에 이르기까지 이 기준을 충족시킨 국가는 거의 없었다. 베버가 분류한 '전통적 지배'나 '카리스마적 지배'에 해당되는 전근대적 국가에 대해서는 '정당성 문제'를 논할 필요조차도 없다. 국가가 국민의 동의 형식인 선거를 통해 만들어진 적은 인류역사를 통틀어 단 한 번도 없었기에, 국가는 애초부터 '정당성이 없는' 인위적 조직체였다.

국가의 '정당성 문제'는 서구의 여러 나라가 인민주권이라는 정치적 원리를 보편적으로 수용하고 그 원리에 입각한 국가적 기틀을 세우면서부터 주요한 정치적 의제가 되었다. 민주주의를 표방하는 국가라고 한다면, 그 국가가 진정으로 국민의 동의에 의해서 성립되고 운영되는가의 여부가 국가의 정당성 수준을 재단할 수 있는 척도가 되었음을 의미한다. 그러나 지구촌에 민주주의가 범람하고 있음에도 불구하고 이 척도를 충족시키는 국가가 많지 않다면, 이는 민주주의라는 정치양식이 곧 국가의 정당성 문제를 해소하는 방책이 되지 못함을 말해준다. 그런 점에서 국가의 정당성 문제는 민주주의 이념에 동의하는가 동의하지 않은가에 대한 논변과는 별개의 독립적 의제로 보는 편이 옳다.

헌법의 정당성에 대한 의문

우리는 국가의 존재를 직접 눈으로 확인할 수는 없다. 다만 국기, 정부 청사, 군대 열병식, 세금 용지, 국경 검문소 등을 볼 때 국가가 있음을 느낄 수 있을 뿐이다. 그러나 국가의 존재를 암시하는 여러 상징과 이미지만으로는 국가의 전모를 파악할 수 없다. 국가의 실체를 찾을 수 없다면, 국가의 정당성 여부를 따지는 일도 가능하지 않다. 하지만 국가는 실재한다. 우리가 국가의 실체를 확인할 수 있는 명백한 이유는 국가의 형체를 통째로 담은 하나의 명문화된 문서가 있기 때문이다. 바로 헌법이다.

헌법은 국가라고 불리는 정치결사체의 구성, 각급 조직의 임무와 권한, 통치자의 권한과 책임, 구성원의 권리와 의무 등 근원적 통치 질서를 규정한 약속의 규범이다. 학적 정의에 의하면, 헌법은 "국가적 공동체의 존재 형태와 기본적 가치질서에 관한 국민적 합의를 법

규범적인 논리체계로 정립한 국가의 기본법"6이다. 따라서 헌법은 한 국가의 모든 권력과 각종 하위 법률 위에 존재하는 '최고의 법'이다. 그러기에 독일 법철학자 카를 슈미트Carl Schmitt는 헌법을 '국가의 신체이자 영혼'에 비유하며 곧 '국가 그 자체'라고 규정한다.7 요컨대 헌법은 '나라를 세운다'는 의미의 라틴어원constituere 대로 한 국가의 상징인 동시에 실체인 것이다.

오늘날 모든 정상국가는 고유한 헌법을 갖고 있다. 이 나라들은 헌법에 의거하여 국가적 행위를 집행하는 '헌정주의constitutionalism'를 채택하고 있다. 현대국가의 법치주의는 헌법에 근거한다. 헌법의 목적은 국가권력의 범위를 한정하고 시민의 자유를 보장하는 데 있다. 법치주의 원칙이란 헌법이 규정한 모든 원칙의 총합체이다. 따라서 법치국가의 모든 공적 행위는 헌법을 위시한 각종 법률에 의거해서 이루어지며, 그러한 경우에 한하여 우리는 그 국가의 정부를 합법적이라고 말한다. 가령 국가가 국민에게서 세금을 징수하고 이를 어기는 사람에 대해 재산 압수, 구금, 체포 등 강제적 물리력을 동원할 수 있는 근거는 바로 관련 법률의 조항에 있다. 국가가 행사하는 모든 공권력은 법률이 보장한 범위 내에서만 합법적이다. 이처럼 헌법은 국가 전체를 지배하는 법, 관습, 제도의 총체로서 국가의 권위를 담보한다.

국가의 딜레마

그렇다면 헌법의 압도적 권위는 어디에서 나오는가? 그 유일한 원천은 바로 국민의 동의이다. 국민의 동의가 없다면 헌법은 휴짓조각에 지나지 않는다. 국가가 국민의 동의를 획득하여 공권력의 정당성을 확보한다면, 국가는 국민에게 복종을 요구할 권리를 가지며 국민은 국가에 복종할 의무가 있다. 국민의 동의를 얻지 못한 법은 법이 아니다. 그 옛날 소크라테스는 "악법도 법이다"라고 외쳤지만 그 주장은 완전히 틀렸다. 악법은 그냥 악일 뿐이다. 고대로부터 수천 년 이어온 모든 권위주의 국가의 법이 정당성을 갖지 못한 채 자의적인 통치도구에 불과했던 이유는 국가 구성원의 동의라는 결정적 문턱을 넘지 못했기 때문이다.

일찍이 존 로크John Locke는 국가권력이 정당성을 갖는 유일한 원천을 국민의 동의에서 구한다. 그는 주권재민의 원칙을 요청하면서 그렇지 못한 부당한 권력에 대해서는 국민의 저항권과 혁명권이 있음을 강조했다. 오늘날 민주주의 국가의 헌법은 한결같이 인민주권의 원칙을 채택하고 있다. 이 원칙에 입각할 때 국가는 권위의 정당성을 확보하고 국민은 그 구성원으로서의 권리와 의무를 갖게 된다.

그럼에도 불구하고 현대 민주주의 국가는 '정당성 문제'로부터 자유로울 수 없다. 헌법과 국민적 동의 사이에 뚜렷한 간극이 있기 때문이다. 즉 헌법을 누가 어떠한 절차를 통해 제정했는지, 헌법 개정은 어떻게 이루어졌는지, 헌법에 쓰인 대로 국가적 행위가 실행되고 있는지, 그리고 명문화된 헌법의 조항 가운데 부정합한 것은 없는지 등을 세심히 따져보면, 그 정당성을 의심할 수밖에 없기 때문이다.

현대국가의 모든 헌법은 국가 구성원 대다수가 배제된 채 극소수에 의해 작성되었고, 제정 과정에서도 국민의 진정한 동의를 얻은 적이 없다. 설령 동의의 절차를 거쳤다고 하더라도 그것은 형식적 동의였을 뿐 실질적 동의가 아니었다. 그 동의조차도 과거의 국민에 의한 것이지 현재의 국민이 한 것이 아니다. 헌법의 개정 역시 통치자와 정치집단의 이해에 따랐을 뿐 국민의 요구에 의한 경우는 극히 드물다. 또한 헌법에 명시된 대로 국가가 운영되지도 않고 오히려 그에 위배되는 경우도 허다하다. 게다가 그 문서 안에는 지금의 국민이라면 누구든 동의할 수 없는 조항도 적지 않게 담겨 있다. 따라서 오늘날의 국가가 겪고 있는 '정당성 위기'는 특정한 시대 상황에 따른 정치경제적 변화에서보다는 헌법의 정당성 결함을 파헤치는 데서 그 본질적 원인을 찾을 수 있다.

미국 헌법은 정당한 절차를 거쳐 만들어졌는가

국가는 국민의 동의를 거쳐 그 정당성을 획득한 집합체인가? 우리는 헌법을 위시한 국가의 모든 법률에 동의한 바가 있는가? 로버트 달은 그렇지 않다고 주장한다. 미국 헌법은 1781년 최초로 제정된 이래 가장 최근인 1992년에 추가된 수정조항Amendments을 포함하여 20여 차례에 걸쳐 27조에 이르는 수정조항이 가해졌지만, 미국인의 동의에 의해 제정되지도 수정되지도 않았다.

미국 헌법은 민주주의의 원리와 규범 그리고 그 제도적 실천 사이에 첨예한 괴리를 드러내는 문서이다. 달은 이 간극을 민주주의와 헌정주의 간의 긴장과 괴리, 모순과 갈등으로 규정하면서, 미국 헌법이 많은 비민주적 요소를 포함한 커다란 결함을 안고 있다고 주장한다. "미국 헌법은 제정 당시의 정치적 상황 속에서 민주적 가치를 실현하기 위한 목적으로 인간 능력의 한계 내에서 기본적인 제도를 입안한 일련의 문서일 뿐, 그 이상도 이하도 아니다."[8] 그렇기에 미국 헌법은 많은 사람이 생각하듯이, 다른 나라가 모방할 만한 이상적인 모델도 아니고, 신화로서 숭상될 수는 더더욱 없다. 게다가 현행 헌법을 개정하기가 제도적으로 거의 불가능한 현실 상황은 미국 민주주의의 앞날을 더욱 어둡게 만든다.

이처럼 비관적인 전망은 미국 헌법이 애초에 누구에 의해서 어떻게 제정되었는지의 문제와 깊은 관련이 있다. 미국 헌법의 초안을 만든 이들은 '과도한 민주주의'를 우려하면서 다수에 의한 지배를 견제하는 데 초점을 맞추었다. 입안자들의 정치적 입장은 "인민주권의 현실적 표현이며 공동체를 위한 집합적 결정의 중심 원리라고 할" 다수 지배의 원칙을 수용하지 않았다. 초안 작성의 주역이었던 매디슨James Madison은 『연방주의자 논설』 '10편'에서 아테네에서 실현된 인민 스스로의 통치로서의 직접 민주주의를 '순수 민주주의'로, 그리고 자신이 지향하는 정부의 형태를 '공화정'이라고 정의하면서 양자를 구별했다.[9] 그가 말하는 공화정이란 다수의 시민이 소수의 대표를 선출하는 대의적 통치체제였다. 이른바 '매디슨적 민주주의'로 불리는 이들의 목표는 인민의 체계가 아니라 대표의 체계였다.

소수에 의한 '대표의 체제'를 표방한 "미국 헌법은

국가의 딜레마

대체로 다섯 그룹, 즉 ① 뉴잉글랜드 상인, ② 제퍼슨이나 매디슨 자신이 속하는 농장주, ③ 친영 왕당파, ④ 자영업자, 장인 및 노동자, ⑤ 소농 등 정치적·경제적 세력들 간의 타협의 산물이다."[10] 이들이 연합해서 주도한 '매디슨적 민주주의'는 한편으로는 모든 사회세력과 일반 대중의 폭넓은 정치참여를 허용하면서도, 다른 한편으로는 어떤 그룹이든 그들 간의 결합이 다수로 집결되는 것을 방지하는 데 초점을 둔, 양 측면의 균형을 제도화한 것이었다.

미국 헌법은 '매디슨적 민주주의'를 이념적 토대로 몇몇 소수 그룹의 주도로 제정되었다. 미국 헌법이 다수 지배에 대한 견제를 중심적인 전제로 한다면 인민주권의 원칙과는 배치된다. 이 때문에 미국 헌법에서 인민은 '스스로 통치하는 시민의 집합체'가 아니다. 그보다는 빈자貧者 혹은 우중愚衆에 가깝다. 좋든 싫든 '인민 다수의 결정보다 더 우월한 것은 현실 정치에서 존재할 수 없다'고 믿는 이들의 눈에는, 미국 헌법에서 인민은 국가의 진정한 주인이 아니라 소수 지배집단을 떠받치는 들러리에 지나지 않는다. 게다가 "민주주의 체제 안에서 가장 애매하고 민주적 통제와 거리가 먼 사법부에 가장 강력한 권한을 부여한 것, 즉 헌법 해석권을 중심으로 헌법 수호자로서의 역할을 부여한 것은 '매디슨적 민주주의'의 가장 큰 제도적 결함"이다.[11]

'민주주의와 헌정주의 간의 괴리'로 노정된 미국 헌법 내의 비민주성은 곧 헌법의 '정당성 문제'를 유발한다. 더군다나 그 제정 과정에서 절차적 하자가 있었다면 문제의 심각성은 배가된다. 미국 헌법은 제정 당시 미국 전체 국민의 동의를 얻어서 확정되지 않았다. 미국 헌법은 "불과 55명에 의해 200년 전에 작성되었고, 실제로는 미국민의 39명만이 서명했으며, 그들 대부분은 노예 소유주였다. 그리고 겨우 13개 주에서, 이제는 모두 죽고 잊힌 지 오래된, 2,000명도 안 되는 극히 적은 수의 사람들만이 투표하여 비준한 문서에 불과했다."[12]

그럼에도 불구하고 이 낡고 정당성이 없는 문서가 수백 년이 지난 오늘날까지 국가의 옥체처럼 받들어지는 이유는 무엇인가? 미국 국민은 무엇 때문에 오늘날까지 이것에 얽매여 살아야 하는가? 과연 미국인은 헌정체제에 대해 스스로의 생각과 의지를 표현할 기회가 있었는가? 없었다. 따라서 달은 미국 국민 다수의 동의를 구하지 않고서도 그 효력을 유지하고 있다면, 미국 헌법은 사실상 불법이자 무효라고 주장한다. 헌법이 무효라고 한다면 그러한 국가는 공적 권위의 정당성을 가질 수 없다.

달은 미국 헌법의 정당성에 이의를 제기한 최초의 미국인이 아니다. 이미 두 세기 전 미국 무정부주의의

국가의 딜레마

선구자 스푸너Lysander Spooner는 달보다 강력한 반대의사를 표명했다.[13] 그는 미국 헌법이 명백히 만인에 의한 사회계약의 산물이 아님을 주장하면서 헌법의 합법적 정당성을 부정했다. 스푸너는 "우리 미연방의 인민은 더욱 완벽하게 연방을 형성하고 정의를 확립하고……"로 시작되는 미국 헌법을 처음부터 인정하지 않았다. 왜냐하면 미국 시민 누구도 그것에 서명하지 않았고, 계약으로 받아들이지 않았기 때문이다.

그가 보기에, 미국 헌법은 극소수의 사람들이 모여 작성한 문서를 백인 성인 남자 중 극히 일부만이 '암묵적으로 양해'한 것에 불과했다. 그 양해조차도 '당분간의 일시적 동의'였다. 미국 헌법은 건국 초기에 작성된 임의의 문서였고, 그것에 동의했던 사람들은 오래전에 죽었다. 후세대의 사람들은 누구도 동의한 바가 없다. 따라서 그는 미국 헌법은 지금의 미국 시민들에게는 전혀 구속력이 없다고 주장한다.

스푸너는 미국 헌법이 소수의 부유한 엘리트에게 지배권을 주어 '가난한 사람들, 약자들, 무지한 자들'을 노예로 만드는 수단에 불과했기에, 헌법의 권위도 그 효력도 인정하지 않았다. 미국 헌법이 국민 절대다수의 동의를 구하지 않았다는 사실을 직시한 이들은 한결같이 스푸너의 견해를 지지한다. 가령 예비역 육군 중장 팔머

Dave Palmer는 "미국 헌법을 작성한 것은 55명의 인간과 하나의 유령이었다"[14]고 공박한다. 그는 16세기 명예혁명 이후 독재자로 돌변한 올리버 크롬웰Oliver Cromwell을 유령에 빗대어 미국 헌법의 제정 과정이 독단적이었음을 꼬집었다. 미국 정치학자 제임스 마틴James J. Martin 역시 "통치자에게 복종하겠다는 계약에 실제로 참여한 사람들을 제외하고는 누구도 그 합의를 지킬 의무가 없다"[15]고 주장하며 헌법의 정당성을 부정한다.

한국 헌법도 예외는 아니다

헌법의 정당성 문제는 비단 미국의 경우에 국한되지 않는다. 그 어느 나라 헌법도 국민 전체의 서명이나 동의에 의해 제정된 것이 아니므로 '정당성 문제'에서 자유로울 수 없다. 우리나라 헌법도 마찬가지이다. 1948년에 제정·공표된 건국헌법은 국민의 실질적 동의를 거치지 않았다. 광복 후 혼란의 상황에서 구성된 제헌국회에서 가결된 제헌 헌법은 단지 간접적인 방식으로 겨우 합법성을 얻었을 뿐이다. 그마저도 이승만 개인의 의사가 과도하게 반영된, 공정성이 결여된 법률이었다. 겉으로는 상해임시정부의 법통을 계승한다고 하였으나 친일의 울타리를 보호하는 모순적 성격을 드러냈다. 이후로 8차례에 걸친 헌법 개정 역시 합당한 절차를 거친 것으로 보기 어렵다. 그 모두는 권력자와 정치집단, 그리고 일부 법률 전문가에 의해 주도된 엘리트 개헌이었다. 특히 유신헌법 등 박정희 정권기에 행해진 수차례의 개정은 국민의 의사와는 무관하게 독재자의 권력욕만을 반영했을 뿐이다.

　1987년 9차 개정에 의한 현행 헌법 또한 정당성이 결여되기는 마찬가지이다. 현행 헌법은 1987년 10월 27일에 국민투표에 의하여 확정되고 같은 해 10월 29일에 공포되었다. 현행 헌법은 전문前文에서 상해임시정부의 법통과 4·19 민주이념의 계승을 명시화하고, 5년 단임 대통령 직선제, 구속의 적부심사 전면 실시, 헌법재판소 신설 등을 개정의 주요 내용으로 하고 있다. 9차 개정은 전두환 독재에 대한 국민의 완강한 저항으로 획득한 결실이다. 박정희의 유신헌법 개정 이래 한 번도 대통령을 자기 손으로 뽑아보지 못한 국민의 분노가 폭발했고 결국 직선제를 쟁취했다. 그 결과 유권자의 78.2퍼센트가 투표에 참여했고 무려 93.1퍼센트의 찬성으로 확정되었다. 통계상으로만 보면, 투표권을 가진 국민의 70퍼센트 이상의 압도적 동의를 획득한 결과로 볼 수 있다.

　그러나 9차 개헌에 의한 현행 헌법이 명목상 국민투표를 통한 동의의 형식을 취했다고 해서 그 정당성이 담보되는 것은 아니다. 현행 헌법 역시 현재의 시점에서 보면 불완전하기는 마찬가지이다. 현행 1987년 헌법질서는 독재 청산과 대의 민주주의 부활의 계기를 마련한 공적에도 불구하고, 승자독식 다수제, 과잉 중앙집권제, 엘리트 중심의 대의제를 특정으로 하는 '소용돌이 집중

제'의 결함을 여전히 지니고 있다.[16]

　　내용상의 문제보다 더 큰 문제는 정당성 여부이다. 현행 헌법은 개정 당시 투표권이 없었던 1968년 이후에 출생한 사람들의 동의를 얻지 못했다. 2020년 기준으로 보면, 1968년에서 2002년 사이에 태어난 국민은 현행 헌법에 동의한 바가 없다. 즉 경제활동인구의 대다수를 차지하는 20, 30, 40대 그리고 50대 초반까지의 유권자는 현행 헌법에 찬반 표시를 할 기회조차 없었다. 게다가 1987년 당시 헌법 개정에 동의한 이들 가운데 적어도 30퍼센트 정도는 이 세상에 없는 사람들이다. 따라서 현행 헌법에 동의한 국민은 실제로 약 30퍼센트밖에 되지 않는다. 따라서 현행 헌법이 정당성을 갖기 위해서는 현재의 상황에서 국민적 동의를 다시 받아야 한다. 다수의 국민은 현행 헌법에 동의 여부를 표시한 바가 없으므로 그 정당성에서 한계가 있는 것이다. 그렇다면 현행 헌법은 그 효력을 전적으로 인정하기는 어려운 문서이다.

　　그뿐만이 아니다. 우리 헌법은 그 내용을 들여다보면 시작부터 온갖 미사여구로 치장되어 있다. "유구한 역사와 전통에 빛나는 우리 대한국민은……"으로 시작되는 우리 헌법은 전문을 포함하여, 총 10장 130조에 걸쳐 국가의 임무, 국민의 권리, 정부의 구성 및 역할 등에 관한 포괄적인 규정을 담고 있다. 제1장 총강 제1조 1항은 "대한민국은 민주공화국이다"라고 규정한다. 이어 2항에서 "대한민국의 주권은 국민에게 있고, 모든 권력은 국민으로부터 나온다"고 선언한다. 「버지니아 권리장전」 제2조에서 빌려온 이 조항은 대한민국이 민주주의 국가이며 국가의 주인은 국민임을 천명한다.

그러나 2항의 규정에서처럼 대한민국의 모든 권력이 국민으로부터 나온다는 게 사실인가? 몇 년에 한 번씩 투표로 자기 의사를 표현하는 게 공적인 정치활동의 전부인 사람들에게 무슨 권력이 있는가? 더군다나 50.1퍼센트가 넘는 찬성파에 밀려 자기 의사가 묵살되는 49.9퍼센트의 사람들에게는 국민으로서의 정치적 권리가 무슨 의미가 있는가? 이 조항은 멋진 수사일지는 몰라도 국민 가운데 사실로 받아들이는 사람은 그리 많지 않을 것이다.

현실과 동떨어진, 그저 말뿐인 조항도 넘쳐난다. 가령 "모든 국민은 법 앞에 평등하다"는 11조 1항과 "누구든지 성별·종교 또는 사회적 신분에 의하여 정치적·경제적·사회적·문화적 생활의 모든 영역에 있어서 차별을 받지 아니한다"는 2항을 곧이곧대로 믿는 국민은 거의 없다. 가령 수십 년의 독재 기간에 사법부는 무고한 시민을 단죄하는 인권 유린 사례를 양산했고, 검찰 등 권력

국가의 딜레마

기관은 공정한 법 집행에서 이탈하는 오류를 빈번하게 저질러왔다. 돈과 권력의 유무에 따라 법이 불공평하게 집행된 사례를 묶는다면 아마도 두툼한 책 수백 권 분량을 족히 넘을지 모른다. 무엇이 평등이고 누가 차별받지 않는다는 말인가? 헌법의 조항이 현실과 항상 일치할 수는 없다는 점은 마지못해 양해할 수는 있다. 그러나 그 간극이 너무 크다. 국가의 최고 법률기관인 헌법재판소도 최근 펴낸 책자에서 "헌법 규범과 헌법 현실 간에는 엄청난 괴리가 존재한다"고 자인한다.[17]

국민이라면 결코 동의할 수 없는 조항도 큰 문제이다. 가령 제44조 1항 "국회의원은 현행범인인 경우를 제외하고는 회기 중 국회의 동의 없이 체포 또는 구금되지 아니한다"거나 동조 2항 "국회의원이 회기전에 체포 또는 구금된 때에는 현행범인이 아닌 한 국회의 요구가 있으면 회기 중 석방된다"는 조항에 동의할 국민이 얼마나 되는가? 지난 기간 얼마나 많은 국회의원이 범법자로 판명되었는가? 불체포특권과 면책특권을 빙자한 범법 행위의 은폐 및 정치적 선동도 많았다. 게다가 법적으로 명백한 범죄자로 판정되었는데도 구속하려면 무슨 작전이라도 하듯 힘겹다. 평민은 즉각 구속해도 되고 국회의원은 즉각 구속하면 안 된다? 공정하지 않다. 본래의 입법 취지에서 벗어나 나쁜 방향으로 악용되고 있다면 합당하게 개정하거나 폐지해야 한다. 국회의원도 국민인 한 모든 국민과 동등한 권리와 의무를 가져야 하기 때문이다. 이 조항은 "모든 국민은 법 앞에 평등하다"는 11조 1항과 모순된다.

심지어 우스꽝스러운 조항도 있다. "국회의원은 청렴의 의무가 있다"는 46조 1항과 "국회의원은 국가 이익을 우선하여 양심에 따라 직무를 행한다"는 동조 2항이다. 이를 믿는 사람도 거의 없을 것이다. 특히 46조 1항은 문제가 있다. 청렴의 범위가 어디까지이고 그 의무를 위반했을 시 어떠한 제재가 가해지는가? 헌법은 성경이 아니다. 십계명 같은 조항을 의무로 적시하는 것이 무슨 의미가 있는가? 의무 사항이라고 한다면 위반 시 처벌 조항을 반드시 병기하는 게 옳지 않을까?

이외에도 논란의 소지가 많은 조항도 수두룩하다. 가령 대통령의 권한에 관한 조항들도 동의할 수 없는 내용이다. 79조 대통령의 사면권이나 85조 전직 대통령의 신분과 예우에 관한 규정은 대통령에게 과도한 권한과 특권을 부여하고 있다. 이 밖에도 41조 국회의원의 수를 200인 이상으로 한다거나 70조 대통령 5년 단임 조항, 105조 대법관의 6년 임기 보장 및 연임 가능 규정 조항, 그리고 106조 법관의 신분 보장 조항 등도 찬반의 견이 크게 엇갈릴 수 있는 조항들이다. 또한 지방의회가 툭하면 문제를 일으키는 지방권력의 집합체처럼 운영

된다면 아마도 절반 이상의 국민은 지방자치에 관한 조항인 118조의 개정을 요구할 것이다.

이처럼 많은 문제적 조항에도 불구하고 헌법이 제정·개정될 수 있었던 이유는 헌법에 대한 동의방식이 각개 조항에 대한 동의 여부가 아니라 모든 조항을 묶어 총괄적으로 찬반 여부를 묻는 방식으로 결정되었기 때문이다. 만약 각 개별 조항에 대한 찬반 여부를 물었다면 그중 여러 조항은 국민의 동의를 얻기가 쉽지 않았을 것이다. 일반적으로 사회에서 개인과 개인, 개인과 단체, 단체와 단체 간의 협약이 진행될 경우에 그 협약이 성사되지 않는다면, 그 이유는 많은 조항에 쌍방이 합의하더라도 몇 개 또는 한두 개의 핵심 조항에서 이견이 있기 때문이다. 하물며 국가 운영상의 최고 원리를 결정하는 데서 절반 이상이 반대하는 핵심 조항을 다른 조항과 일괄하여 조항 전체를 포괄적으로 묶어 찬반을 구하는 방식이 정당한가에 대해서는 근본적 의문이 제기될 수 있다. 만약 그 문제의 조항들에 대해 충분히 공지되었다면, 헌법 제정이나 개정에서 동의 여부는 크게 달라질 수 있기 때문이다.

헌법은 국가와 국민 간의 사회계약을 통해 만들어진 것이 아니다. 우리 헌법은 국회 및 행정부의 몇몇 대표자, 법률가, 헌법학자 등 극소수의 사람들이 입안한 것이고, 국회의 의결을 거쳐, 국민투표라는 형식적 동의의 절차를 거쳐 확정된 것에 불과하다. 국민의 참여라고 하지만 투표용지에 찬반 여부를 기표한 것밖에 없다. 그마저도 지금 국민의 절반 이상은 투표에 참여하지도 않았고, 투표에 참여한 사람들 중 30퍼센트는 이 세상을 떠난 지 오래이다. 국가 성립의 법적 토대가 되는 헌법이 이처럼 그 제정과 실행상의 중대한 절차적 결함을 갖고 있다면, 국가의 '정당성 문제'는 당연히 제기될 수밖에 없다.

게다가 헌법에는 국민이 주권을 행사할 수 있는 실질적인 방법이 거의 없다. 국민 스스로 법을 발의할 수 있는 권한도, 입법 대행자의 직무유기와 일탈을 응징할 수 있는 방안도, 국가의 부당한 권력 행사와 법 집행에 저항할 권리도, 헌법을 개정할 권리나 방법도 없다. 헌법이 허울 좋게 국민주권의 원칙을 적시하고 있을 뿐 실상은 전혀 그렇지 않다면, 그런 헌법은 국민 모두가 용인할 수 있는 공통의 권위를 가질 수 없다. 그렇다면 국민은 자신의 동의 없이 만들어진 국가의 법을 준수하고 국가권력에 자발적으로 복종할 의무는 없는 것이다.

헌법상의 여러 결함을 논하는 목적은 헌법을 무효화해서 국가의 존립 자체를 부정하자는 게 아니라, 헌법을 사실에 맞게 바로 고쳐 국가권력의 정당성을 높여가야

국가의 딜레마

한다는 데 있다. 오늘날의 모든 국가는 '정당성 위기'에서 결코 자유로울 수 없으며, 국가 존립의 '정당성'을 그 구성원이 만족할 수 있을 만큼 한층 제고시켜야 한다. 헌법기관이 천명하듯이, 헌법은 그 자체가 목적이 아니라 국민이 편안하고 평화롭게 살아가기 위해 만들어진 수단이다. 그러므로 헌법은 국민주권의 원칙에 의거할 때만 정당성을 가질 수 있다.

국가는 처음 만들어졌을 때부터 '정당성'을 가진 조직이 아니었다. 국가가 진화해온 과정은 인류가 교양과 덕성을 점진적으로 높이면서 그 구성원들의 동의 수준을 조금씩 끌어올리는 여러 단계를 밟아왔다. 국가의 진화는 원시적 야만국가에서 오늘날의 문명국가에 이르기까지 국가의 '정당성'을 제고해온 발자취라고 할 수 있다. 따라서 우리가 이성과 문명의 진보를 믿고 있다면, 국가의 '정당성' 수준을 높이는 과제는 지배자든 피지배자든 국가 구성원 모두가 함께 해결해야 할 큰 숙제가 될 것이다.

1 달의 분석에 의하면, '최소한으로 정의된 민주주의의 척도'를 그나마 만족시키는 국가의 수는 1969년 140개국 가운데 25개국에서 1990년 190개국 중 60개국에 이르는 데 그쳤다. Dahl, Robert A.(1982), *Dilemmas of Pluralist Democracy*, 『다원민주주의의 딜레마』, 신윤환 옮김, 푸른산, 1992, 243쪽. ; Dahl, Robert A.(1998), *On Democracy*, 『민주주의』, 김왕식 · 장동진 · 정상화 · 이기호 옮김, 동명사, 1999, 25쪽.

2 Weber, Max(2001), *Wirtschaft und Gesellschaft*, 『경제와 사회: 공동체들』, 박성환 옮김, 나남, 2009, 331쪽.

3 Arendt, Hannah(1970), *Reflections on Violence*, 『폭력의 세기』, 김정한 옮김, 이후, 1999, 74~76쪽.

4 Weber, Max(1992), *Gesammelte Aufsätze zur Wissenschaftslehre*, 「사회학의 기초 개념」, 『사회과학논총』, 양회수 옮김, 을유문화사, 1998, 115~121쪽.

5 Habermas, J.(1975), *Legitimation Crisis*, Boston Beacon Press.

6 권령성(2002), 『헌법학원론』, 박영사, 4쪽.

7 Schmitt, Carl(1932), *Legalität und Legitimität*, 2005, 7th Edition, 『합법성과 정당성』, 김도균 옮김, 도서출판 길, 2015, 235~236쪽.

8 Dahl, Robert A.(2001), *How Democratic Is American Constitution?*, 『미국헌법과 민주주의』, 박상훈 · 박수형 옮김, 후마니타스, 2004, 11쪽.

9 Madison, James et.al.(1787), *The Federalist Papers: A Collection of Essays Written in Favour of the New Constitution*, 『퍼더럴리스트』, 박찬표 옮김, 후마니타스, 2019, 10편.

10 Dahl, Robert A.(2001), 19쪽.

11 윗 책, 22쪽.

12 윗 책, 70쪽.

13 Spooner, Lysander(2010), *The Lysander Spooner Reader*, 『국가는 강도다: 나의 것과 너의 것에 관한 정의의 과학』, 이상률 옮김, 이책, 2015.

14 Kaplan, Robert D.(2000), *The Coming Anarchy: Shattering the Dreams of the Post Cold War*,『무정부시대가 오는가』, 장병걸 옮김, 코기토, 2001, 85쪽.

15 Martin, James(1970), *Men Against the State: The Expositors of Individualist Anarchism in America, 1827~1908*, Colorado Springs, Ralph Myles, p.194.

16 안성호(2016),『왜 분권국가인가: 리바이어던에서 자치공동체로』, 박영사, 10쪽.

17 헌법재판소 헌법재판연구원(2019),『알기 쉬운 헌법』, 헌법재판소 헌법재판연구원, 12쪽.

2장

국가의 '비천한' 기원

'최초의 국가'는 언제 어떻게 만들어졌을까? 국가를 '일정한 영토 안에서 권력을 가진 통치자가 통치의 상징과 규범을 갖추고 다수의 피통치자를 지배하는 집합체' 정도로 쉽게 정의한다면, 지구상에서 '최초의 국가'는 아마도 수천 년 전쯤에 출현했을 것이다. 지금까지의 고고학적 증거에 의하면, 인류는 서로 모여 농사를 짓게 되면서부터 도시를 형성하고 통치체계를 갖춘 원시국가를 만들어냈다.

　알려진바, 세계에서 가장 오래된 도시는 신석기 시대 최초의 촌락으로 약 1만 년 전경 요르단강 서쪽에 자리 잡은 예리코Jericho이다. 그 이후 여러 도시국가가 경쟁했던 것으로 보인다. 도시 중심지들은 해상무역을 통제하면서 농토를 확장했다. 아카드, 수메르, 바빌론 등 여러 지역으로 분산된 독립적 도시들은 농토와 바다의 장악을 위해 서로 다투었다. 고대 수메르 왕들의 목록을 보여주는 고대 왕명표는 초기 왕조 시대인 기원전 2900년경에서 2350년쯤 동안 라가시 왕조, 아카드 왕조, 그리고 우르

제3왕조 등이 이어지면서 번성을 누렸던 것으로 추정
된다.

특히 성문화된 법전의 존재는 이 지역에서 고대국가
가 출현했음을 알려주는 뚜렷한 증거가 된다. 고대 바빌
로니아의 왕 함무라비가 선포한 것으로 알려진 '함무라
비 법전Code of Hammurabi'보다 100여 년 이상 앞선 수메
르 법전이 발견됨에 따라 성문법 체계를 갖춘 제국은 더
오랜 역사를 갖고 있음이 증명되었다. 수메르어로 기록된
'우르남무 법전Code of Ur-Nammu'은 지금까지 인류 최초의
성문법으로 인정되고 있다. 그 시기는 기원전 2100년~기
원전 2050년 사이로 추정된다. 일부이기는 하지만 1965
년에 판독된 법전의 40여 개 항을 살펴보면, 적어도 국
가적 행위가 일련의 원칙에 의해 운영되고 있었음을 짐
작하게 한다. 거기에는 살인, 상해, 절도, 간통, 증인, 위
증, 무고, 자유, 권리, 소송, 수감 등등의 형법상의 용어
는 물론이고 자유인, 노예, 결혼, 이혼, 경작, 땅, 각종 화
폐 단위 등 공동생활에 관련된 용어 등도 기록되어 있다.

'우르남무 법전'의 남은 기록으로 유추해보면, 국가의
발생이 적어도 그 이전 시기로 거슬러 올라갈 수도 있다
는 추정이 가능하다. 기원전 4000년경부터 세미트인, 베
르베르인, 쿠시트인 등 혼합 종족이 수십 개의 원시적인
국가 형태인 노모스를 이루고 할거했다거나, 기원전

3000년경 상부 이집트의 왕 메네스가 주변 지역을 통일한 이래 여러 차례 왕조가 교체되었다는 기록 역시 이를 뒷받침한다.

이러한 기록들은 지배-피지배 체계를 갖춘 원시국가가 꽤 오래전부터 존재했음을 알려준다. 아프리카 어느 곳에서 '미토콘드리아 이브Mitochondrial Eve'라는 인류의 어머니가 나타난 이래 그녀의 후손들은 무리를 지어 모여 살기를 수없이 반복했다. 그리고 '집단생활을 위한 공적 필요에 따라 개인을 강제하여 특정한 생활양식에 복종시키는 사회체계'를 형성했을 것이다. 그렇다면 기록으로 남지 않은 원시적 형태의 국가는 우리가 알고 있는 것보다 훨씬 이전일지 모른다. 우리는 '최초의 국가'가 어떻게 성립했는지 정확히 알지 못한다. 그래서 다만 '국가의 기원'에 관해 이런저런 추론만 할 수 있을 뿐이다.

국가가 자연발생적으로 만들어졌다는 설

국가의 기원에 관한 가장 평범한 견해는 '국가가 자연발생적으로 만들어졌을 것'이라는 추정이다. 인간이 무리를 지어 사는 동물이기에 집단생활의 과정에서 국가가 자연스럽게 생겨났다는 주장이다. 최초의 '무리사회horde'에서 '씨족사회clan'로, 이어 씨족들이 연합체를 이루고 난 후 '부족사회tribe'로 발전했고, 그 규모가 좀 더 큰 집단을 거치면서 통치조직을 갖춘 '고대국가state'가 형성되었을 것이다. 국가가 가족에서 씨족, 부족 등의 중간항을 거쳐 발전했다고 보는 영국의 법학자 헨리 메인 경Sir Henry Maine의 견해나 원시사회의 조직원리가 혈연에 기반을 두었다가 점진적으로 지역과 재산에 기반을 둔 정치사회로 발달하였다는 미국의 민속학자 루이스 모건Lewis Henry Morgan의 『고대사회』 분석 또한 이 가정을 지지한다.

국가의 자연발생설은 인간의 사회적 본성에 대한 인

국가의 딜레마

식에 바탕을 두고 있다. 예컨대 고대 중국인 순자荀子의 생각이 그러했다. 그는 '사람이 사람인 까닭'을 "여럿이 힘을 합쳐 모여 살 수 있는" 사회 조성 능력인 '군群'을 타고났기 때문이라고 보았는데, 이 '군'이 바로 인간의 사회적 본성이다. 그는 이에 덧붙여 인간은 다른 동물과는 달리 "집단 속에서 등급의 차이를 분별할 수 있는 능력"인 '변辨'과 '분分'도 갖고 있기 때문에 위계적인 질서 체계를 당연시하게 된다고 주장했다.[1] 그가 보기에, 인간 사회가 위계와 규범의 틀 안에 놓이는 것은 인간 본성에 따른 결과였다.

비슷한 시기 서양의 플라톤은 국가의 필요조건으로 순자의 사회적 본성에 생존적 욕구를 결합시켰다. 개인은 스스로는 욕구를 충족시킬 수 없기 때문에 다른 사람의 도움이 필요하다. 그의 표현을 옮기면, "나라를 수립하기 위한 인간의 '필요Chreia'는 생존을 위한 음식물, 주거, 의복 같은 류의 것들", 즉 생존의 욕구이다.[2] 즉 국가는 인간 본성에 따른 욕구 때문에 자연적으로 성립했다.

아리스토텔레스는 그의 스승보다 자연발생설을 보다 상세하게 설명했다. 국가가 인간 본성의 자연적인 귀결이라는 견해는 다음의 언급에 잘 요약되어 있다. "인간은 다른 군서群棲동물과는 다르게 본성적으로 공동체를 추구하는 존재이며 …… 인간 공동체는 언어에 의해서만 가능하고 …… 국가는 그 본성상 다른 모든 공동체의 최종 목표이다."[3] 그는 가장 단순하고 자연적인 공동체를 "번식을 위한 수컷과 암컷의 자기보존을 목적으로 한 치자治者와 피치자被治者의 결합"이라고 설명한다. 최초의 자연적 공동체는 가정이다. 그는 가정의 지배 형태가 점차 높은 단계로 발전하면서 결국 왕정 형태의 국가를 형성하게 되었다고 말한다.

국가는 형성되고 나면 개인에 대한 우위성을 갖게 된다. '국가는 개인과 가정에 우선하며, 전체는 부분에 우선한다'는 플라톤의 도그마는 아리스토텔레스에게로 계승된다. 국가는 자급자족을 목표로 하는 공동체이며, 국가의 임무는 정의의 실현이다. 그는 인간은 법과 정의가 없으면 '가장 사악하고 위험한 동물'로 돌변할 수도 있다고 전제하며, 국가는 정의를 실현함으로써 공동체의 질서를 유지해주는 필수불가결한 기능을 갖는다고 주장한다.

요컨대 자연발생설은 인간은 혼자서는 살 수 없는 '사회적 동물'로서 무리를 지어 살다가 자연스럽게 '국가'라는 조형물을 만들어냈을 것이라는 추론이다. 그러나 이 견해는 국가가 발생할 수밖에 없는 필연적인 조건만을 기술할 뿐, 애초에 누가, 왜, 그리고 어떻게 국가를 만들게 되었는지에 대해서는 알려주는 것이 거의 없다. 다시 말해 자연발생설은 역사적 사실에 기초한 국가의 기원이나 구체적인 형성 맥락을 설명하는 데는 한계가 있다.

우리 조상들은 모여 사는 집단이 어느 정도의 크기가 되었을 때 국가를 만들었을까? 특정한 한 사람이 나서서 만들었을까, 아니면 모두가 모여서 만들었을까? 집단 성원들이 평화적인 방식으로 의견을 모아 만들었는가, 아니면 힘센 자가 약한 자들을 폭력적으로 제압하면서 만들었는가? 국가를 형성하는 방식에는 일정한 패턴이 있는가, 아니면 여러 경로가 있었는가? 치자는 어떠한 성질의 인간이었는가? 치자와 피치자 간에는 어떠한 약속이 있었는가, 아니면 어떠한 협약도 없었는가? 자연발생설은 국가의 기원에 관하여 이러한 궁금증을 해소하지 못한 채 인간의 사회적 본성에 의존하는 평범하고 소박한 견해에 머무른다.

'자연상태' 모델의 작위성

국가의 기원에 관해 널리 알려진 근대적 추론은 '자연상태' 모델이다. 이 모형은 지구상에 출현한 '최초의 인간들'이 처했을 상황을 상상하면서 모두가 공존할 수 있는 최선의 '사회상태'로서 국가의 필요성을 도출하는 사고실험에 의존한다. 이 모델의 강력한 주창자는 홉스이다. 그가 상상한 '자연상태'에서는 모든 인간은 "육체적으로나 정신적 능력의 면에서 평등하며", 그렇기에 누구나 자신의 생존과 자기보호를 위해 필요한 것을 취하려고 한다. 자연상태에서 '권리의 척도'는 개인의 자기이익이다. 개인의 원초적인 이익 추구는 도덕적 판단과 무관하며, 선악의 문제는 단지 개인들의 욕망과 관계가 있을 뿐이다.

그러나 개인 이익이 평등하게 간주되는 상황은 필연적으로 욕망의 충돌과 상호 간의 불신을 야기하며 '전쟁상태'를 유발한다. '전쟁상태'는 각 개인이 다른 모든 사람과 충돌하게 되는 상황, '만인에 대한 만인의 투쟁'의 국면이다. '자연상태'는 곧 '전쟁상태'이다. 홉스는 만인 간의 전쟁상태에 노출된 개인의 삶을 음울하게 묘사한다. 자연상태에서는 "옳음과 그름의 관념도, 정의와 불의의 구별도 없다."[4] '공통의 권력A Common-Wealth'이 없는 곳에서는 법도 존재하지 않는다. 법이 없는 곳에서는 정의와 불의를 구별할 수 없기 때문에, "전쟁상태에서는 오로지 폭력과 기만만 있을 뿐이다."

홉스는 이 무법천지인 '전쟁상태'를 종식할 유일한 해결책이 국가라고 믿었다. '전쟁상태'를 끝내기 위해 각 개인은 상호간 신약信約을 맺고 무질서 해소와 평화의 보장책으로 '공통의 권력'을 창출하는 데 합의한다. 그는 만인간의 합의가 이성의 법칙에 따른 자연적 결과라고 말하면서, 자연권에서 '자연법' 개념을 임의로 고안하고 그 기초 위에 '공통의 권력'을 세운다. 그리고 '공통의 권력'은 평화의 수호자로서 만인 위에 군림하며 절대권력을 행사한다.

'리바이어던Leviathan'으로 명명된 이 무시무시한 괴물은 사회상태의 평화를 지키기 위해 개인에게는 공포의 대상이 되어야 한다. 홉스에게 국가란 인간 역사에서 자연스럽게 생겨난 제도가 아니라 자연권을 갖는 시민이 필요에 의해 인위적으로 만든 집합적 결사체이다. 그가 제

아브람 보스, 《『리바이어던』 권두 삽화》, 1651.

리바이어던은 구약성서 욥기 41장에 나오는 바다의 괴물 이름으로, '공통의 권력' 즉 국가를 상징한다. 한 손에 창과 다른 손에 힘의 지팡이를 쥔 이 거인은 평화의 수호신이다. 도시와 마을은 고요하다. 하단 좌측면에 그려진 산 정상에 치솟은 성, 왕관, 대포, 총, 전투 장면은 우측면에서 가지런히 정리된다. 홉스는 다소 조잡한 이 그림을 통해 전쟁상태에서 평화상태로 이행하는 열쇠를 리바이어던이 쥐고 있음을 보여주려고 했다.

시한 이상적인 국가모형은 강력한 절대군주제였다.

'자연상태' 모델은 근대 서구사회의 시대상을 반영하는 정치적 사유의 산물이다. 홉스 이래 여러 사상가들이 '자연상태'라는 상상을 즐겼고 이를 근대국가이론의 토대로 활용했다. 동시기 독일의 법철학자 푸펜도르프 Samuel von Pufendorf는 원시사회와 문명사회를 '거기There'와 '여기Here'로 대비하면서 국가 존재의 유무에 따른 현격한 차이를 부각했다.[5] 로크와 루소도, 홉스의 것과는 상이한 개념이었지만, '자연상태' 모델을 사용했다. 로크는 "신이 심어준 이성의 법칙에 따라" '자연상태'를 해소함으로써 비로소 '정치사회', 곧 국가가 성립할 수 있다고 주장했고,[6] 루소는 '자연상태'에서 문명사회로의 이행을 인간 본성의 타락의 역사로 기술했다.

그러나 루소도 자인했듯이, '자연상태'란 실상은 허구적인 상황이다. '자연상태'는 "더 이상 존재하지 않으며 아마도 절대로 존재한 적도 없었고 장래에도 결코 존재하지 않을 하나의 상태"[7]를 상상한 데 불과하다. 자연상태와 전쟁상태를 동일시하는 홉스의 가정 또한 자의적이다. 흄David Hume이 "철학자들이 꾸며낸 허구"로 간주했듯이, 국가 구성의 출발점으로 삼은 '자연상태'는 "추론을 통해 정념에서 도출한 논리"일 뿐 역사적 사실이 아니다.[8]

또한 홉스가 만인간의 사회계약을 지배하는 원리로서 고안한 자연법도 이성적 추론에 의해서 임의적으로 상상한 것일 뿐 인간사회에 내재한 일종의 선험적인 법칙성으로 간주될 수 없다. 그는 만인간의 사회계약을 국가 성립의 필수조건으로 삼았지만, 그렇게 형성된 국가는 역사상 어느 시기 어느 곳에서도 존재한 적이 없다. 평화로운 절차를 통해 인민이 자신의 권리를 양도하는 사회계약이란 주관적인 공상이지 역사적 사실이 아니다. 더군다나 만인과의 신약을 통해 정당성을 담보 받고 특정한 개인에게 절대권력을 행사할 수 있는 권한을 부여하는 전제주의적 국가가 만인의 평화를 수호하는 임무를 훌륭히 수행한 경우도 역사 속에서 찾아보기 어렵다.

사회계약에서 도출한 홉스의 자연권 개념 또한 실재하지 않는다. 흄이 지적했듯이, 사회계약론자들은 이성의 힘을 과대평가하면서 정치사회의 기원을 엉뚱한 곳에서 찾았다. 계약론은 모든 인간의 실제적 감정에 배치되기 때문에, 그들이 의도한 '인류애적 차원의 국가라는 거대한 계획'은 명백히 가상적일 수밖에 없다. 홉스는 국가의 기원, 그 형성 과정, 그리고 그 목표 등에 관한 설명에서 많이 틀렸다. '자연상태' 모델은 역사적 사실에 부합하지 않는 추론으로서 기각되어야 할 관념적 유물이다.

루소가 제시한 '최초 국가'의 단초

국가의 기원에 관한 한, 같은 공상이더라도 루소의 상상력은 홉스의 것보다는 음미해볼 가치가 있다. 루소도 홉스처럼 '자연상태'와 '사회계약'의 개념을 도입했지만, 홉스와는 다른 서사를 보여준다. 그에게 '자연상태'는 평온한 자연이었고 '사회계약'은 '일반의지'의 총화로서 '인민주권'의 국가모형을 구축하는 주된 개념적 도구였다. 그로부터 도출한 민주주의의 '이념형ideal type'은 지금도 여전히 많은 논란을 야기하고 있다.

루소 역시 홉스나 로크처럼 '자연상태'에 관한 공상을 즐겼다. 그러나 루소가 그린 '최초의 인간들'의 모습은 홉스의 원초적 개인과는 사뭇 달랐다. 루소가 상상한 '원시적 인간'은 홉스의 말처럼 자기 욕구 충족에 매몰된 이기적이고 투쟁적인 존재가 아니었다. "원시의 인간은 싸움도 교제도 없으며, 타인을 해칠 욕구가 없듯이 타인을 필요로 하지 않으며, 어쩌면 동류의 인간을 개인적으로 단 한 번도 만난 적이 없이 그저 숲속을 떠돌아다녔을 것"이기에, "인간 개체는 항상 어린애로 머물러 있었다."[9] '원시의 인간'은 어떠한 꾸밈이나 손상도 없는 자연인, '본원적 인간L'homme Originel', 즉 본성 그대로의 인간이었고, 그러기에 '자연상태' 또한 홉스식의 난장판이 아니라 평화로운 자연 그 자체였다.

루소가 보기에, 이 '자연상태'가 파괴된 것은 인류가 '문명상태'로 돌입하면서부터였다. 국가는 문명의 결실이다. 국가가 어떻게 발생되었는지에 대한 단초는 그가 사회적 불평등의 기원에 관해 묘사한 대목에서 드러난다. "인류사상 최초로 한 조각의 땅에 울타리를 둘러치고 '이 땅은 내 것이다'라고 말할 생각이 든 사람, 그리고 그 말을 순진하게 믿는 사람들을 발견한 사람이 바로 '시민사회'를 처음 세운 사람이다."[10] 그 '시민사회'란 본원적 인간을 타락으로 이끈 문명의 결과물이었고, 곧 국가였다.

이 묘사에서 보면 최초 국가의 창건자는 사기꾼이었다. 그는 공동의 땅을 자기 땅이라고 우기면서 특권을 만들어냈고 인위적으로 만들어낸 권위를 누리며 사회적 불평등의 구조를 직조했다. 루소는 이 상황을 몹시 아쉬워했다. "만약 누군가 나서서 그 말뚝을 뽑아버리고 이웃들에게 '조심해라. 사기꾼을 믿어서는 안 된다. 땅의

국가의 딜레마

산물은 모두의 것이지만 땅은 그 누구의 것도 아니라는 사실을 잊을 때 당신들은 몰락하게 된다'라고 외쳤더라면, 인류는 그 많은 범죄와 전쟁과 살인을 겪지 않아도 되었을 것이다."[11]

어느 사기꾼의 농간으로 빚어진 국가의 발생은 불평등의 기원인 동시에 인류 불행의 시작이었다. 그 사기꾼은 가장 강한 자로 우뚝 서서 그를 추종하는 소수의 무리를 휘하에 거느리며 횡령과 약탈을 일삼으면서 다수를 궁핍한 자들로 전락시킨다. 그리고는 재차 거짓 외침을 서슴지 않는다. 그는 우선 '각자의 소유물을 보장하기 위해 단결하자'고 제안한다. 그리고는 '정의와 평화를 가져다주는 규칙'이 필요하다고 구슬린다. 그 규칙은 "모든 사람이 지켜야 하며, 어느 쪽도 차별하지 않고 강자와 약자를 평등하게 보상하려는 규칙"이라고 거짓말을 한다. 그리고 그는 최종적으로 국가를 선포한다. "우리의 힘을 하나의 최고 권력에 집중시키고, 현명한 법률에 따라 우리를 다스리고, 사회의 모든 구성원을 보호하고 방위하며, 공동의 적을 물리치고, 영원히 우리를 단합시키는 권력에 집중시킬 것"을 요구한다.[12]

루소는 순진무구한 사람들이 이 제의에 따름으로써 국가가 성립했고 법률이 만들어졌다고 믿는다. 이로 인하여 마침내 약자들에게는 국가와 법이라는 새로운 올가미가 씌워졌고, 이 사기꾼과 이해를 같이했던 소수의 무리는 부자가 되어 강탈로 얻어낸 재산을 손쉽게 소유할 수 있는 합법적인 근거를 갖게 되었다. 그러나 이 합법적인 지배는 유사 이래 끊임없이 자의적인 지배로 변질되었고, 사회적 불평등을 영구적으로 굳히는 결과를 낳았다. 이처럼 루소에게 국가의 역사란 본질적으로 인간 본성 상실의 역사, 타락의 역사를 의미했다.

그 결과는 참담했다. 모든 사람이 쇠사슬 아래에서 신음하고, 소수의 압제자 때문에 인류 전체가 고통을 받고, 어디서나 고통과 기아가 있고, 강자가 법률의 막강한 힘을 등에 업고 다수의 약자를 억누른다. 루소의 추론에 따르면, 국가의 발생으로 인한 불평등의 진행 과정은 세 단계를 거친다. 첫 단계에서는 '어느 땅에 최초로 말뚝 박은 자'에 의해서 소유권이 발생하고 그것을 보장하는 법이 제정된다. 다음 단계는 부자와 빈자의 위치를 고착시키는 행정 권력의 제도화 과정이고, 그리고 마지막 단계에서 소수가 틀어쥔 권력의 독단과 전횡으로 인해 다수는 거의 노예상태에 놓이게 된다는 것이다.

루소의 서술은 가치개입적이고 그 논조는 다분히 선동적이고 편파적이다. 그는 국가 형성의 사회경제적 맥락을 지나치게 단순화했다. 또한 사실 검증이 불가능한 '최초의 사기꾼'을 등장시켜 이야기를 풀어가면서 상호

오노레 도미에, 〈가르강튀아〉, 1831, 파리 국립도서관.

16세기 프랑스 풍자가 라블레의 소설 주인공의 이름
을 빌려와서 도미에가 제작한 석판화다. 그는 가르강
튀아를 '늙은 독재자'로 불렸던 프랑스의 마지막 왕
루이 필리프(재위 기간 1830~1848)에 빗댔다. 왕은 가난한
백성들이 바친 재물을 게걸스럽게 먹어 치우는 흉물
스러운 대식가이다. 이 대식가는 의자 밑으로 훈장과
서류를 배설하고 정치인들은 그의 배설물 쓰레기를
앞다투어 챙겨가려 한다. 도미에는 인민을 억압하면
서 상류층에게는 훈장과 작위를 남발하는 폭군을 익
살스럽게 묘사한다.

협력이나 공존보다는 강제적 폭력이나 착취의 패턴에 더 이끌렸다. 그럼에도 불구하고 그의 설명이 주목받는 이유는 국가의 기원에 관한 중요한 단초를 제공하기 때문이다. 루소는 국가가 인간의 본능적 욕구 실현에 따른 자연발생적 산물이라 하더라도 왜 소수가 지배하고 다수는 지배당하게 되었는가 하는 물음에 대해 일련의 흥미로운 스토리를 펼쳐 보였다. 유사 이래 동서고금을 막론하고 국가가 소수의 무리에 의해 장악되어왔고 오늘날에도 변함이 없다는 역사적 사실은 루소의 상상력에 힘을 실어준다.

오펜하이머의 늑대국가론

　국가가 소수에 의한 땅의 무단 점유, 약탈, 횡령, 폭력, 강제적 합법화 등의 과정에서 생겨났을 것이라는 추정은 비단 루소에게서만 찾아볼 수 있는 발상은 아니다. 19세기 러시아의 무정부주의자 크로포트킨Pjotor Kropotkin도 루소와 비슷한 생각을 했다. 그가 보기에, 인류 불행의 역사는 "지평선 위에 검은 점들이 조금씩 나타나면서" 시작되었다.[13] '검은 점들'이란 소수의 약탈자이다. 역사의 어느 한순간 어떤 무리가 땅을 차지하고 정착하게 되자 그중 한 사람이 외부 무리의 공격으로부터 보호하겠다는 명분으로 '보호자'를 자처하고 나선다. 그는 일부 사람을 모아 무기를 장만하고 부하들을 만든다. 이것이 국가권력의 첫 번째 맹아였다. 그리고 나서 그는 타인을 지배해야 한다는 욕망을 불태우며 폭력과 징벌을 수단으로 사람들을 길들인다. 그리고 자식에게 그 역할을 맡겨 대를 잇게 함으로써 왕권의 초석을 다진다. '최초의 권력'은 이렇게 해서 만들어졌다. 그의 견해로는 국가란 도덕이 아닌 부도덕에서 싹튼 인공적 산물이다.

우리가 아는 지난 수천여 년에 걸친 인류사에는 종족 간, 민족 간, 그리고 국가 간 전쟁의 역사가 큰 자리를 차지한다. 원시사회 이래 무수히 많은 왕조가 이민족의 침략으로 전복되고 그 자리에 새 왕조가 들어서는 패턴을 반복했다. 힘센 종족은 힘없는 종족을 멸종시켰고, 수가 많은 민족은 수가 적은 민족의 국가를 침략해서 자국에 병합시켰다. 근대 이후로도 민족국가 간의 전쟁은 끊이질 않았고, 큰 국가 간의 대규모 전쟁은 국가 간의 경계선을 수시로 변경함으로써 세계지도의 색깔을 바꾸어 놓았다. 오늘날 지구촌 거의 모든 국가 간의 경계는 상호합의에 의해 평화적으로 구획되지 않았다.

전쟁의 역사를 돌이켜보면, 루소나 크로포트킨의 추론은 플라톤이나 홉스가 꾸며낸 이야기보다 역사적 진실에 더 가깝다. 한 세기도 거르지 않은 세계전쟁사에는 국가의 본질에 관한 중대한 교훈이 담겨 있다. 그 가운데 하나는 국가가 평화적으로 조직되었다기보다는 항시 폭력을 동반한 강자의 압력에 의해 구성되었다는 사실이다.

이 견해를 강력히 옹호하는 이들 중 한 사람은 독일의 사회학자 오펜하이머Franz Oppenheimer이다. 그는 "국

국가의 딜레마

가란, 그 발생의 측면에서 보면 완전히, 그리고 그 성격 면에서 보면 초기 단계에서 거의 완전히, 어느 한 승리한 인간집단이 패배한 인간집단에 강요한 사회제도"라고 정의한다.[14] 국가의 단 하나의 목적은 "패배한 인간집단에 대한 승리한 인간집단의 지배를 법으로 정하고 이 지배를 내부의 반란이나 외부의 공격으로부터 지키는 데" 있다. 그리고 "지배의 최종 목적은 승자가 패자를 경제적으로 착취하는 것" 이외에 다른 어떤 것도 아니다. 오펜하이머는 인류학적 증거에 기초하여 최초의 국가를 이른바 '늑대국가'로 규정한다. 그의 견해로는, 원시국가는 늑대의 한 무리가 다른 무리를 습격하듯이 전쟁에 의한 약탈의 산물이었다.

오펜하이머의 '늑대국가론'은 폴란드 사회학자 굼플로비츠Ludwig Gumplowicz에게서 빌려왔다.[15] 굼플로비츠에 따르면, 인간 무리 간의 전쟁, 인종 간의 종족 투쟁이 국가 탄생의 시발점이었다. 종족을 보존하려는 욕구는 무리 동물의 타고난 본능으로서, 타 종족으로부터 자기 종족을 보호하는 소극적 욕구에 그치지 않고 타 종족을 공격하는 적극적 욕구로 확장된다. 종족 보존 및 확장의 욕구는 "모든 것을 지배하려는 원초적 충동"이므로 종족 간의 투쟁은 필연적으로 발생할 수밖에 없다. 그 결과 한 종족 집단은 다른 집단을 강제력으로 정복하게 되고, 그 과정에서 국가가 탄생했다. 굼플로비츠는 국가를 '약탈과 정복을 통해 형성된 조직화된 정치수단'으로 규정하면서 그 본질에서 '기생충과 다름없는 착취자'임을 의심치 않았다.

오펜하이머는 굼플로비츠의 견해를 따라 타 종족에 대한 경제적 착취를 본능적 욕구 충족의 한 방식으로 간주하면서, 착취는 욕구 충족의 자연적 방식인 노동과는 질적으로 다르다고 구별한다. 즉 노동은 자신이 일을 해서 필요한 산물을 획득하는 행위이지만, 약탈은 다른 사람의 노동에서 얻은 결실을 강제로 탈취하는 악행이다. 개인이 직접 노동을 하거나 자신의 노동과 다른 사람의 노동을 등가로 교환하는 것은 욕구 충족의 '경제수단'이지만, 다른 사람의 노동을 보상 없이 차지하는 것은 욕구 충족의 '정치수단'이다. 오펜하이머는 이 둘은 명백히 다르다고 말한다.

경제적 약탈은 '국가가 초기 시대부터 계승해온 특징'이다. 그 형식은 언제나 폭력적이었으며 그 내용은 경제수단의 착취였다. 이 야만적인 착취는 시간이 흐르면서 특정한 권리로 포장되었고, 문명화된 시대에 이르러서는 합법이라는 화려한 옷으로 치장되었다. 하지만 오펜하이머는 그 본질에는 변함이 없다고 말한다. 국가는 다수에 대한 소수의 조직화된 지배관계이고, 그 지배의 목적이 지배자가 피지배자를 경제적으로 수탈하는 데 있다는 사실은 불변이라고 믿기 때문이다. 따라서 오펜하이머는 "원시국가에서 오늘날의 법치국가에 이르기까지 모든 국가는 여전히 한 계급이 다른 계급의 경제적인 부를 착취하는 정치수단의 제도화"라고 규정한다.[16]

다윈으로부터의 영감

　오펜하이머의 늑대국가론을 오늘날의 국가에 그대로 적용하기에는 무리가 있다. 폭력과 약탈, 그리고 강압적 지배와 경제적 착취만이 현대국가의 모든 것은 아니기 때문이다. 원시국가로부터 오랜 기간에 걸쳐 발전해온 국가의 역사는 인류 초기에 벌어진 야만과 비참을 점진적으로 줄여온 도덕적 고양의 과정임에 틀림없다. 오펜하이머도 20세기 초중반까지도 '소수에 의한 다수의 지배'라는 국가의 본질에는 변화가 없다고 보았지만, 그가 6단계로 분류한 국가 발전의 경로는 야만적인 약탈이 축소·변형되는 과정이었음을 인정한다. 그 과정은 크라토스kratos에 에토스ethos가 더해지는 과정이었고 그 결과 국가는 힘과 정의의 혼합체로 변모했다.

　오펜하이머는 국가의 기원을 약탈에서 찾았지만, 미래의 국가에 대해서는 다소 낙관적인 희망을 피력했다. 그가 국가 발전의 마지막 단계로 설정한 근대 입헌국가의 성립 이후부터는 국가가 더 이상 '강압적인 정치수단'으로의 진행을 멈추고 '자유 시민사회'로 이행될 수 있는 길을 찾아갈 수 있다고 전망한다. 그는 미래의 '자유 시민사회'에서는 "한 계급에 의한 다른 계급의 경제적 착취가 사라짐"에 따라 늑대국가도 소멸하기를 희구한다.[17] 국가의 미래가 그의 희망대로 흘러갈지는 불투명하지만, 국가의 기원에 관한 그의 해명에는 인류학적 증거로 뒷받침되는 불편한 진실이 담겨 있다.

역사적 사실에 입각해서 국가의 기원에 근접해본다면, 그동안 많은 이들이 상상하고 추정한 내용들은 허점투성이라고 말할 수 있다. 가령 국가는 아리스토텔레스가 '정치적 동물'이라는 용어로 당연시한 '자연의 구성물'만은 아니다. 또한 국가는 아우구스티누스의 교의처럼 하나님을 위해 만들어진 신국神國의 부속물이 아니며, 토마스 아퀴나스의 생각처럼 신의 나라가 지상에 구현된 믿음의 공동체로 시작되지도 않았다. 로마인 키케로는 국가가 성립하기 위해서는 "그 구성원인 인민이 그들을 통치하게 될 법에 대해서 합의해야 한다"[18]는 시대를 앞선 통찰을 내놓았으나, 인민의 합의로 만들어진 국법은 없었다.

근대에 들어서도 서구의 많은 사상가는 국가의 본질을 파악하는 데 실패했다. 홉스는 무시무시한 공포의 인

공적 구조물만이 만인간의 투쟁을 종식할 수 있다는 공상에서 벗어나지 못했다. 유사 이래 무수히 많은 국가가 흥망을 거듭해왔지만, 만인간의 투쟁은 결코 사라진 적이 없으며, 오늘날에도 그 분란은 계속되고 있다. 또한 그로티우스, 로크, 루소, 스피노자 같은 근대 사회계약론자들의 주장처럼 국가는 사회계약을 통해 성립하지 않았다. 역사상 어느 나라 인민도 그런 종류의 사회계약서에 서명한 적이 없으며 그러한 방식으로 건국된 나라도 없다. 사회계약설은 말 그대로 설說일 뿐 객관적 사실이 아니다.

또한 국가 형성의 일차적 요인으로 언어, 민족성, 공통의 정서 등을 내세우는 주장들도 국가의 본질에 다가가는 설명이 될 수 없다. 국가가 민족적 언어와 동일한 원천을 갖는다고 주장한 프랑스 법학자 안시용Charles Ancillon이나 독일 관념론자 피히테의 견해는 국가 발생의 정치경제적 맥락을 누락하고 있다. 피히테는 독일 민족 고유의 '살아 있는 언어'를 공통의 기반으로 한 국가 자체에 내재한 숭고한 목적을 강조했지만, 국가는 그러한 숭고한 목적만을 위해 생겨나지 않았다. 그의 주장과는 달리 국가의 형성과 확장 과정에서는 '인간적인 것'인 것보다는 '비인간적인 것'의 작용이 더 컸다고 말할 수 있다.

국가의 딜레마

근대 독일의 일부 관념론자들도 이성, 도덕, 절대정신 등의 용어를 사용하며 국가주의를 찬미하였는데, 이역시 진실과는 동떨어진 주장이다. 국가를 '절대자'로 정의한 셸링Friedrich Schelling의 관념이나 '자율적 의지가 현현된 도덕정신'이라는 헤겔의 추상화는 이데올로기적으로 악용되기 용이한 허점을 내포한다. 국가를 '도덕적 이념의 현실태'라고 찬미한 헤겔의 관념이 '국가숭배'라는 그릇된 시민종교를 부추기는 결과를 낳았다는 사실은 그리 놀랄 만한 일이 아니다. 헤겔을 추종했던 법철학자 슈탈Friedrich Stahl은 한걸음 더 나아가 '국가는 지상에 신의 영광을 구현하는 사명을 갖는다'고 주장하면서, 국가를 "인간 공동체의 도덕적인 왕국, 더 깊게 고찰하면 신적인 제도"라고 찬양하였는데, 그 찬양의 목적지가 절대적 전제주의였다는 데서 많은 이들의 분노를 야기했다. 이 같은 사실의 오기는 오판을 불러오기 마련인데, 훗날 이들의 종족적 후예인 히틀러는 이 관념론자들의 공허한 사고유희를 뒤엎으며 광란적 약탈이 무엇인지를 생생하게 보여준 바 있다.

역사적 사실과 동떨어진 주장과는 달리 진실에 근접한 견해도 있었다. 19세기 독일 역사학자 뵈머Heinrich Böhmer는 최초 왕국들의 기원과 계보를 파고들어 '결국 강탈이 정치권력의 기반'이었다는 사실을 밝혀냈다. 캐나다 인류학자 트리거Bruce Trigger는 원시문명에 관한 고

고학적 증거들을 살펴본 후 초기 국가의 전형적인 모습이 "하층 계급이 생산한 재화 대부분을 소수의 지배집단이 제도적으로 착취하는 것"[19]이었다고 결론지었다. 또한 미국 국민주의 경제학의 창시자 캐리Henry Carey는 오펜하이머보다 한 세기 앞서 '국가는 지배자를 자청하는 강도무리에 의해 세워졌다'는 약탈국가론을 주장했다.

늑대국가론은 국가에 관한 모든 것을 말해주지는 않지만 적어도 국가의 생물학적 기원에 관한 진실을 담고 있다. 국가의 본질이 인간의 본성과 분리될 수 없는 한, 국가는 인간과 동일한 기원을 가질 것이다. '종의 기원'의 창안자 찰스 다윈이 증명한 바에 따르면, 인간은 하등동물과 동일한 공통조상에서 유래했다. 다만 인간은 동물과는 달리 수백만 년에 걸친 진화의 과정을 통해서 고유의 정신 능력을 꾸준히 고양해왔고, 그 덕분에 오늘날에 여타 동물과는 비교할 수 없을 정도의 높은 덕성을 갖기에 이르렀다. 그러나 그렇다고 해서 동물로부터 유래한 인간의 '비천한 기원'이 지워지는 것은 아니다. 다윈이 위로했듯이, 이 '비천한 기원'이 "유감스럽게도 우리의 비위를 상하게 할지라도," 우리가 "고의로 눈을 감고 주어진 사실을 못 본 체하지만 않는다면," 있는 그대로 보일 것이기 때문이다.[20]

다윈의 논증을 국가의 발생에 관한 추론으로 확장하

면, 우리는 동일한 결론에 도달할 수 있을 것이다. 인간도 그러했듯이 국가 또한 비천한 데서 기원했다. 국가는 동물적인 약탈로부터 시작되었지만, 인간의 정신 능력이 지속해서 고양된 덕분에 오늘날의 문명국가를 건설할 수 있게 되었다. 다윈은 인류의 미래에 대해 우리의 "고결한 습성이 점점 강해질 것이며, 인간의 충동으로 인한 투쟁은 잦아들어갈 것"[21]이라고 낙관적으로 전망했지만, 이에 선뜻 동의하기는 아직 이르다. 일인왕정이 민주공화국으로 변환되고, 제왕이 대통령으로 바뀌고, 천한 백성이 자유시민으로 활보하고, 억압과 통제가 봉사와 받듦의 용어로 포장되고는 있지만, 그렇다고 해서 국가의 '비천한 기원'이 지워지지는 않기 때문이다.

오늘날에도 이 '비천한 기원'의 흔적은 사라지지 않았다. 국가의 깃발이 어떠한 색이든 '다수에 대한 소수의 지배'라는 기본적 원리는 변한 적이 없으며, 그 기저에서 꿈틀대는 약탈이라는 수법이 완전히 소멸되지는 않았기 때문이다. 그러기에 다윈의 낙관이 맞는지는 더 두고 볼 일이다. 국가가 태동하면서 싹튼 국가주의의 씨앗은 무럭무럭 자라나 형태를 달리하면서 지금도 진화 중이다.

1 『荀子』,「非相」, 人之所以爲人者 何已也 曰 以其有辨也.「王制」, 而牛馬爲
   用 何也 曰 人能群 彼不能群也 人何以能群 曰 分 分何以能行 曰 義.

2 플라톤은 국가가 생기게 된 이유를 다음과 같이 설명한다. "나라가 생기
   는 것은 우리 각자가 자족하지 못하고, 여러 가지의 것이 필요하게 되기
   때문일세. …… 한 사람이 한 가지 필요 때문에 다른 사람을 맞아들이고,
   또 다른 사람이 다른 필요 때문에 또 다른 사람을 맞아들이는 식으로 ……
   많은 사람이 동반자 및 협력자들로서 한 거주지에 모이게 되었고, 이 공
   동 생활체에다 우리가 '나라polis'라는 이름을 붙여주었네."(『국가』, 369c)
   ; "나라를 수립하는 것은 우리의 '필요Chreia'가 하는 일 같으이. …… 여러
   가지 필요 중에서 첫째이며 가장 중요한 것은 생존을 위한 음식물 마련일
   세. 그리고 둘째의 것은 주거의 마련 …… 세 번째의 것은 의복과 같은 류
   의 것들이라네." Plato,『국가』, 박종현 역주, 서광사, 1997, 369c-d.

3 Aristoteles,『정치학』, 천병희 옮김, 숲, 2009, 1253a 15~18.

4 Hobbes, Thomas(1651), *Leviathan*,『리바이어던1』, 진석용 옮김, 나남,
   2008, 1~13, 168~171쪽.

5 Pufendorf, Samuel(1673), *Pufendorf: On the Duty of Man and Citizen
   according to Natural Law*, James Tully(ed.), Michael Silverthorne(trs.),
   Cambridge University Press, 1991, pp.116~118.

6 Locke, John(1689), *The Second Treatise of Government*,『통치론』, 강정인 ·
   문지영 옮김, 까치, 1996, 6~56쪽.

7 Rousseau, J. J.(1755), *A Discourse on Inequality*,『인간불평등기원론』, 주경
   복 · 고봉만 옮김, 책세상, 2003, 35쪽.

8 Hume, David(1739), *A Treatise of Human Nature, Hume*,『인간 본성에 관
   한 논고 3』, 이준호 옮김, 서광사, 1998, 73쪽.

9 Rousseau, J. J.(1755), 93쪽.

10 윗 책, 93쪽.

11 윗 책, 93쪽.

12 윗 책, 115쪽.

13 Kropotkin, Peter(1896), *Anarchism*, 『아나키즘』, 백용식 옮김, 충북대 출판부, 2009, 88쪽.

14 Oppenheimer, Franz(1929), *Der Staat: Eine soziologische Studie*, 『국가: 사회학적 연구』, 이상률 옮김, 이책, 2018, 18쪽.

15 굼플로비츠의 국가론은 다음을 참조. Gumplowicz, Ludwig(1875), *Raçe und Staat: Eine Untersuchung über das Gesetz der Staatenbildung*, German Edition. ; Gumplowicz, Ludwig(1875), *Outlines of Sociology, London, Routledge*, 1980.

16 Oppenheimer, Franz(1929), 27쪽.

17 윗 책, 215쪽.

18 Marcus Tullius Cicero, Ziegler, *De Re Publica: Librorum sex quae manserunt*, BSB B.G. Teubner Verlagsgesellschaft, 1969, 『국가론』, 김창성 옮김, 한길사, 2007, 67쪽.

19 Trigger, Bruce(2003), *Understanding Early Civilizations*, Cambridge Univ. Press, p.684.

20 Darwin, C.(1871), *The Descent of Man and Selection in Relation to Sex*, 『인간의 유래 1』, 김관선 옮김, 한길사, 2006, 260쪽.

21 윗 책, 189쪽.

3장

국가라는 괴물

마음이 불순한 권력자들은 종종 '국가를 찬양하자'고 부추긴다. 독재자는 물론이고 그 하수인 노릇을 하는 정치집단은 한결같이 국가에 대한 충성을 강요한다. 이들의 머리에서는 국가가 곧 자기 자신의 것으로 인식되기 때문이다. 이들에게 국가의 상징물인 국기는 국민을 하나로 묶을 수 있는 주요한 도구이다. 나치 당기인 하켄크로이츠나 레닌의 붉은 깃발, 일본제국주의의 욱일기 등은 그 대표적인 상징물이다.

　우리의 경우에도 태극기는 한동안 독재자의 주된 선동도구로 사용된 바 있다. 박정희 정권의 전성기인 1970년대 '국기에 대한 맹세'는 국가에 대한 무조건적인 충성을 강요하는 종교의식 같은 것이었다. 1970년대 사람들은 오후 다섯 시만 되면 어디서든 어김없이 울려 퍼지는 '국가의 소리'를 듣고 가던 발길을 멈추어야 했다. "나는 자랑스러운 태극기 앞에 조국과 민족의 무궁한 영광을 위하여 몸과 마음을 바쳐 충성을 다할 것을 굳게 다짐합니다!" 마치 우리가 모시는 신의 목소리에 귀 기울이는 양 참으로 경건하기까지 했다. 도대체 국가가 무엇이길래 하루도 빠짐없이 저 나팔소리를 불어댔던 것일까?

누구나 우리가 살아가는 땅과 공동체를 아끼고 사랑한다. 자기가 태어난 고향과 조국을 사랑하는 마음은 자연스러운 감정이다. 그 감정은 누가 강요해서 생겨나는 것이 아니다. 그런데 왜 몸과 마음을 다 바쳐 국가에 충성을 다하라고 강요하는가? 충성 맹세를 듣고 싶다면 국민의 자발적 동의를 얻어야 한다. 일찍이 영국의 무정부주의자 고드윈William Godwin이 강조했듯이, 국가는 자발적 동의를 거부한 개인에 대해서는 어떠한 권력도 행사할 수 없다. 또한 내가 뚜렷한 동의의 의사를 표명하지 않았다고 해서 내가 마땅치 않아 하는 것에 동의했다고 간주할 수는 없는 일이다. 침묵이 곧 동의를 의미하지는 않는다. 따라서 내가 명백히 동의하지 않는 한 국가든 뭐든 나를 강제할 어떠한 권한도 명분도 없다.

그럼에도 불구하고 충성을 강요한다면 무언가 불순한 목적이 숨겨져 있기 마련이다. 불법적 방법으로 국가권력을 찬탈하고 국민의 동의를 얻지 못한 독재정권이 권력을 연명하려면 모종의 공작이 필요했다. 그 '맹세'는 강제적 폭력을 동원하여 허구의 이데올로기를 세뇌하려는 술책의 일환이다. 이 독재자가 말하는 국가는 누구인가? 그 자신인가 아니면 어떤 유령인가? '정당성' 없는 정치권력이 무엇을 근거로 개인의 자유의지를 침해할 수 있는가? 가당치 않은 억지 논리이다. 오늘날 그 '맹세' 문구가 "나는 자랑스러운 태극기 앞에 자유롭고 정의로운 대한민국의 무궁한 영광을 위하여 충성을 다할 것을 굳게 다짐합니다"로 바뀌어 있기는 하지만, 이 충성이라는 단어는 여전히 개인의 자유의지를 침해하는 전체주의의 자국을 지우지 못했다.

'국가주의'라는 이데올로기

　'국가주의statism'란 국가가 개인에 우선한다는 관념이다. 국가주의는 제국주의, 민족주의, 국수주의, 초국가주의 등의 용어와 뒤섞여 다양한 용법으로 사용되기도 하는데, 이 모든 개념은 '전체가 부분에 우선한다'는 전체주의적 발상을 전제로 한다. 국가주의 관념에 따르면, 부분은 전체를 위해, 개인은 국가를 위해 존재한다. 국가가 우선이고 그 구성원인 개인은 그다음이다. 여기서 국가는 최고의 조직으로서 모든 사회조직의 중심이며, 폭력적 기구를 앞세워 사회 모든 영역을 지배하고 통제한다.

　국가주의가 극단으로 치닫면 '국가숭배Statolatry'의 종교로 미신화된다. '국가숭배' 이데올로기에서는 선한 것은 위대한 '신神 국가god state'이고, 나쁜 것은 이기적 인간의 '천박한 개인주의rugged individualism'이다. 이 논법에서 국가는 항상 옳고 개인은 항상 그르다. "국가는 문명과 공공복리의 대표이며, 개인은 불쌍한 놈이거나 사악한 바보다."[1] 인류는 오랫동안 자의든 타의든 이 미신에 사로잡혀 이리저리 휘둘리며 살아온 검은 역사를 갖고 있다.

국가주의는 고대에서 현대에 이르기까지 각종 형태의 전체주의적 국가에서 상습적으로 사용되어온 '통치자 이데올로기'이다. 국가주의자들은 언제 어디서나 국가의 이익이 개인의 이익보다 우선한다고 강변하면서, 국가가 개인의 삶을 지배하는 최우선적 가치라고 주입시킨다. 그들은 국가가 우리의 삶을 안전하고 풍요롭게 하기 위한 수단임을 망각하고 국가 그 자체가 목적인 양 호도한다. 그들은 국가라는 가상의 신을 만들어 인민을 위협하고 절대적 복종을 강요하는 자들, 정치권력을 손아귀에 쥐고 놓지 않으려는 자들이다.

인류의 역사에서 소수가 권력을 독점하면서 인민의 삶을 짓밟아온 사례는 수없이 많다. 그것은 곧 '부당한' 국가주의의 폭력사이다. 고대로부터 천하를 얻겠다는 명분으로 정치 투쟁에 뛰어든 자들 가운데 인민을 떠받든 자는 단 한 명도 없었다. 그들에게 국가란 사적 소유물이었고 곧 자기 자신을 의미했다. '짐이 곧 국가다'라는 루이 14세의 노골적인 선언은, 불쾌하게 들릴지라도 인류사의 상당한 기간 벌어진 정치현상에 관한 핵심적 진실을 담고 있다. 왜냐하면 국가의 실질적 주인은 그들이었지 인민이 아니었기 때문이다. 이들의 '국가 타령'은 권력자가 왕의 위세를 취하든, 아니면 민주국가의 대통령이란 겉치장을 하든 변함없이 지속된다.

이아생트 리고, 〈루이 14세〉, 1701, 루브르박물관.

태양왕 루이 14세가 왕실복을 입고 있다. 사진술이 없던 시대에 초상화는 왕이나 귀족의 권위를 과시하는 주요한 도구였다. 160센티미터밖에 안 되는 키의 왜소한 왕은 화가에게 실물보다 커 보이도록 그리게 해서, 하이힐을 신은 훤칠한 남자로 나타났다. '신민의 신'으로 군림했던 루이 14세는 1643년 어린 나이로 왕에 등극하여 1715년 사망할 때까지 긴 시간 왕권을 휘두른 절대권력자였다.

전쟁 속에서 창궐하는 국가주의

"모든 국가는 폭력에 기초해 있다"는 트로츠키의 말처럼, 국가는 폭력기구이다. 폭력이 없다면 국가는 성립될 수 없다. 특히 국가 간의 폭력, 즉 전쟁은 국가주의를 번성케 하는 주된 동력이다. 전쟁을 국가의 행위로 용인하는 관념은 18세기에 이르러 확고하게 굳어졌다. 클라우제비츠Karl von Clausewitz는 "유사 이래 모든 전쟁은 보다 많은 권력을 얻기 위한 정치 투쟁의 연장"이었다면서, 전쟁이 "국가의 이익을 추구하기 위한 합리적인 수단"이 될 수 있다고 주장했다.[2] 전쟁이야말로 '정치의 최고 형태'라는 슈미트의 얼빠진 강변에는 전쟁이 인민에게 국가의 절대성을 최고조로 높일 수 있는 최상의 계기라는 사악한 메시지가 담겨 있다.

전쟁은 공통의 목적이 분산된 평시상태를 뒤흔들어 획일적으로 사회적 통합을 도모하기 위한 주된 작동기제가 된다. 전쟁은 폭력을 수단으로 하여 국가를 종교로 만든다. 그 종교는 개인들 서로가 서로를 구속하는 고유한 규율에 따라 움직인다.

전쟁이 왜 일어나는지에 대해서는 여러 견해가 있다. 어떤 이는 전쟁을 인간 본성 안에서 꿈틀거리는 음울한 야만에 따른 불가피한 산물로 인식한다. 또는 사악한 권력자가 영토를 확장하려는 탐욕으로 빚어낸 참사로 볼 수도 있다. 경우에 따라서는 국가 간의 첨예한 대립으로 조성된 무질서 상태를 세력균형 상태로 유지하기 위한 무력수단이 되기도 한다. 미국의 역사학자 콜코Gabriel Kolko는 전쟁은 항상 "사물을 보는 데서 장애를 앓고 있는 한 줌의 인간들"에 의해 시작되어 극단적인 결말을 봐야 끝이 났다는 사실을 상기시킨다.[3] 그 원인과 배경이 무엇이든 간에 전쟁의 주체는 언제나 국가이다.

전쟁 시 국가는 공동체의 생존 여부를 목에 걸고 애국심을 고조시키며 무고한 인민을 전장으로 내몬다. 전시戰時의 국가주의는 국가의 모든 주장이 최고의 선이 되는, '초월적 국가주의'로 솟아오른다. 예컨대 로마 영광의 20세기적 재현을 꿈꾼 이탈리아 파시스트 국가, 히틀러가 건설한 게르만 민족의 제3제국, 일제의 천황절대주의天皇絕對主義 등은 인민을 광신적 집단환각 상태로 빠뜨리고 국가의 악惡을 인류의 선善으로 둔갑시키는 세계사적 범죄의 진원이었다. 이 광적인 국가주의의 주범들이 한결같이 소리 높여 부르짖은 '국가가 살아야 너희가 산다'는 닳디 닳은 수사는 인류사상 최악의 거짓말이었고, 그 극단의 결과는 끔찍한 재앙 그 자체였다.

미국의 정치사회학자 찰스 틸리Charles Tilly는 유럽국가의 기원을 전쟁에서 찾는다. "전쟁은 국가를 만들고 국가는 전쟁을 또 일으킨다."[4] 전쟁은 국가주의를 배태하고 창궐시키는 숙주宿主이다. 전쟁에서 이긴 국가는 흥하고 패한 국가는 망하는 결과를 낳지만, 그 흥망 과정의 전면에도 그리고 그 이면에도 국가주의라는 강물은 철철 넘쳐흐른다. 전쟁 중인 쌍방의 국가가 한쪽은 '정의롭지 못한 전쟁'을 일으키고, 다른 한쪽은 '정의로운 전쟁'으로 맞선다고 하더라도, 국가가 전쟁의 주체인 이상 국가주의의 메커니즘은 강력하게 작동된다.[5] 물론 쌍방의 국가주의는 성격이 다르다. 전자가 약탈을 본질로 하는 '사악한' 국가주의라고 한다면, 후자는 민족 공동체의 생존을 위해 불가피하게 대응하는 '민족적' 국가주의의 형태로 발현된다. 이를테면 '대동아공영'의 기치가 전자를 대변한다면, '대한독립 만세'라는 울부짖음은 후자의 처연한 모습을 보여준다.

전쟁은 국가의 확장을 도모하거나 공동체 존폐의 위기를 야기하는 상반된 양면의 결과를 낳지만, 어느 경우든 '국가란 무엇인지'를 다시금 돌아보게 하는 성찰의

국가의 딜레마

계기를 제공한다. 근대 이래 국가주의의 주요한 논거가 전쟁 상황과 밀접히 결부되어 만들어졌다는 사실은 결코 우연이 아니다. 가령 홉스의 『리바이어던』은 17세기 영국 내전을 직접적인 배경으로 하고 있으며, 피히테의 '독일 민족 고유의 국가주의'는 나폴레옹의 군대에 점령된 베를린의 한복판에서 제창되었다. 또한 르낭은 프로이센군에 함락된 파리의 처참한 상황을 목도하고 애절하게 '민족' 개념을 되뇌었다. 그리고 제2차 대전의 패전국 일본은 전시에 총동원된 '희생의 논리'를 패전 후에는 '애도의 논리'로 재빠르게 탈바꿈시켜 신종의 국가주의를 만들어냈다.

국가주의는 인류사에 배어 있는 하나의 영속적인 속성으로 결코 사라지지 않을 것이다. 더욱이 전쟁에서 지든 이기든 그때그때의 달콤한 상황 논리가 더해지면 국가주의의 값어치를 더욱 키울 것이다. 몇몇 근대 사상가들은 이 유혹을 참지 못하고 국가의 이데올로기적 외장을 꾸미는 데 열을 올렸다.

홉스의 시대상황적 논거

국가주의가 과거의 투박함에서 벗어나 근대적 색채를 띤 나름의 논거를 갖게 된 데는 홉스의 역할이 컸다. 그의 요지는 간단했다. 무질서와 혼란으로부터 평화와 안정을 찾기 위해서는 국가가 절대적으로 필요하다는 것이다. 그는 이를 '자연상태'에서 '시민상태'로의 전환이라고 표현했다. 홉스가 보기에 핵심 문제는 과연 어떠한 조건에서 개인들이 자신의 권리를 포기할 수 있을 정도로 서로를 신뢰하게 되고, 그럼으로써 공동체 전체의 안전과 평화를 위한 장기적 이익을 담보할 수 있는가의 문제였다. 홉스는 그 답을 국가에서 찾았다.

국가는 이기적인 개인들이 자기 욕구를 충족하기 위해서 서로가 서로에게 적이 되는 전쟁상태에서 벗어나 평화를 보장하기 위한 최선의 방책이었다. 이를 위해 개인들은 서로 간의 신약을 맺고 통치자에게 자기의 권한을 위임함으로써 '공통의 권력', 이른바 '리바이어던'을

　　　　　　　　　　　　국가의 딜레마

창출할 수 있다. 홉스에게는 온갖 종류의 혼란은 불의이고 이를 일소할 수 있는 국가는 곧 정의이다. 그의 정치적 은유에서 베헤모스Behemoth라는 존재는 무정부 상태, 반란, 서로를 죽고 죽이는 적의敵意의 힘을 상징하는 반면, 리바이어던은 베헤모스를 무장 해제시키고 굴복시킬 수 있는 선의善意의 힘이다. 리바이어던은 절대적인 권력을 행사하며 무시무시한 괴물처럼 개인들 위에 군림한다. 그래야만 만인의 만인에 대한 투쟁상태는 종식되고 평화가 찾아든다.

홉스의 『리바이어던』은 그가 살았던 시대 상황을 디오라마diorama로 한다. 나라가 내전에 휩싸여 도시 곳곳이 불타오르고 정적政敵에 대한 무차별적 살육이 난무하고 인민의 생활이 피폐해져 무질서와 혼돈이 뒤덮은 상황에서 그에게는 무언가의 해결책이 절실했을 것이다. 1640년 스코틀랜드군이 영국을 침입하자 홉스는 프랑스로 건너가 11년 동안 타지에서 망명생활을 해야만 했다. 모국의 참담한 상황을 바라보면서 홉스는 여러 단상을 모아 자신의 염원을 담은 시대적 창작물을 완성한다. 그가 소망한 바는 합법적인 방식으로 절대권력을 움켜쥔 공포의 대상이 군림함으로써 만인이 겁에 질려 아무런 분란 없이 고요하게 살아갈 수 있는 삶의 터전이었다.

국가의 기원과 형성을 다룬 『리바이어던』은 근대국

가론의 초석이자 서양 정치철학의 근대성을 대표하는 저작으로 널리 인정받고 있다. 오늘날의 상황에 비추어 홉스를 긍정적으로 평가한다면 두 개의 함의를 얻을 수 있다. 즉 홉스의 결론에는 "사회가 심하게 분열되어 있고 사회적 혼란이 사라지지 않을 때는 평화를 유지하기 위한 강력한 권력과 사회를 통합하는 힘이 필요하며", 그리고 "평화로운 시대에도 사라지지 않는 사기범과 무임승차자를 다스리고 처벌하기 위해서는 감시권력이 필요하다"는 메시지가 담겨 있다.[6] 홉스는 16~17세기 종교전쟁과 내전으로 빚어진 혼란에서 탈출하기 위해 유럽에서 널리 수용된 신화를 바탕으로 '구원자 국가'를 주조했다. 평화의 보장책으로 고안된 리바이어던은 일인 군주의 절대주의 국가, '새로운 아담'이었다.

그러나 리바이어던은 혼란을 종식하는 최종의 수단이 될 수가 없다. 홉스적 국가에서 개인은 절대권력의 공포에 질려 숨죽이며 살아가야 하는 미물에 불과하다. 그는 정통성을 지닌 군주마저 자기도 모르는 사이에 전제군주로 쉽게 변해간다는 정치권력의 본질을 포착하는 데는 실패한 채, '국가가 혼돈과 폭력으로부터 우리를 구해줄 것'이라는 구원론에 매달렸다. 하지만 그런 류의 절대권력은 '절대적으로' 부패했다. 고대로부터 일일이 열거할 수 없는 수많은 폭군과 참주의 역사적 행렬은 이를 입증한다. 그러기에 홉스의 세속적인 정치이론은 그

국가의 딜레마

어떤 실제의 사회적 과정을 배제한 '위장된 신학'에 가깝
다.[7] 그가 주조한 '국가의 신화학mythodology'은 결과적으
로 절대주의 국가의 교본이 되어 '국가종교'의 활로를
넓게 열어놓았다.

'민족혼'을 부르짖은 피히테

국가주의를 근대의 숭고한 이념으로 올려세운 이는 단연 피히테이다. 피히테의 강연집, 『독일 국민에게 고함』(이하 『고함』)은 국가주의자들이 자주 애용하는 교본이다. 19세기 초 독일 민족의 고유한 혼을 강조하고 새로운 국민교육을 통한 '하나된 전체'를 역설한 피히테는 국가주의자의 표상이다. 『고함』은 독일이 나폴레옹에게 패한 후 프랑스 치하에 있던 시절, 1807년 12월 13일부터 이듬해 4월 20일까지 매주 일요일 오후 베를린 학사원 강당에서 총 14회에 걸쳐 독일 국민을 대상으로 행한 강연 내용을 정리한 글이다. 조국애가 남달랐던 그는 구국의 심정으로 민족혼의 불씨를 되살리는 용감한 행동을 감행한다.

나라를 잃어 슬픔에 젖은 민족에게 여느 애국자들이 그러했듯이, 피히테의 논조는 간명했다. 그 첫째는 국민적 계몽으로, 민족의 우수성을 새삼 상기시키고, 하나의 민족으로서의 고유한 의식을 고양시키며, 애국심을 고취시키는 일이다. 그는 강연의 목적이 새로운 교육을 통해 독일 국민 모두가 하나의 전체로 생동하는 데 있다고 밝힌다. 이를 위해 피히테는 세 가지 물음, 즉 독일 국민이라는 것이 과연 존재하는가, 독일 국민을 영속적으로 존속시키기 위한 노력은 어떤 의미가 있는가, 조국과 민족을 유지하기 위한 확실한 수단이 있는가 등의 문제에 답하면서 독일식 국가주의의 기틀을 세웠다.

피히테는 무엇보다 우선 독일 민족의 고유성과 우월성을 강조한다. 독일 민족은 다른 민족과는 매우 다른 독특한 혼을 가진 민족이고 게다가 우월하기까지 하다. 독일인은 자연의 힘에서 흘러나오는 생생한 모국어를 말하는 민족이고, 그 '살아 있는 언어'는 정신적 교양을 함양시킨다. 그는 독일혼의 근원을 독일 고유의 언어에서 구하는데, 그 이유는 "언어는 각 개인이 생각이나 의욕을 가질 때, 그 정서의 신비적인 깊은 곳까지 이르게 하여" 혼의 날개를 주기 때문이다. 언어는 '생각을 기호화하고자 하는 내적 충동과 의지에 따라 역사적으로 형성하고 변형해온 민족 고유의 산물'이다. 그는 이 고유한 언어가 있기에 독일 민족은 모든 사물을 투명하게 바로 볼 수 있으며, 시민적 교양을 체득할 수 있는 소질을 갖고 태어났다고 주장한다.

그는 자기 민족 고유의 언어가 없이 '2차적이고 죽은 언어'를 사용하는 다른 민족과 구분하여 독일 민족을 '시원始原민족Urvolk'이라고 칭하며, 독일인을 "본연적인 인간, 즉 자의적으로 바른 신조를 정립하여 살아 움직이는 인간"이라고 찬양한다.[8] 그리고 그러한 인간들만이 "진정으로 하나의 국민으로 뭉칠 수 있고", "자기 국민에 대한 이성적인 사랑을 행할 수 있다"고 주장한다. 그에게 민족이란 '사회에서 협동생활하면서 각자 스스로 자연스럽게 정신적인 창조를 지속해가는 인간의 전체'이다. 그러기에 민족은 외부의 침략이나 압박 등 그 어떤 외적 요인에 의해서도 그 순수성이 더럽혀지거나 타락되지 않고 영구히 지속하는 속성을 갖는다. 피히테는 이처럼 고유한 민족만으로 구성된 독일이라는 국가를, 통상의 사회적 질서를 훨씬 능가하는, "신성하기까지 한" 실체로 승격시킨다.

국가가 이처럼 영속적이고 신성한 실체라고 한다면, 이 투철한 국가주의자가 다음에 할 일은 국민 대중에게 애국심을 적극적으로 권장하고 국가에 대한 충성을 고무하는 일이다. 그는 조국애를 의심의 여지 없이 국가 전체를 지배해야 할 최고의 덕목이라고 말한다. 조국애는 "국가의 평화 유지, 모든 국민의 사적 소유, 개인적 생명, 안녕 유지 등 국가의 일반적인 목적 이상의" 최고의 숭고한 미덕이다. 그것은 무엇보다 "민족에 대한 사랑으로서 민족을 존경하고 신뢰하며, 이 민족의 일원임을 기뻐하고, 이 민족으로 태어난 것을 영광으로 생각하는 마음이다."[9] 이 마음은 언제든 민족을 위해 활동하고 희생할 수 있는 원동력이 된다. 이 마음을 내면에 간직하고 있다면, 자기 국민의 존재를 구하기 위해서 자기 생명까지도 버리는 헌신을 감행할 수 있으며, 국민이 생존해야 그 자신이 국민 안에 존재할 수 있는 생명이라는 사실을 인식할 수 있다. 그는 그 자신의 경험으로 독일의 조국애가 실제로 존재함을 확신하며, 또한 이 사랑의 대상이 갖는 무한한 가치를 안다고 말한다. 그가 모든 위험을 무릅쓰고 자신의 강연을 강행할 수 있는 이유도 오로지 이 조국애가 시켜서 하기 때문이라고 역설한다. 그리고 독일 국민에게 시원 민족의 높은 '조국애는 어디에서나 최고의 지배력'이 되어야 한다고 교시한다.

강연에서 피히테가 특히 강조하고자 하는 것은 교육, 국민교육의 중요성이다. 그가 말하는 교육은 개인의 자유와 개성을 발휘할 수 있게 하기 위한 페스탈로치식의 전인교육이 아니라 '시원민족'으로서의 자긍성을 높이고 국가에 대한 도덕성을 함양하기 위한 정신교육이다. 국민교육은 오직 독일인만을 대상으로 하는 국가 주도의 교육이다. 국민교육의 핵심은 곧 독일 국민을 모든 압박과 불행으로부터 구제할 수 있는 조국애 교육이며, 이 국가주의 교육을 실행함에 있어서는 강제적 성격의 의무감이 동반되어야 한다. 그는 교육의 임무가 국민 모두에게 이 도덕심을 발현케 하는 본연적이고도 순결한 형상을 심어주는 데 있다고 말하면서, 조국과 동포에 대한 충실한 애착심, 유혹에 의해 굴복되지 않는 정의심 및 의무감, 모든 공민적·가정적 덕행의 모범 등을 강조한다.

그가 국민교육을 통해 희원하는 바는 독일 민족이 참다운 독일인으로서만 존속하고, 그 자손도 마찬가지로 독일인으로 교육시키는 데서 삶의 보람을 찾는 가치를 내면화하는 일이다. 그는 다시 한 번 강조한다. "이 강연은 우리 민족을 영원한 국민이자 우리 자신의 영원성의 보증자로 보고, 참되고 전능한 조국애를, 교육의 힘을 통해서 모든 국민의 마음속에 깊고 불멸하게 심어놓을 방법을 제시하는 데 목적이 있다."[10] 피히테가 원한 것은 조국애가 국가 전체를 온통 뒤덮는 교육이었다.

이 관념론자가 마음속에 품고 있는 조국과 민족에 대한 절절한 사랑은 한 시대를 살아가는 실천적 지식인의 표상을 보여주기에 충분한 것일지 모른다. 그는 비록 외침에 의해 나라의 심장부를 빼앗긴 상황이더라도 "독일인은 결코 사멸하지 않을 것"이라고 힘주어 말하며, 완강한 저항을 통해 독일 민족의 새로운 미래를 다시 열고 후손들에게 민족의 자유를 남길 수 있을 것임을 확신했

국가의 딜레마

다. 국가를 잃은 절망적 상황에서 그가 보여준 지혜와 용기는 잠자던 독일인들에게 각성을 불러일으켰고, 그 울림의 효과가 너무 커서인지는 몰라도, 이후 독일은 강한 제국으로 다시 살아났다.

강연을 통해 피히테가 남긴 강력한 민족국가 관념은 시대적 상황에 조응한 결과물이다. 관념론자인 그는 처음부터 국가주의에 경도되지는 않았었다. 사상가로서 발돋움하기 시작한 초기의 피히테는 '자유롭고 이성적인 존재'라는 보편적 인간 본성의 당위론에 입각해서 국가의 성립 조건과 전개 과정을 설명했다. 그는 『자연권의 토대』에서 근대국가의 모형을 "자유롭고 이성적인 존재들 상호 간의 필연적 관계"가 계약을 통해 형성된 권리 공동체로 그리면서, 국가를 인간 이성의 발전에 따라 역사 속에서 그 완성을 향해 가는 운동체로 파악했다.[11] 이 모형은 국가 질서의 필연성이 인간의 이성에 의존하는 '계약국가'였다.

그러나 베를린 함락 이후 피히테는 생각을 바꾼다. 『고함』에서 그는 민족을 '언어를 공통의 기반으로 하여 정신 형성의 역사성을 공유하는 공동체'라고 규정한 다음, 민족이 중심이 된 새로운 개념의 국가, '민족국가'를 제창한다. 피히테의 두 개의 국가, 즉 『자연권의 토대』의 계약국가로부터 『고함』의 민족국가로의 전환에서 사상적 연속성을 찾기는 어렵다. 굳이 이해하려 한다면, 나폴레옹의 침공에 따른 국가적 수난의 경험이 그로 하여금 국가 성립의 근거를 인류의 보편적 이성에서 독일 고유의 민족적 감정으로 바꾸게 했을 것이다.

『고함』의 민족국가에서 국가란 모든 개별적인 힘들이 '하나의 전체'로 모이는 구심체, 곧 하나의 통일성이다. 그 국가는, 타민족을 철저히 배제한 채, '시원민족'에서 '보다 높은 차원의 민족'으로 나아가는 국가였다. 그러나 그가 의도했건 의도하지 않았건 간에 강연 곳곳에 남긴 지나치게 강한 국가주의적 신념은 '배타적인 국가주의'를 발화시키는 불씨가 되었다. 그는 독일 민족의 고유성을 제창하는 데 그치지 않고 여타 민족에 대한 우월성을 여러 차례 강조했다. 독일 민족과 다른 민족과의 구별을 언어의 차이로 설명하면서, 1종 민족과 2종 민족 등 차별적 용어를 사용하며 민족 간의 상이함을 우열적 등급으로 갈랐다. 위기에 처한 자국민에게 민족의식을 고취시키려는 열의를 비난할 수는 없겠으나, 그는 국가에 대한 과도한 집착으로 인해 '자민족중심주의ethnocentrism'를 넘어 조야한 인종주의로 빠져들 위험을 감지하지 못했다.

그가 정당한 방식으로 민족혼과 조국애를 고귀하게 지키고자 했다면, 편협한 인종주의에 의존하여 독일 민

국가의 딜레마

족만의 우수성을 설파할 게 아니라 '정의롭지 못한 전쟁'의 부당성을 부각하고 민족적 저항의 정당성을 호소했어야 했다. 그러나 그는 다른 길을 택했다. '독일인이라면 모두 일어서야 한다'는 그의 주장은 전쟁을 벌이자는 선동과 다름이 없었다. 그는 일등 민족국가에 대한 절절한 염원을 감추지 않고, "독일을 구하기 위해 전제자專制者를 내려달라"고 기도하기도 했다. 그가 원초적인 종족 감정에 호소하는 방식으로 창안한 '종족 중심의 국가주의' 불길은 이후 범게르만주의자 바그너 등 여러 독일인을 거쳐 급기야 악명 높은 독일제국의 총통 히틀러에 이르러 활활 불타올랐다.

르낭의 민족 개념

역사는 아이러니한 궤적을 그린다. 피히테가 강연한
지 60여 년이 지나서 독일과 프랑스 간의 상황은 정반대
로 역전되었다. 프로이센 군대가 파리를 점령했다. 프랑
스군은 심장부를 빼앗기고 지방으로 퇴각했다. 파리 시
민은 살상과 기아의 공포 속에서 쥐새끼까지 잡아먹어
야 연명할 수 있을 정도로 극심한 고통을 겪었다. 여러
예술가가 자진 입대할 만큼 국난은 심각했다. 그중에는
장교로 입대한 인상주의자 마네도 있었고 그의 동료 바
지유는 전장에서 사망했다. 1870년 독프전쟁의 아픈 상
처는 프랑스 지식인들에게 조국과 민족에 대해 다시금
성찰하게 하는 계기이기도 했다.

그 가운데서 대표적인 인물은 르낭이다. 르낭의 민족
주의는 피히테의 국가주의를 거론할 때마다 동반 등장
한다. 르낭은 피히테처럼 철저한 국가주의자는 아니고,
이웃나라를 혐오하거나 비하하는 국수주의자도 아니다.

오히려 그는 친독親獨 또는 지독知獨 성향의 지식인이었다. 그는 괴테를 칭송했고, 칸트와 피히테, 셸링 등 독일 관념론의 저작을 즐겨 읽던, 독일 문명 예찬론자였다. 그러던 그에게도 독프전쟁의 충격은 크게 다가왔다. 전쟁이 끝나고 10여 년 후에 그는 소르본대학교의 강연을 통해 피히테와는 다른 '민족' 개념을 제시하기에 이른다.

르낭은 자기 민족의 고유성을 주장하지도, 순혈의 우월성을 내세우지도 않는다. 그는 오히려 피히테식의 종족에 기반한 민족 개념을 부정한다. 유럽에서 '민족nationalités의 존재 기반에 관한 원칙'을 도입한 시기는 5세기 게르만족의 대이동 때부터이다. 그 이후 유럽의 여러 종족들은 서로 융합되기도 하고 또 분리되기도 하는 변화의 과정을 거쳤다. 르낭에 따르면, "현대의 민족은 한쪽 방향으로 모아지는 일련의 사건들에 의해 야기된 역사적 결과물"로서 "순수한 종족이란 존재하지 않으며 종족적인 분석에 정치의 근거를 두는 것은 공상에 기초를 두는 것"과 같다.[12]

그는 유럽의 여러 민족이 본질적으로 혼혈민족이므로, 순혈민족 운운하는 종족주의의 위세는 갈수록 약화될 것이라고 전망한다. 그에게 인종, 언어, 종교적 유대감, 이해관계, 지리, 군사적 필요성 등은 민족의 특성을 설명할 수 있는 주된 요인이 아니다. 그는 "인간은 인종

장 루이 에르네스트 메소니에, 〈파리 함락(1870~1871)〉, 1870, 오르세 미술관.

당대의 화가 메소니에는 파리의 함락을 보고 사실에 우의를 보탰다. 부인의 모습으로 우의화된 파리, 갈기갈기 찢긴 삼색기, 폭동의 잔해, 기근에 찌든 시위대, 불타오르는 파리 하늘의 잿빛 구름, 순교를 상징하는 종려나무 잎사귀 위에 쓰러진 병사들의 시체 등은 파리의 함락이 복잡한 내부사정과 연관된 비극적 사태였음을 암시한다. 메소니에는 자신이 화가임을 드러내며 여인 앞에 뷔장발 전투에서 사망한 화가 앙리 레뇨이를 그려 넣었다.

의 노예도, 언어의 노예도, 종교의 노예도, 강물의 흐름의 노예도, 산맥의 방향의 노예도 아니다"라고 말하면서 "인간들의 대결집, 건전한 정신과 뜨거운 심장이야말로 민족이라고 부르는 도덕적 양심을 창출한다"는 견해를 제시한다.[13] 그가 보기에, 민족은 "하나의 영혼, 즉 영적인 원리와 같은 것"이다. 그 이유는 사람들은 사상, 이해관계, 애정, 추억, 희망을 통해 하나의 공동체를 이룰 때 그들이 함께한다는 것을 마음속으로 느끼기 때문이다. 그러기에 그는 민족을 하나의 공동체에 같이 사는 사람들이 "이미 치러진 희생과 여전히 치를 준비가 되어 있는 희생의 욕구에 의해 구성된 거대한 결속체"라고 규정한다.

이처럼 문화적 귀속에 의거한 르낭의 '민족' 개념은, 피히테와는 판이하게, 개인의 정치적 선택 문제라는 차원에서 다루어진다. 그는 인종을 혈통이나 인류학적 문제로 보는 생물학적 인종주의를 부정하고 문화적인 시각에서 민족과 국가를 조망함으로써 주목받은 인물이다. 그는 종족, 조상, 종교, 언어, 영토, 관습 등을 공유하는 원초적인 유대관계, 종족적 고유성, 유전적 요소나 세습적 유산 등을 강조하는 인종적 민족주의에서 벗어나, "민족 공동체에 기꺼이 귀속되고자 하는 주관적 의지" 또는 "함께하고픈 의지"를 근간으로 하는 주관주의적 민족주의에 기울었다.

국가의 딜레마

그렇다고 해서 르낭이 인종에 대한 편견을 완전히 거둔 것은 아니다. 그도 백인 남성, 기독교도, 유럽인이라는 카테고리에 특권을 맞춘 문화적 장벽을 넘는 것을 원치 않았다. 그는 강연 이전의 『철학적 대화Dialogues philosophiques』에서 "인간은 평등하지 않으며, 인종도 평등하지 않다. 흑인은 백인이 원하는 위대한 일에 봉사하도록 만들어졌다"라고 적었다. 그는 서구 중심의 인종주의를 견지한 자민족중심주의자였고, 이로 인하여 '인종 없는 인종주의' 혹은 '신인종주의'의 원조라는 비판이 뒤따랐다. 훗날 국가주의 논란에서 그가 피히테와 짝을 이루고 등장하는 데는 자민족중심주의적 편향에서 벗어나지 못한 공통점이 있기 때문이다. 특히 민족 개념을 설명하면서 도입한 '희생의 논리'는 20세기 독일과 일본 등 제국주의 권력자들이 자주 애용하게 됨으로써 르낭은 본의 아니게 국가주의 계보에서 빠질 수 없는 인물로 기억되게 되었다.

'국가종교'의 출현, 파시즘적 국가주의

20세기처럼 온갖 종류의 이데올로기로 덧칠된 국가주의가 난무한 시대도 없었다. 세기 초 유럽 대륙에는 전체주의의 유령이 드리워졌다. 볼셰비즘, 파시즘, 나치즘으로 뒤덮인 광란의 시대에 국가는 무소불위의 권력을 넘어 세속의 신으로 추앙되었다. 국가사회주의든 인민민주주의든 그 간판을 무엇으로 달았든 간에 거대한 괴물이 된 국가는 음험한 독재자들에 의해 장악되었다.

가령 러시아에서는 '프롤레타리아 독재'라는 명제가 소수 전위당의 지도로 변질되어 인민을 억압하는 일인 철권통치가 만들어졌다. 스탈린이 주도한 공산주의 프로그램은 사회 전체를 '하나의 공장'으로 만들고, 모든 국민을 '국가의 고용자'로 전환시켰다. 이 음흉한 통치자는 자신을 '만능의 천재', '빛나는 태양', '삶의 지주', '위대한 선생이며 친구'로 우상화하며 국가를 자신과 일체화했다. 또 한편 이탈리아의 무솔리니는 「파시즘의 원칙

프란시스코 고야, 〈이성이 잠들면 괴물이 나타난다〉, 1797~1798, 릴 미술관.

고야의 에칭 연작 작품집 〈카프리초스〉 80편 중 43번째의 것으로 이성을 저버릴 때 괴물의 환영이 떠도는 상황을 묘사했다. 여기서 야조夜鳥는 무지와 미신을 상징한다. 그는 그림을 통해 인간의 오류를 집어내는 데 만족하지 않고 당대 권력을 신랄하게 비판했다. 계몽주의에 희망을 걸었던 그는 이성에서의 탈선이 악마를 불러올 수 있음을 경고했다.

The Doctrine of Fascism」에서 "모든 것은 국가를 위해 존재한다"고 선언한다. "국가 밖에는 그 어떤 것도 존재하지 않으며 아무런 가치도 없다."[14] 그는 대중에게 국가를 '의지 중의 의지', '선善 중의 선', '정신 중의 정신'이라고 세뇌한다. 그리고 '이탈리아를 위하여 죽는 자는 결코 죽지 않는다'라는 깃발이 넘실대는 파시스트 독재국가를 이상향이라고 선전했다.

파시즘은 자유주의, 민주주의, 사회주의, 문명화, 모더니즘 같은 개념을 철저히 배척하는 대신 민족, 제국, 국가, 유기체적 공동체 같은 개념을 강조한다. 파시즘은 개인이 집단 안에 참가함으로써 존재 의의를 찾을 수 있는 일색화된 생활양식을 강요하며, 집단을 초개인적으로 이끌어가는 특정 개인 즉 독재자에 대한 표상을 통해 일인독재체제를 획책하는 이데올로기이다. 요제프 괴벨스가 공언한 것처럼 파시스트에게 진정한 정치의 주된 목적은 언제나 '대중을 인민의 형태로, 인민을 국가의 형태로 만드는 데' 있었다.

파시즘 일색의 '획일적 통합Gleichschaltung'은 선동으로만 이루어지지 않는다. 르낭이 미리 내다본 것처럼, 어느 경우든 국민통합은 항상 폭력적으로 달성된다. 대독일주의를 제창하며 유럽 대륙을 광란의 도가니로 이끈 한 독일인이 이를 증명했다. 불세출의 독재자 히틀러는 종족주의와 집단폭력을 결합한 최악의 국가주의를 실행했다. 나치즘은 독일 민족의 순혈주의를 고수하기 위해 무자비한 인종청소론을 실행수단으로 삼은 기형의 국가주의였다.

히틀러에 따르면, "국가의 목적은 동일 인종의 공동사회를 육체적 · 정신적으로 유지하고 조성하는 데 있다."[15] 그에게 가장 중요한 것은 순혈 아리아 인종의 유지와 보존, 번성과 영생이다. 히틀러는 자연학 원리를 자의적으로 해석하여 '자연은 잡종을 별로 좋아하지 않는다'고 강변한다. "모든 인종 교배의 결과는 우수한 인종의 수준 저하 및 육체적 · 정신적 퇴행, 또한 느리지만 확실하게 진행되는 폐질廢疾의 시작이다."[16] 과거의 위대한 문화가 사멸하였던 이유는 원래 창조적이었던 인종의 피가 더러운 인종과의 교배로 인해 불순해졌기 때문이다. 그는 이 더러운 인종을 유대인이라고 낙인찍고, 한 세기 전 눈먼 독일 철학자 뒤링Karl Eugen Dühring이 "오물과 쓰레기 속에서 가장 잘 번식하는 기생충"으로 묘사한 유대인을 박멸하는 것이야말로 세계사적 과제라고 단언했다. 뒤링과 엥겔스가 격렬하게 다투었던 주제, '유대인 문제'에 대한 유일한 해결책은 해당자들을 모조리 없애버리는 것이었다.

히틀러에게 국가란 오직 동일한 피의 민족 공동체이

다. 그는 피히테가 어눌하게 정의했던 '민족성'에 대해, "보다 정확하게 말하면 인종이란 언어 속에 있는 것이 아니라 핏속에 있다"고 단언한다. 독일인의 사명은 오직 게르만 민족의 피에 흠결 없이 남아 있는 구성요소를 지키는 것이고, 국가의 가장 시급한 과제는 민족의 밝은 미래를 위해 순혈적 요소를 최상의 상태로 보호·유지하고 발전시키는 데 있다. 게르만 민족국가의 이념인 '민족주의적 세계관'은 "인류의 의의를 인종적 근원에서 찾고", "결코 인종의 평등을 믿지 않을 뿐만 아니라 오히려 인종의 가치에 우열의 차이가 있음"을 단정한다. 그리고 "우주를 지배하는 원리에 따라 우월한 자와 강한 자의 승리를 도모하여 열등한 자와 약한 자의 종속을 이루어내는 것을 국가적 의무로 인식"한다.[17] 히틀러는 이 세계관이야말로 '자연의 내적 요구'에 부응하는 지상 명령이라고 믿는다. 그리고 아리아 민족이야말로 국가를 위해 자기 능력을 기꺼이 바칠 수 있는 민족이라는 점에서 '세계에서 가장 우수한 민족'이라고 찬양한다.

히틀러는 제3제국을 '독일 민족정신의 진정한 표현이자 독일 민족에 대한 사랑을 바탕으로 하는 새로운 사회주의 공동체'라고 선전했지만, 그 실상은 온갖 조작과 선동으로 얼룩진 '이성의 파괴' 그 자체였다. 결론적으로 히틀러는 저급한 인종주의가 창궐한 상황에서 '반유대주의Antisemitismus'라는 용광로를 만들어 그 안에 민족주

의, 자본주의, 사회주의 등 서로 모순되는 이념적 요구
를 하나의 프로그램으로 융합한 독일식 '국가신학'의 종
결자였다.

국가주의의 독일적 전통

히틀러의 기괴한 국가주의는 그만의 작품은 아니다. 근대 독일의 국가주의는 이웃나라들과는 달리 뿌리 깊은 사상적 전통을 갖고 있다. 근대 독일인의 정신생활에서 국가라는 관념은 보편 이성에 다분히 종교적인 요소가 가미된 신비적인 어떤 것이었다. 가령 개인의 희생 없이는 강력한 국가가 존재할 수 없다는 고정관념이 그 일단이다. 즉 개인은 국가 안에서 그리고 국가에 의해 비로소 자기를 실현하고 인격을 갖추게 되는 상황제약적 존재이다. 이 같은 관념이 고착하게 된 데에는 역사철학자 헤겔을 위시하여 내로라하는 여러 독일 사상가들의 '계몽 아닌 계몽'이 큰 몫을 했다.

국가관 계몽이라는 사상적 작업대의 맨 꼭대기에는 단연 헤겔이 자리한다. 헤겔의 국가 찬미는 미학의 주제로 다룰 정도로 심했다. 그는 『미학 강의』에서 국가를 '그 자체로서 이성적인 것'으로 격을 높여놓는다. 이 지

국가의 딜레마

독한 관념론자에게 국가란 '윤리적 이념이 구현된 현실체', '세계정신'의 표현일 뿐만 아니라 그것의 참된 화신이다. 국가는 자체의 생명력을 가진 실체로서 자기의식을 통하여 객관정신이 된다. 그는 국가를 중세 절대권력의 상징이었던 전체주의적 교회와 동일시하며 '지상에 실현되는 신의 이념'으로 절대화한다. 헤겔의 도그마대로라면, 국가는 개인의 권리를 보장하므로 개인은 국가의 한 구성원으로 거듭남을 최고의 의무로 하여 국가의 권력 장치에 철저히 복종해야 한다.

독일의 현대 철학자 카시러Ernst Cassirer의 지적처럼, 헤겔의 국가 관념은 "정치적 반동의 가장 견고한 보루"가 되었다.[18] 헤겔의 체계에서 국가숭배는 곧 영웅 숭배이다. 영웅숭배는 곧 전체주의 국가의 작동기제인 '획일화의 원리'에 기반하며, 국가의 통합적 힘을 강화한다는 구실 아래 사회적 조직체 안에 있는 모든 다양성과 차이를 말끔히 지운다. 그것은 곧 자유의 종말을 의미한다. 관변 철학자로서 관념의 유희에서 헤어나오지 못했던 헤겔은 권력에 숨겨진 어두운 진리를 보지 못했다. 그는 독일식 국가주의의 철학적 기초를 다지는 데는 성공했을지 몰라도, 후대에 전체주의 악령이 배회하게끔 한 장본인이 되고 말았다. 카시러가 혹독하게 비판했듯이, 20세기 파시즘과 제국주의가 창궐하는 데 다른 어떠한 철학이론보다 헤겔의 국가이론만큼 크나큰 기여(?)를 한 이데올로기도 없다. 그런 점에서 헤겔의 국가주의는 "학문의 화원에서가 아니라 노예근성의 퇴비 위에서 자란 폐기물"[19]이라는 비난도 지나친 표현이 아니다.

헤겔이 씨를 뿌린 독일식 국가주의는 그 이후로 여러 독일인에 의해 긴 행렬로 이어졌다. 가령 바그너는 게르만주의를 음악적으로 웅장하게 표현하는 데 심혈을 기울였고, 니체는 그런 그를 한동안 흠모했다. 니체는 기발한 사유의 창안자로 명성을 떨쳤지만, 역사적 현실을 바라보는 데서는 정치적 반동주의를 택함으로써 헤겔적 사유와 궤를 같이했다. 그는 국가를 일관성 있게 설명하지 못하고 자신의 관념 속에서 오락가락하는 혼란을 드러내 보였다.

『차라투스트라는 이렇게 말했다』에서 그는 국가를 "온갖 차가운 괴물 중에서도 가장 차가운 것", "대량 학살자들", "선과 악에 대해 온갖 단어를 구사하는 거짓말쟁이"라고 맹비난했지만, 『반시대적 고찰』에서는 우둔한 평민 무리에 대한 가장 강력한 통제 장치로서의 국가의 필요성을 역설하는 논리적 모순에서 헤어나지 못했다. 그는 대중시대의 개막을 혐오했고 민주주의적 평등에 따른 개인의 평균화 및 범용화에 기겁하면서 근대국가의 '천박한 보편주의'를 신랄하게 공격했지만, 실재할 수 없는 새로운 우상, 이른바 '초인' 숭배에는 열을 올렸다.

국가의 딜레마

니체는 루소를 프랑스혁명의 사상적 주범으로 간주하며 "근대적 이상주의자이자 천민賤民"이라고 비난하면서 민주주의의 보편적 교설을 전면적으로 부정했다. 정신적 착란상태에서 그의 눈에 비친 민주주의는 노예근성과 천민적 원한을 근간으로 하는 얼간이 정치형태에 불과했다. '현명치 못한 에고이즘'과 '현명한 에고이즘'의 대비는 그가 선호한 국가에 아주 각별한 사명을 귀속시키기 위한 사전작업이었다. 국가는 막강한 폭력을 무기로 천민 대중이 날뛰는 시대에 '현명치 못한 에고이즘'의 추악한 폭발로부터 '현명한 에고이즘'을 보호하는 후견인이 되어야 한다는 것이다. '권력을 향한 의지'와 '초인'이라는 탈역사적 개념을 만들어 역사를 신비화하는 데 심취했던 니체의 병적 사고가 훗날 나치스트들에게 귀중한 영감으로 작용했다는 여러 이들의 비판은 근거 없는 것만은 아니다.

독일의 강력한 국가주의 전통은, 루터 이후 독일의 정치적 후진성과 프로이센의 군국주의에서 드러나듯이, 유럽의 다른 나라 역사에서는 볼 수 없는 이질적인 현상이다. 독일 특유의 역사적 배경 속에서 헤겔이나 니체 등의 반동주의 국가관이 생성되었고, 이 전통을 따라 히틀러는 '종합예술로서의 국가Der Staat als Gesamtkunstwerk'로 집대성한 국가사회주의를 제창할 수 있었다. 벤야민Walter Benjamin의 분석에서 보듯이, '정치의 미학화'의 정신사적 배경을 추적하는 작업은 곧 독일 국가사회주의의 사상적 연원을 밝히는 첩경이다.[20] '정치적 삶의 미학화Ästhetisierung des politischen Lebens'라는 테제를 중심으로 한 독일식 국가주의 담론은 위기에 처한 민족을 구하기 위해 국가에 무제한적 권력을 부여하고 그 선두에 '영도자Führer'의 화려한 등장을 정당화한다.

영도자 담론을 주도한 인물은 바로 카를 슈미트였다. 저명한 법철학자인 그는 히틀러에 대한 정치적 숭배자이자 이론적 하수인으로서의 역할을 톡톡히 했다. 슈미트는 국가에 대한 헤겔의 가설과 미학화된 정치적 영역에 대한 니체의 버전을 수용하면서 나치의 권력 장악을 정당화하는 데 앞장선다. 그는 '예술생산으로서의 국가'라는 이념을 고안한다. 이에 따르면, 무정부적인 혼란 상태는 오로지 전체적인 '국가장치의 미학'을 통해 구출될 수 있다.

슈미트는 여기에 소위 '결단론Dezisionismus'이라는 기괴한 논리를 도입하여, 국가의 생존이 위태롭고 극도의 곤경에 빠진 '예외상태Ausnahme-zustand'와 '정상상태'를 구분할 수 있는 필연적인 '결단'의 주체이자 심급기관으로서의 '국가'를 요청한다.[21] 그에게 이 국가는 "지상낙원을 향하는 역사의 천사"와도 같다. 이곳이야말로 "익명으로 이루어진 지배장치의 권위에 헌신만이 통용되는

허버트 란칭어, 〈기수〉, 1933, 개인 소장.

히틀러는 독일 인민을 구원하는 십자군의 기수이다. 이 영도자는 특유의 콧수염을 뽐
내며 엄숙한 표정으로 전쟁의 선봉에 선다. 히틀러는 독일 제국에 대항하는 표현의
자유를 퇴폐예술로 몰아세우고 예술의 획일화를 강제했다. 이 때문에 조지 그로스,
오트 딕스, 프란츠 마르크 등 저항적 아티스트들은 혹독한 시련을 겪었다.

곳", "인간의 극단적인 소외가 역사적 자기발견의 최고 형식으로 찬양되는 곳"이라는 것이다. 슈미트가 신봉하는 이 국가는 '하나의 통일적인 의지'만을 요구하는 파시즘 국가이며, 곧 '새로운 신'과 같은 존재이다.

나치 전범인 이 사람의 광란은 여기서 끝나지 않았다. 그는 '세속의 신'으로 거듭난 국가에 '영도자의 원리'를 덧붙임으로써 그만의 정치미학을 완성한다. 영도자는 정치적 삶의 미적 요소를 만개하게 하는 총지휘자인바, '종합예술작품으로서 파시즘적 국가'의 꽃이다. 슈미트는 히틀러를 독일 민족의 영도자, '새로운 시저Neuer Cäsar'로 추앙한다. 그의 사고 틀에서는 영도자만이 실존하고 인민은 존재하지 않는다. 존재성을 잃은 무능한 인민이 할 일이란 국가의 최고 길잡이로서 제시된 권력, 영도자의 화려한 등장에 환호하는 일뿐이다. 히틀러가 자연의 법칙으로 설정한, 거룩한 땅과 순수한 피, 잡종의 제거, 민족 공동체Volksgemeinschaft, 아리아 인종의 위대한 전진 등의 국가적 당면 과제는 그의 이론적 심복이 급조한 '영도자 원칙'이 관철되어야만 비로소 달성될 수 있다.

슈미트는 이 원칙 위에서 국가사회주의의 세 가지 핵심적 요소로서 '국가-운동-민족Staat-Bewegung-Volk'이라는 슬로건을 내건다. 이 세 단어의 연결은 마치 성부-

국가의 딜레마

성자-성령의 기독교적 삼위일체론처럼, 독일 민족이 하나의 전체로 통합된 정치적 통일, 즉 일체화를 목표로 한다.[22] 슈미트는 '국가는 사회화되었다'고 강변하며 낙원으로서의 파시즘 국가의 완결을 부르짖었지만, 독일을 탈출한 유대인들은 미국으로 건너가 저주받은 만큼의 피의 보복을 가했고 나치 국가는 얼마 안 가서 망했다. 그 위대하다는 독일 민족은 두 동강으로 부러지는 참사를 겪었고 아직도 국가주의의 망령 앞에서 참회 중이다.

광기의 시대에 관제 지식인들이 찬미했던 '신의 이념으로서의 독일 민족', 유럽 최고의 민족, 독일 특유의 '민족혼', 아리아종의 위대성과 영원성 등의 수사에는 독선과 야만이 가득 차 있다. 독일 민족만의 영혼이 있다면, 다른 민족에게도 그에 못지않은 민족혼이 있다. 독일 민족은 많은 종족 중의 하나인 평범한 민족이다. 깨달음이란 자신이 얼마나 부족한지를 아는 데서부터 출발한다. 독일의 국가주의자들은 이 진실을 깨닫지 못했다. 그 '위대한 제3제국'은 광기의 독재자와 그에 부화뇌동한 독일 대중이 합작해서 만든 '병든' 국가주의의 전형이었다. 국가를 신으로 여기는 광란의 종교적 운동은 집단환각 상태에서 모두의 파멸로 결말을 맺는다.

천황 중심의 일본식 국가주의

독일 제국의 흥망으로 막을 내린 '강한 국가주의'의 참화는 동방의 섬나라 일본에서도 재현되었다. 카를 슈미트의 논리에 따르면, 국가의 기본 카테고리는 본래 신학적 개념으로 쓰이던 것들이 세속의 문맥으로 이행된 것이다. '종합예술 국가의 영도자'가 천황으로 이름을 달리하여 숭배되는 일본의 국가주의는 일종의 종교와 흡사했다.

근대 일본에서 천황은 무조건 숭배해야 할 국가교國家教의 교주였고, 야스쿠니 정신은 국민을 일체화하는 '일본교日本教'의 단일한 교리였다. "대일본제국은 만세일계万世一系의 천황이 통치한다"로 시작하는 메이지 헌법은 종교국가의 수립을 대내외에 공표한 문서였다. 그리고 황실과 내각이 합작해서 만들어낸 '국가신도國家神道'는 천황제 이데올로기와 국가주의 이념을 실행하는 종교적 의례, 즉 일본적 국가주의의 종교적 표현이었다.

국가의 딜레마

정치적 단위와 종교적 · 문화적 단위의 일체화를 국민적 전통으로 굳힌 일본식 국가주의에서 국가는 세속의 신이 되고, 국민은 '국가교'를 무조건 숭배해야 하는 신도로 자리매김된다. 신 앞에서 인간이 죄인이고 종이듯이, 국가 앞에서 국민은 모두가 종이자 봉鳳이 된다. 일본은 이상스러운 신국神國이다.

'세속의 신'으로 우뚝 솟은 국가가 최우선으로 할 일이란 모든 국민을 하나의 종교, 하나의 정신으로 묶어내는 작업이다. 그리고 이 공정은 한결같이 '폭력적으로' 이루어진다. '국가교'를 앞세워 저지르는 만행은 전쟁이다. 전쟁은 국가를, 그리고 국가의 정점에 위치한 통치자를 절대화하기 위한 최상의 수단이다. 전쟁은 조국애를 최고조로 끌어올려, '국가를 위한 희생'을 전 국민의 숭고한 의무로 둔갑시킨다. 전시의 국가에서 종교적인 희생과 순교는 절대적인 덕목이 된다. 피히테와 르낭의 강연이 공통적으로 전쟁 체험과 직결되어 있듯이, 전쟁 국가의 '국민' 개념의 밑바탕에는 '희생의 감정sentiment de sacrifices'과 '희생의 논리logic of sacrifices'가 깔려 있다.

그 희생은 누구를 위한 희생인가? 통치자들은 야만적인 권력욕을 뒤로 숨긴 채 조국이고 민족이라고 외쳐댄다. '국민 모두가 분연히 일어서야 한다'거나 '국가를 위한 희생이야말로 최대의 영광이다'라는 미치광이식 선동으로 평범한 개인의 일상을 참혹한 전장의 불구덩이로 내몬다. 그 결과는 무고한 국민의 막대한 희생으로 돌아온다. '모두holos'를 '불태우는kaustos' 홀로코스트에서 난징대학살에 이어 원폭 투하까지 지난 세기 광란의 대전 속에서 수십 개국 수억 명 이상의 인민이 무고하게 희생되었다. "국가를 천국으로 만들겠다는 인간의 시도가 결국 국가를 지상의 지옥으로 만든다"는 독일 낭만주의 시인 횔덜린Friedrich Hölderlin의 경고는 결코 틀린 말이 아니었다.

이 끔찍한 참사를 겪고 나서도 국가교의 종말은 오지 않는다. 오히려 그 반대로 국가교는 더욱 번성한다. "국가를 위해서라면 기쁜 마음으로 피를 흘리는" 정신이야말로 국민이 갖춰야 할 제일의 덕목이라고 법석을 떨었던 '일본교'의 교주 히로히토는 눈물을 흘리며 항복을 선언하지만, 그 거짓스러운 참회의 눈물은 '일본교'의 또 다른 시작을 알릴 뿐이다.

일본의 비판적 지식인 도쿄대학교 교수 다카하시 테스야高橋哲哉가 잘 지적했듯이, "전쟁 체험의 신화화는 일종의 종교성을 띠고 있다."[23] 세속의 신은 '희생의 논리'를 '애도의 논리'로 변환하고 신도들을 다시 하나로 모은다. 르낭의 말처럼, "영광의 추억만이 아니라 참회의 기억 역시 국민을 구성하는 중요한 유산"이 된다. 이

국가의 딜레마

때문에 전쟁을 이길 때나 질 때나 국가교는 그 위력을 잃지 않는다. 이렇게 해서 국가를 위한 희생의 아픈 상처와 '뺄셈minus의 경험'에 대한 감정을 공유하고 이를 다시 재도약의 출발점으로 삼아 '새로운 국가' 건설에 매진하자는 '전후戰後의 논리'가 만들어진다.

전쟁의 북새통에서 국민의 생명과 재산을 지켜내지 못하고서도 국가는 더욱 뻔뻔스러운 절대자로 변신한다. 순종적이고 우둔한 신도들은, 이웃나라 국민 2,000여만을 살육한 국제적 범죄를 외면한 채, 자국민 300만 명의 죽음을 추모하며 야스쿠니 신사 앞에서 애도의 눈물을 흘린다. 국제사회를 파국으로 몰아간 야만적인 전범 일당이 도발한 '부정한 전쟁'에 대해서는 아무런 참회도 하지 않은 채, 그리고 그 지옥 속에서 죽어간 타국민 수천만 명의 망혼에는 눈감으면서도, 5퍼센트 자국민의 죽음이 95퍼센트의 국민을 구해냈다는 민족이기주의적 논리로 그들의 죽음을 숭고한 희생으로 정당화한다.

애국주의는 본래 두 개의 얼굴을 가진 양가적 감정의 산물이다. 한편으로는 숭고의 미를 뽐내는 듯 보이지만 그 뒤편에는 추악한 야만성을 은닉한다. 이 과정에서 소위 애국주의적 지식인은 국가주의의 열렬한 전도사로 변신하여 '일본교'를 수호하는 데 앞장선다. 가령 패전 직후 출간된 교토대학교 철학자 타나베 하지메田邊元의

『참회도懺悔道의 철학』이 '전쟁 악'의 중심에 있는 천황제를 온존하기 위한 장대한 속임수였다고 한다면, 그로부터 또 반세기가 지나 저명한 문예평론가 카토 노리히로加藤典洋가 내세운 『패전후론敗戰後論』은 그들의 국가가 대대적으로 획책한 약탈적 책략이 불가피했음을 적극 옹호한다.[24] 타나베는, "참회도는 단지 일본 국민의 철학만이 아니라 인류의 철학"이며, "악은 모든 국가에 있기 때문에 참회함으로써 절대 평화로 전환할 수 있다"며 전후 국가주의의 부활을 부추긴다.[25] '희생의 정신'에서 '애도의 일체감'으로 바뀐 연대감의 결속체는 신비적이고 영적인 레토릭의 늪에 깊이 빠져 또다시 국가를 찬양한다.

일본인에게 야스쿠니의 '피의 논리'는 기독교의 '피의 논리'와 흡사하게 중첩되어 있다. 카시러가 묻듯이, "국가의 악은 인간의 심연 속에 깃들어 있기 때문에 고칠 수 없는 것인가?"[26] 개인이 사라진 이 신비한 집합체가 국가란 말인가? 이 국가는 누구를 위해 있는가?

오늘도 야스쿠니 신사를 찾은 국가교의 신도들은 고개를 조아리고, 민족주의 지식인으로 행세하는 극우적 선동가들은 국가주의를 획책한다. 가령 일본의 저명한 만화가 고바야시 요시노리小林よしのり는 다시 『전쟁론』을 꺼내 들며, 신국가주의의 깃발을 든다.[27] 그는 과거의

침략전쟁을 미화하고 섬나라 향토애를 자극하는 애국주의를 다시 부추기면서 국가의 역사를 성역화하려는 유혹을 버리지 못한다. 죽은 국가는 다시금 부활하였고 피의 논리는 어느새 '욱일旭日기를 달고 날아오른 지 오래다.

오늘날의 국가주의

현대의 국가주의는 다양한 얼굴을 가지고 있다. 일당 독재, 권위주의, 인민민주주의, 국가사회주의, 국가자본주의, 국가간섭주의 등은 모두 국가주의의 다른 이름이다. 20세기 냉전기에는 공산진영에 속하든 자유진영 편을 들든, 나라의 크기에 관계없이 어느 권력자든 가상의 적을 과장되게 부풀리며 국가 우선의 이데올로기를 어김없이 사용했다. 냉전구도가 붕괴한 이후에도 국가는 그 덩치를 한껏 키우며 동일한 이데올로기적 패턴을 반복한다. 오늘날의 국가는 주요한 생산수단을 독점적으로 소유하며, 온갖 규제를 통해 자유시장에 개입하고, 자본을 통제하며, 인민의 공적·사적 영역을 감시하고 관리한다. 특히 세계화가 지구를 뒤덮은 대변화 속에서 국가가 할 일은 더 많아졌고 그에 따라 그 크기와 힘도 더 증대했다.

일각에서는 국가 간의 경계가 약화되는 지구화 경향

성에 주목하면서 고전적 의미의 국가주의가 쇠퇴했다는 주장을 내놓기도 한다. 가령 이탈리아의 정치사상가 네그리Antonio Negri의 '제국'이나 폴란드 출신의 사회학자 바우만Zygmunt Bauman의 '국가 없는 국가주의', 또는 일국 내의 한계에서 벗어난 '초국가' 개념 등이 그러하다. 이들의 주장처럼 오늘날 국제화된 대자본이 국가 간의 지리적 경계를 허물고 국가 간 경제적 의존 관계가 한층 심화됨에 따라 국가 외적 요인에 의한 국가의 일이 증가하고 있는 것은 사실이다. 또한 지구 생태계의 위기는 일국 차원의 대응으로는 해결할 수 없는 지구촌 모든 국가의 공동 과제가 되고 있다. 이러한 변화는 국가의 일이 내치內治에 국한되지 않고 타 국가와의 외적 관계로 확산되고 있음을 말해준다. 혹자는 이를 두고 국가의 탈영토화에 따른 '초국가화' 현상을 우려함과 동시에 국가의 왜소화 경향으로 국가의 본질적 성격 변화를 예견하기도 한다.[28]

그러나 이 같은 견해는 국가주의에 관한 한 아직은 성급한 주장이다. 국가의 일이 영토 밖으로 확장됐다고 해서 국가의 본질이 변하지는 않기 때문이다. 오히려 국가외적 과제의 증대로 인해 국가는 점점 더 비대해졌고 국가 간의 정치적 · 경제적 긴장관계는 국가 내적 결속을 한층 더 요구하는 상황을 초래했다. 가령 일본의 신국가주의자 니시카와 나가오西川長夫는 이 틈을 비집고 일본 특유의 국가주의 전통을 되살려 '세계화에 따른 국가주의'를 들고나온다. 그는 세계화를 '새로운 국가주의'의 원동력으로 삼아 '국가주의의 세계화'를 정당화해야 한다고 주장한다.[29]

그러나 이 같은 신국가주의 논리는 '제로섬 국가주의', 즉 '우리가 승리하지 않으면 그들이 이긴다는 가정'을 강화하는 나쁜 결과를 초래한다. 미국 노동부 장관을 지낸 로버트 라이시Robert Reich가 지적하듯이, 국가 간의 경제적 제로섬 게임은 국가 간에 공유해야 할 공동의 가치를 침해함은 물론 타국의 이익을 해치면서 자국의 편익만을 챙기려는 경제적 국가주의를 심화시킨다.[30] 국가들의 경제적 탈영토화는, 신자유주의나 신종의 보호무역주의가 보여주듯, 또한 트럼프의 '아메리카 퍼스트America First' 슬로건이나 시진핑의 '중국몽中國夢' 선전이 대변하듯이, 국가 주도의 자국중심주의를 심화시키는 부작용으로 나타나고 있다. 자국중심주의는 '우리는 모두 함께 국가 안에 있다'라는 집단적 일체감을 부추기며 국가 내적 희생을 이끌어내는 데 성공할지는 모르지만 다른 편으로는 자국 외의 모든 것에 대한 맹목적인 배타주의로 몰고 갈 위험을 내포한다.

역사가 누차 경고했듯이, 국가주의는 여전히 위험한 생각이다. 국가의 본질은 변하지 않았다. 공룡처럼 비대해진 국가는 이제는 더더욱 일개인이 상대할 엄두도 못 내는 거대한 벽이 되었다. 조지 오웰이 우려한 대로, 국가의 감시망이 미치지 않는 공간이 없을 정도로 그 촉수가 더욱더 촘촘해짐에 따라 개인은 점점 더 왜소화되고 있다. 국가주의 이데올로기가 지배하는 곳에서는 인민주권의 원칙은 무용지물이 되고, 개인은 국가의 권력과 위세에 짓눌려 살아갈 수밖에 없다.

루소는 오래전 "모든 인간은 자유롭게 태어났으나 도처에서 사슬에 묶여 있다"고 한탄한 바 있다. 왜 그렇게 되었는가? 그는 문명이 자연을 타락시키면서부터 그렇게 되었다고 설명했는데, 그 문명의 중심에는 국가가 자리한다. 국가가 발생하면서부터 날개를 단 국가주의는 문명의 진화를 거듭하는 가운데 그 위력을 더해가고 있다.

1 Mises, Ludwig von(1996), *Bureaucracy*, 『관료제』, 황수연 옮김, 지식을만
   드는지식, 2012, 141~142쪽.

2 Clausewitz, Carl von, *On War*, 『전쟁론』, 김만수 옮김, 갈무리, 2016,
   995~996쪽.

3 Gabriel Kolko, *Century of War: Politics, Conflicts, and Society since 1914*, New
   York: New Press, 1994. 콜코의 주장은 민주주의 체제일수록 전쟁에 휩
   쓸릴 가능성이 적다는 명제를 뒷받침한다. Kaldor, Mary(2006), *New and
   Old Wars: Organized Violence in a Global Era*, 『새로운 전쟁과 낡은 전쟁: 세
   계화 시대의 조직화된 폭력』, 유강은 옮김, 그린비, 2010, 50~51쪽.

4 Tilly, Charles(1992), *Coercion, Capital and European States: AD 990~1992*,
   『유럽 국민국가의 계보: 990~1992년』, 지봉근 옮김, 그린비, 2018,
   125~172쪽.

5 Walzer, Michael(1997), *Just and Unjust Wars: A Moral Argument with
   Historical Illustrations*, 『마르스의 두 얼굴: 정당한 전쟁 · 부당한 전쟁』, 권
   영근 · 김덕현 · 이석구 옮김, 연경문화사, 2007. 월저는 '정당한 전쟁just
   war'과 '부당한 전쟁unjust war'을 구별하며, '정당한 전쟁'은 있을 수 있는
   가, 만약 있을 수 있다면 그 기준은 무엇인가, 그리고 '부당한 전쟁'과는
   어떻게 구별되는지 등을 설명한다.

6 Corning, Peter(2011), *The Fair Society*, 『공정사회란 무엇인가』, 박병화 옮
   김, 에코리브르, 2011, 126쪽.

7 Cavanaugh, William T.(2002), *Theopolitical Imagination: Christian Practices
   of Space and Time*, 『신학, 정치를 다시 묻다』, 손민석 옮김, 비아, 2019, 13,
   78쪽.

8 Fichte, Johann Gottlieb(1808), *Reden an die Deutsche Nation*, 『독일 국민에
   게 고함』, 박희철 옮김, 동서문화사, 2009, 466쪽.

9 윗 책, 473쪽.

10 윗 책, 483쪽.

11 임금희(2008), 「피히테의 사상에서 정치공동체의 언어적 토대 문제 연
    구: '모국어' 관념을 중심으로」 이화여자대학교대학원, 박사학위 논문,

118쪽.

12 Reman, Ernest(1882), *Qu'est-ce qu'une nation?*, 『민족이란 무엇인가』, 신행선 옮김, 책세상, 2002, 69쪽.

13 윗 책, 108쪽.

14 Dryzek, John S. & Dunleavy, Patrick(2009), *Theories of The Democratic State*, 『민주주의 국가이론』, 김욱 옮김, 명인문화사, 2014, 8쪽에서 재인용.

15 Hitler, A.(1923), *Mein Kampf*, 『나의투쟁』, 이명성 옮김, 홍신문화사, 1988, 243쪽.

16 윗 책, 251쪽.

17 윗 책, 173쪽.

18 Cassirer, Ernst(1946), *The Myth of the State*, 『국가의 신화』, 최명관 옮김, 창, 2013, 344~378쪽.

19 윗 책, 344쪽.

20 김수용 외 공저(2001), 『유럽의 파시즘: 이데올로기와 문화』, 서울대학교출판부, 35쪽에서 재인용.

21 Schmitt, Carl(1922), *Politische Theologie*, 『정치신학: 주권론에 관한 네 개의 장』, 김항 옮김, 그린비, 2010, 24~26쪽.

22 Schmitt, Carl(1933), *Staat, Bewegung, Volk*, Hamburg, p.12.

23 高橋哲哉(2005), 『國家と犧牲』, 『국가와 희생』, 이목 옮김, 책과함께, 2008, 170쪽.

24 小森 陽一, 高橋 哲哉(1998), 『ナショナル・ヒストリ-を超えて』, 『국가주의를 넘어서』, 이규수 옮김, 삼인, 1999, 160~178쪽.

25 田邊 元(1946), 『懺悔道としての哲學』, 『참회도의 철학』, 김승철 옮김, 동연, 2010, 214~216쪽.

26 Cassirer, Ernst(1946), 160쪽.

27 김순임(2013), 「일본 야스쿠니 신사와 국가주의 이데올로기」, 박사학위
    논문, 제주대학교 대학원, 159쪽.

28 Held, David & McGrew, Anthony & Goldblatt, David & Perraton,
    Jonathan(1999), *Global Transformations*, 『전지구적 변환』, 조효제 옮김, 창
    작과비평사, 2002. 이들 저자는 지구화가 군사, 무역, 금융, 인구 이동 등
    전방면에서 확대되고 있는 현재의 상황을 조망하면서 단일국가적 정치
    를 넘어서는 '지구적 정치'가 대두되고 있다고 주장한다.

29 西川長夫(2006), 『新植民地主義論』, 東京, 平凡社, 245~246쪽.

30 Reich, Robert B.(1991), *The Work of Nations*, 『국가의 일』, 남경우 외 옮
    김, 까치, 1994, 334쪽.

"

"희생은 누구를 위한 희생인가?
통치자들은 야만적인 권력욕을 뒤로 숨긴 채
조국이고 민족이라고 외쳐댄다.
'국민 모두가 분연히 일어서야 한다'거나
'국가를 위한 희생이야말로 최대의 영광이다'라는
미치광이식 선동으로 평범한 개인의 일상을
참혹한 전장의 불구덩이로 내몬다."

"

4장

반국가주의자들

사람의 생각은 다양하다. 국가를 찬양하고 숭배하는 자가 있다면, 반대로 국가를 혐오하고 부정하는 자도 있다. 어떤 이는 국가에서 숭고의 미를 발견했다면, 다른 이는 그 속에 담긴 독과 악취를 고발한다. 근대에 들어 국가주의자들의 행렬이 길게 늘어선 가운데서도 국가의 해악을 폭로하고 국가 자체를 전면 부정하는 사상가들의 목소리도 심심치 않게 들렸다. 이들의 생각은 근본주의적이었고 행동은 격렬했다. 이들에게 국가는 어느 강도 무리의 약탈에서 비롯된, 태어나서는 안 될 악의 덩어리였다. 무정부주의를 비롯한 이른바 '반反국가주의anti-statism'는 국가의 존재 이유를 문제 삼으며 그 완전한 철폐를 요청한다.

　　아나키즘anarchism은, '선장이 없는 배의 선원'이라는 뜻의 그리스어 '아나르코스ἄναρχος'를 어원으로 하는 '아나키anarch', 즉 '통치의 부재'를 옹호하는 이념이다. 아나키즘은 모든 정치조직과 권력을 부정하고, 국가 자체를 반대한다. 가령 크로포트킨은 아나키즘을 "권력적 행위가 드러나는 모든 현상 속에서 권력을 폐기하고, 종속을 강요하는 모든 종류의 법과 메커니즘을 부정하며, 자유로운 협약을 옹호하는" 사상운동으로 정의한다.[1] 아나키스트라는 용어는 1789년 프랑스혁명기에 처음 등장하지만, 그 연원은 훨씬 이전으로 올라간다.

　동서를 막론하고 고대의 몇몇 현인은 개인의 절대적 자유를 추구하며 통치자의 정치적 권위를 부정했다. 이들에게 인위적 통치의 부재란 혼돈상태가 아니라 오히려 주어진 그대로의 자연으로 인식된다. 가령 고대 중국의 은둔자 양주楊朱는 맹자의 정치 교설을 비웃으며 정치에 휘둘림으로써 손상될 수 있는 자아의 보존을 권고했다. 그의 주된 교의인 '양생귀기養生貴己'는 국가에 우선하는 개인의 자유를 옹호한다. 디오게네스Diogenēs나 에피쿠로스Epikouros 같은 서양의 현자들도 정치적 지배의 틀에서 벗어난 개인의 자유로운 삶을 찬양했다. 견유犬儒학파의 일원으로 알려진 디오게네스는 국적을 거부했으며, 에피쿠로스는 절대적 개인주의를 추구했다. 견유학파 사상의 일부를 계승한 스토아학파는 있는 그대로의 자연과 인간이 인위적으로 만든 법 사이의 갈등에서 벗어나 '우리 삶의 주인은 우리 자신'이라는 개인의 자율성에 대한 탐구를 이어나갔다. 이처럼 절대적 개인주의를 추구했던 일부 고대인의 사상은 근대의 아나키즘이 형성되는 데 밑받침이 되었다.[2] 그런 의미에서 아

　　　　　　　　　국가의 딜레마

나키즘은 그 나름의 역사를 갖는 일련의 사상운동으로 보는 편이 합당하다.

무정부주의자에게 국가는 괴물과 같은 형상을 한 사회적 정의의 파괴자이다. 단적으로 프루동은 국가를 "정기적으로 약탈을 일삼는 모범적인 행위자"[3]로 규정한다. 국가는 소수의 강도 무리가 약탈을 목적으로 마구잡이식 폭력을 행사해서 조성한 인위적 집합체이다. 국가는 강압적인 권위를 앞세워 개인의 자유와 존엄을 훼손한다. 애초에 사회는 평온했으나 국가가 생겨나면서부터 악이 싹트고 폭력의 분란이 끊이질 않았다. 국가는 폭력을 항시적으로 사용함은 물론이고 대규모 약탈을 목적으로 한 전쟁도 불사한다. 국가에 의한 전쟁은 영토 확장을 추구하며 그 목적은 인적·물적 자원의 약탈에 있다.

인류의 역사에서 약탈은 항시적으로 자행되었다. 인류는 약탈에 시달리면서 방어하는 기제를 생활관습에 축적했다. 가령 문고리, 자물쇠, 곡괭이, 방패, 총, 요새, 진지, 경계선, 국경 등의 단어는 약탈의 위협에 대한 대응과 관련이 있다. 계몽적 이성에 의해 작동되는 근대 문명의 진보가 이루어졌다고 해서 약탈이 멈추어지지는 않았다. 무정부주의자의 눈으로 보면, 19세기 지구적 규모의 식민지 쟁탈 전쟁이나 20세기 두 차례의 세계대전 역시 약탈사의 주요한 부분을 차지한다. '폭력의 세기' 동안 폭력의 주체는 한결같이 국가였다.

근대 이래 국가의 인위적 권위와 개인의 본래적 자율성 간의 긴장관계를 포착한 일부 급진적 사상가들은 줄기차게 국가의 '존재 이유'를 의문시했다. 근본주의적 관점에서 국가라는 조직 자체가 무용하거나 부당하기 때문에 그 해체를 주장하는가 하면, 다른 일각에서는 무산자 혁명을 통해 '계급 없는' 사회를 그렸다. 이들보다 상대적으로 온건한 해결책을 찾으려는 자유주의자들은 국가 권한의 엄격한 제한 및 기능 축소가 필요하다는 견해, 이른바 '작은 정부'론으로 힘을 보탠다. 비대국가가 현실이 된 오늘날 이러한 반국가주의적 견해가 얼마나 유용성을 갖을지에 대해서는 이견이 분분할 수 있겠으나, 다른 한편으로 국가주의로 인한 온갖 폐해를 새삼 상기시키는 성찰의 기회를 제공하기도 한다.

고드윈의 국가무용론

근대의 반국가주의에 불을 지핀 이는 영국의 윌리엄 고드윈이다. 1756년 영국 노스케임브리지셔의 중심지 위즈비치에서 태어난 그는 칼뱅주의자인 아버지의 길을 따라 목사가 되었다가 사회개혁가이자 문필가로 활동했던 사람이다. 그가 전통적 신앙을 포기하고 급진주의자로 변신한 데는 오랜 반란의 역사를 가진 지역에서 성장하면서 사회적 불의에 저항하는 독립정신을 체득한 경험이 바탕이 되었다. 또한 당시 영국으로 유포된 프랑스 계몽사상의 영향도 컸다.

고드윈은 프랑스혁명 직후인 1793년에 쓴 정치적 정의에 관한 글에서 사유재산제도를 부정하며 생산물의 평등 분배에 입각한 사회 정의의 실현을 주장했다. 나아가 사회의 모든 악이 정치제도에서 유래하기 때문에 국가를 철폐해야 사회악의 근원이 제거된다는 급진적인 견해를 펼쳤다.[4] 그는 무정부주의를 대중에 전파할 목적으로 세 권 분량의 장편 정치소설 『캘럽 윌리엄스Caleb Williams』를 발표하기도 하였다. 그를 '최초의 아나키스트'로 조명하는 까닭은 아나키즘의 전체적인 윤곽을 그려냈기 때문이다.

고드윈의 무정부주의는 '인간이 본래 모두 동등하다'는 기본 인식에서부터 출발한다. 그에 따르면, 인간의 본성은 원래 유순하면서 동시에 일정한 특성을 지니고 있다. 인간은 사회적 존재이자 이성적 주체로서 진리를 인식하고 그에 따라 행동하며, 진보를 향해가는 존재이다. 고드윈은 생득관념을 부인하면서 인간의 성향이 외적 환경에 의해 좌우된다고 믿는 후천론자이다. "인간의 성품이나 기질은 처음부터 결정되지 않고 감각 기능을 통해 상황과 사건을 인지하면서 형성된다."[5] 그러기에 인간은 본연의 자유의지에 따라 외부환경에 대응함으로써 자신의 운명을 결정할 수 있는 '열린 상태'로 존재한다.

고드윈은 원래 사회는 유순한 인간이 모여 살면서 '상호 협력'을 위해 결속되어 있었다고 가정한다. 그러나 인간사회의 자연적 질서는 "평범한 사람들의 평화로운 생산활동을 방해하는 '소수의 잘못과 사악함' 때문에" 어그러지기 시작했다. 이러한 발상은 문명에서 비롯된 인류 타락의 길을 개탄한 루소의 생각과 다르지 않다. '사회'와 '국가'를 선악의 척도로 뚜렷하게 구분하는 사상적 태도는 무정부주의나 급진적 자유주의에서 흔히 찾아볼 수 있다.

고드윈은 국가와 사회가 서로 상반되는 원리에 따라 움직인다고 말한다. 사회는 항상 자체적으로 질서를 유지하려는 유동적인 속성을 띠는 반면, 국가는 항구적인 통제를 가하려 한다. 소수의 탐욕과 약탈에서 비롯된 국가는 겉으로는 불의를 억제한다는 목표를 내세우지만 실제로는 오히려 불의를 영속화시킨다. 국가는 자연적 질서 아래 조화롭게 살아가는 사람들을 부유층과 빈민층으로 나눈다. 그리고 소수의 부유층에게만 '입법자'라는 지위를 부여함으로써 영구적인 압제체제를 구축한다. 게다가 약탈을 목적으로 한 전쟁을 일으켜 공동체의 힘을 엉뚱한 곳에 쏟으면서 압제를 유지하려 한다.

국가는 이처럼 '야만 시대에 만들어진 무지와 오류의 산물'이다. 국가를 지지했던 사람들은 현명한 이들이 아니라 무지하고 허약한 인간들이었다. 이들은 무지했기 때문에 국가가 온갖 악덕을 강요하는 데도 국가에 순종했다. 이 같은 만행은 인간 이성의 작동을 멈추게 만든다. 하지만 이들은 이 사실을 인지하지 못하고 국가의 사악한 수탈에서 헤어나지 못하는 상황에 처하게 되었다.

고드윈은 국가를 성립하게 하는 요소인 법, 정체, 투표, 애국심의 허구성을 폭로하며 그 정당성을 부정한다. 우선 법률로 짜인 국가의 권위는 개인의 자유를 침해한다. 소수의 부자가 직접적이건 간접적이건 입법자 노릇을 하는 이상, 법은 '소수의 권력자들끼리 약속한 구린내 나는 협정'에 불과하다. 그 결과 법은 경제적 불평등을 고착시키고 부정의한 정치권력을 옹호하기 위한 방패가 된다. 이렇다고 한다면 법은 이성과 상충될 뿐 진리를 대변할 수 없다. 그는 법의 본질을 '보편적 의미의 인간 이성raison humaine'으로 규정한 몽테스키외의 견해를 따라 불변적 이성만을 진정한 입법의 근거로 인정할 뿐, 국가의 모든 법률은 자유와 양립할 수 없는 인위적 산물이라고 주장한다.

국가의 정체와 관련하여 고드윈은 민주주의가 군주제나 귀족정에 비하면 가장 해악이 적은 정체임을 인정한다. 그는 군주제를 인간의 보편적 평등을 억누르는 사기 협잡의 정체로, 그리고 귀족정치를 "부의 부당한 분배와 사회적 신분의 잘못된 세습에 근거한 봉건적 산물"로 규정하면서, 오랜 기간 다수의 사람들이 "무거운 짐을 짊어진 짐승"처럼 살아왔음을 개탄한다. 이 사악한 정체들에 비한다면 민주주의는 원리상으로는 모든 사람을 평등하게 대우하고 선택의 자유를 존중한다는 점에서 역사의 진보를 상징하는 이념이다.

그러나 민주주의는 대의제 형태로 실행됨으로써 그 원리가 변질되고 본래의 가치를 상실한다. 대의제는 계몽된 일부 사람들에게는 호소력을 가질 수 있으나 다수가 진정한 의미의 의사 결정에 참여할 수 없게 만든다. 즉 대의제를 지탱하는 투표제도는 국가적 과제들에 대한 숙의적인 논쟁을 제한하고 복잡한 논의를 찬성과 반대라는 단순 공식으로 축소시킨다. 그 결과 다양한 의견은 획일화되고 진지하게 진리를 추구하는 사람보다 번지르르한 언변을 앞세운 선동가들이 날뛰게 되는 폐단을 불러온다. 그들은 '이성과 정의를 모욕하는 악랄한 선동 행위'로 대중에게 그릇된 편견을 심고 진실을 호도한다.

이 때문에 고드윈은 투표가 "제비뽑기보다 훨씬 더 비난의 소지가 많은 의사결정 양식"이라고 주장한다. 제비뽑기는 무작위적 추첨에 따라 예측불허의 결과를 낳는 약점이 있지만, 투표는 이성적인 판단에 의한 결정을 은폐하고 왜곡하는 더 나쁜 결과를 낳는다. 민주주의의 원리상 "진정한 의사교환의 공개성이 자유의 본질이자 숨결"이지만, 대의제의 투표제도는 "애매모호함, 불명료함, 무수한 거짓말을 낳은 원천"이 되어 "자유가 아닌 노예의 상징"이 되어버렸다.[6]

고드윈은 권력자가 주도하는 애국주의도 철저히 부

정했다. 권력자와 그와 밀착된 협잡꾼들은 "그들의 음험한 계획을 대중이 맹목적으로 따르게 하는 도구"로 애국주의를 악용한다. 이들의 선동으로 인해 쓸데없는 자부심과 헛된 영광을 꿈꾸는 충동에서 애국을 부르짖는 사람들이 허다하다. "애국이라는 미명 아래 주변국을 압제하는 데서 기쁨을 얻고, 타국민의 시체가 들판에 널려 있는 비참한 모습을 보면서도 무절제한 축제의 춤판을 벌이는" 광경은 '원초적이고 야만적인 애국주의'의 민낯이다. 통치자가 부추기는 애국주의는 개인의 양심을 사악한 방향으로 이끌 뿐 아니라 보편적인 인류애에도 위배되는 것이기에 단호하게 배척해야 할 허구적 이데올로기이다.

고드윈은 국가를 개인에게 온갖 악덕을 강요하는 인위적 가공물로 규정한다. 국가는 강압적 지배를 통해 개인을 학대하는 사악한 조직체이다. 국가는 이성의 원리에 부합되지 않을뿐더러 그 본질상 지성의 진보를 방해하는 특성이 있다. 그는 국가의 악을 치유하는 방법으로 공화제, 권력의 분산, 정부 권한의 최소화 등을 차례로 검토해보지만 그러한 방도만으로는 근본적인 해결책을 찾을 수 없다는 결론에 다다른다. 궁극적으로는 오로지 국가를 완전히 없애야만 우리의 정신이 완전하게 자유로워질 수 있다.

그렇다면 어떻게 국가를 해체할 수 있는가? 그는 우선 폭력을 통한 국가 전복에는 반대한다. 폭력적 방법으로 부의 불균등 등과 같은 국가적 해악을 교정하려는 시도 역시 공동체의 안전을 위협하기 때문이다. 그는 '혁명기가 오히려 자유를 가장 크게 억압하는 시대'였다는 사실을 상기시키면서, "폭력을 동반한 혁명은 독재에 대한 공포심에서 시작되지만 결국에는 스스로 독재를 행함으로써 상황을 더욱 악화시킨다"[7]고 말한다.

그가 선택한 해방전략은 비폭력 사상혁명이다. 그는 "인간의 이성을 일깨우는 가장 합법적인 수단"은 강제가 아닌 설득이기 때문에 "교육을 통한 진리와 지식의 점진적인 확대"가 가장 적합한 개혁방법이라고 말한다. 그는 '사상과 표현의 자유'를 이성의 발달과 진리의 발견에 필수적인 요소로 여기며, 이성의 원리에 입각한 점진적인 사상개혁을 중단 없이 이어간다면 국가의 악을 해소할 수 있다고 믿는 소박한 낙관주의자였다.

'자발적인 공산주의' 색채를 띤 고드윈의 사상은 한 세기 뒤 러시아의 아나키스트 톨스토이와 크로포트킨 등에서 흡사한 형태로 재현되지만, 결국은 도덕적 이상주의에 그치고 마는 한계를 드러낸다. 그는 사회적 정의 실현의 관점에서 국가의 해체를 주장하지만, 그에 대한 어떠한 실질적인 방법이 있는지는 제시한 바가 없다. 나아가 국가 해체 이후의 사회는 어떻게 운영되는지도 막연하다. 국가 악을 해소할 현실적인 방법 제시 없이 '보편 이성'의 작동에만 호소하는 '빈약한' 도덕주의는 고드윈뿐만 아니라 거의 모든 무정부주의자들에게서 공히 볼 수 있는 '안타까운' 징표이다.

스푸너의 '강도국가'

라이젠더 스푸너Lysander Spooner는 미국 아나키즘을 개척한 인물임에도 불구하고 오랜 기간 잊혀졌다. 특히 인근 마을에서 남북전쟁기를 같이 살았던 헨리 소로 Henry David Thoreau에 비하면 더욱 그렇다. 소로는『월든』 을 통해 미국 자연주의의 대표자로,『시민 불복종』을 통 해 저항정신의 선구자로 추앙받고 있지만, 스푸너의 이 름을 기억하는 이들은 그리 많지 않다. 사상가보다는 행 동주의자로서의 이미지로 인해 그의 아나키즘은 제대 로 평가받지 못한 측면도 있다.[8]

스푸너는 1808년 매사추세츠주 애솔의 농가에서 태 어나 80년을 살다가 간 열정적인 미국인이다. 농장에서 소년 시절을 보냈고 시골학교에서 소양교육을 받고 자 랐다. 성인이 되어 호적등기소에서 사서로 근무했고, 우 스터의 한 법률사무소에서 일하며 법률서적을 접했다. 1835년 변호사가 되어 개업하면서부터 그는 본격적인 활동에 나섰다.

그는 최초의 팸플릿인 「기독교의 초자연적인 증거라고 말해지는 것에 대한 한 이신론자의 답변」이라는 종교적인 글에서 「도망친 노예들을 위한 변호」나 「달러란 무엇인가」, 그리고 「혁명」 같은 급진주의적인 정치경제적 평론까지 50여 편이 넘는 글을 남겼다. 이를 통해 그는 국가의 약탈적 기원, 헌법 제정 등 입법의 부당성, 대의제의 허구성, 다수결제도 및 비밀투표가 갖는 한계, 그리고 국가에 의한 사유권 침해와 조세 강탈 등 논쟁적 주제를 다루면서 국가권력 행사의 부당성을 폭로하는 데 앞장섰다. 그 가운데 특히 미국 헌법의 정당성과 효력을 부정한 『반역죄가 아니다: 권위 없는 헌법』은 오늘날 어느 나라의 헌법에 적용하더라도 국가의 '정당성' 문제를 야기하는 근본적인 논점을 담은 저작으로 평가된다.

스푸너의 표적은 국가였고, 그의 결론은 '국가는 강도'라는 것이다. 스푸너의 '강도국가'론은 자연권 사상에 근거를 두고 있다. 그는 정의를 '각 개인이 자신의 자연적 권리를 지키고 타인의 동일한 권리를 존중하는 것'으로 정의한다. 정의가 자신에게 하라고 요구하는 모든 것을 다른 모든 사람에게 해야 하며, 또한 정의가 자신에게 하지 못하게 하는 것은 무엇이든 다른 사람에게 해서는 안 된다. 즉 정의란 도덕의 황금률이다. 그는 '정의의 원리'를 인간에 대한 인간의 자연법적 의무이자 인간사회에서 불변하는 보편적인 법으로 규정한다. 그리고 그 원리를 "정직하게 살아라. 아무도 해치지 말라. 모든 사람을 공정하게 대우해라"[9]의 세 문장으로 요약한다.

스푸너가 국가를 부정하는 이유는 바로 국가의 행위가 '정의의 원리'에 위배되기 때문이다. 그는 국가의 '정당성 문제'를 다루기에 앞서 국가의 약탈적 기원을 먼저 밝힘으로써 급진적 아나키즘의 향방을 예고한다. 국가는 애초에 만들어질 때부터 '보편적 정의'의 원리를 짓밟았다. 인류가 자연스럽게 모여 농경생활을 할 때부터 적든 많든 한패의 강도 무리가 조직되어 '약탈'을 시작했고 평범한 사람들을 노예로 만들었다. 이 강도 무리는 처음에는 수가 적었지만 서로 결합하면서 조직을 키웠다. 이들은 살상무기로 훈련을 하면서 군대를 만들고 그 물리력으로 더욱 전문적으로 약탈을 감행했다. 농사를 짓던 순진한 평민들은 힘도 쓸 틈 없이 곡물과 토지를 빼앗기고 이들의 노예로 전락했다. 이 강도 무리는 전쟁과 약탈을 반복하여 폭력조직의 몸집을 불렸고 그 우두머리는 폭군이 되었다. 그들은 국가라는 인위적인 조직을 세우고 법이라는 올가미를 만들어 평민과 노예를 지배하게 되었다. 스푸너는 이 세상의 크고 작은 모든 국가가 약탈과 정복에 의해 만들어졌다고 주장한다.

어느 국가에서든 그 시조는 산적, 강도, 해적들이었다. 그들이 만든 법이란 평민과 노예를 관리하는 데 필요한 질서 유지 외에 약탈을 정당화하는 조항들로 짜여 있다. 세상의 "모든 법의 기원은 다른 사람들에게서 약탈하거나 이들을 노예로 만들어 자신들의 재산으로 차지하고 싶어하는 그런 부류의 인간들의 욕망에 있다."[10] 그런 점에서 모든 입법행위의 기원은 사실상 음모에 있다. 이 음모는 언제나 소수가 꾸민 것이며, 그 목적은 다수를 복종시켜서 노동을 강요해 그로부터 얻은 모든 이익을 강탈하는 데 있다.

스푸너는 권력자에 의한 입법의 목적이 재화와 노동의 강탈이라는 인식을 토대로 미국 헌법의 제정 과정 및 그 집행의 부당성을 폭로한다. 미국 헌법 전문에는 이렇게 쓰여 있다. "우리들 연합주의 인민은 더욱 완벽한 연방을 형성하고 정의를 확립하고, 국내의 안녕을 보장하고, 공동의 방위를 도모하고, 국민의 복지를 증진하고, 우리와 우리의 후손에게 자유의 축복을 확보해줄 목적으로 미국을 위하여 이 헌법을 제정한다." 쓰인 대로라면 국가의 임무는 고결한 것이다. 국가는 헌법에는 이렇듯 고상하게 적어놓고는 무조건적인 충성을 강요하며 시민들을 억누른다.

스푸너는 헌법에 적시된 반역죄 조항과 이후에 이 조항을 확대해서 만든 반역죄에 대한 법률을 대비해서 살펴본 후 헌법의 목적이 궁극적으로 국가에 대한 충성을 강요하는 불법적인 계약 문서라고 공박한다. 가령 헌법 제3조 3절 1항에서 반역죄는 "미국에 대하여 전쟁을 일으키거나 또는 적에게 가담하여 원조 및 지원을 할 경우에만 성립한다"라고 규정되어 있었다. 그러나 이것만으로는 부족하다고 느낀 권력자들은 그 앞에 "미국에 충성할 사람들"을 주어로 덧붙이고 어길 시에는 "사형에 처한다"는 극단적 징벌 조항을 추가했다. 국가는 이렇듯 반역죄 조항을 개악해서 국가에 충성을 강요하려는 올가미로 개인의 목에 칼을 들이댄다. 충성allegiance 이라는 말은 라틴어 'ad'와 'ligo'에서 유래한 것으로 "……에 묶는 것to bind to"를 의미한다. 이 의미대로라면 국가에 충성하는 사람은 국가에 묶여 있는 사람이다.

스푸너는 헌법을 전면 부정하면서 반대 이유를 조목조목 제시한다.[11] 우선 한 개인이 그것에 동의했다고 하더라도 그 동의는 무조건적 복종도 아니고 영원한 약속도 아니다. 다음으로, 미래세대의 사람들이 일부 조상의 동의에 얽매인다는 것은 있을 수 없는 일이다. 게다가 그 일부 조상이라는 사람들은 오래전에 죽고 지금은 없다. 셋째로, 투표로 동의를 표하는 것이 국가나 정부의 모든 행위에 동의함을 의미하지 않는다. 마지막으로, 모든 사람이 그 문서에 서명하지도 않았다면 통치자와 피통치자 간의 사회계약은 성립될 수 없다. 중요한 종류의 계약이 서면화되지 않는다면, 게다가 그 계약이 국민의 생존에 관한 실로 중차대한 내용을 담고 있다면, 그리고 그 계약으로 구속당하는 당사자들이 서명하지 않는다면, 그 계약을 집행하기 위해 어떤 강압을 취해서는 안 된다.

미국 헌법은 만인의 동의에 의한 합의문도 아니고 사회계약을 통한 합법적 결과물도 아니다. 그것은 극소수의 사람들이 자기들끼리 모여 작성한 임의의 문서에 불과하다. 헌법의 권위는 인민의 동의에 기초할 경우에 비로소 성립할 수 있는데 미국 헌법은 그러한 합법적이고 정당한 절차를 거치지 못했다. 따라서 미국 헌법은 권위를 갖지 못하며 유효하지도 않다. 그렇다면 국민은 자신의 동의 없이 세워진 국가나 정부에 봉사할 의무도 충성할 의무도 없다.

스푸너는 또한 대의제를 떠받치는 투표제도에 대해 부정적인 태도를 취했고 투표행위의 공정성도 의심했다. 19세기 중반 미국에서 투표가 허용된 성인은 전체 인구의 6분의 1 정도밖에 되지 않았고 그중 투표에 참여한 사람의 비율은 높아야 3분의 2에 불과했다. 헌법에 대한 찬반투표이든 인민의 지역별 대표를 선출하는 투표이든 실제 참여자는 겨우 10퍼센트 남짓에 불과했다. 이들 중 절반 정도가 지지 의사를 나타냈다고 해도 그 수는 대략 5퍼센트에 지나지 않는다. 절대다수의 의사가 배제된 채 산출된 투표 결과를 국가에 대한 동의로 받아들인다면, 민주주의는 전제주의와 다를 바 없다. 그는 투표제도가 인민에게 동등한 정치적 권리를 부여하는 장치라기보다는 정치 엘리트 선출을 합법화하는 요식행위로 간주했다.

또한 투표행위를 통해 지지 의사를 표시했다고 해서 그것이 헌법에 대한 영구적 맹세나 국가 엘리트들에 대한 충성을 의미하지도 않는다. 그것은 개인 자신의 생각을 언제든 바꿀 수 있는 일시적 양해였을 뿐이다. 사정이 이러하거늘, 대통령, 장관, 상원의원, 대사라는 자들은 '연합주의 인민의 동의'를 운운하며 국가의 주인 행세를 하면서 권력을 휘두른다. 그러나 그들은 문서에 기록되어 있는 것과는 달리 '인민의 하인도, 대리인도, 변호인도, 대표자'도 아니다. 이들은 입만 열면 '연합주의 인민의 이름'을 들먹이지만, 누구도 의회의 법령에 개인적으로 책임을 지지 않으면서 단지 사적인 권한과 특권을 최대한으로 누린다. 이들은 인민 앞에서 엄숙한 자세로 선서도 하고 정치적으로 공적인 약속도 남발하지만 그저 말일 뿐, 안 지켜도 아무런 문제가 안 된다. 그러므로 그가 보기에 대의정부는 민주주의 이념의 허울만 걸친 가짜 민주정체에 불과했다.

스푸너의 강도국가론의 또 다른 핵심은 국가에 의한 조세 강탈에 관한 내용이다. 재산권이란 개인이 소유한 자산과 재물에 대한 절대적인 지배권이다. 그럼에도 불구하고 국가는 개인의 동의 없이 강제적으로 세금을 걷어간다. 세금을 내지 않으면 국가는 개인에게 돈을 내놓든가 아니면 목숨을 내놓으라고 윽박지른다. 이러한 강압적 행위는 노상강도짓과 다를 바 없다. "과세에 동의하지 않은 사람들은 모두 노상강도로부터 자기 재산을 지킬 자연권이 있는 것과 마찬가지로 세금 징수원으로부터도 자기 재산을 지킬 자연권이 있다."[12] 자연권에 배치되는 "개인의 동의 없는 과세는 강탈"일 뿐이다.

국가에 의한 세금 강탈이 노상강도의 소행과 다른 점은 조세를 징수하는 국가 대리인이 특정한 개인 신분이 아니라는 것이다. 그러기에 그들은 강탈행위에 대한 직접적인 책임을 지지 않고, 정부라는 보호막 아래 불특정한 이름으로 자신들의 존재를 은닉하고 보호한다. 납세자 개인은 그들이 내세우는 정부가 누구인지, 즉 정부를 구성하는 특정한 개인들이 누구인지 모른다. 일반 개인에게 "정부는 하나의 신화, 추상적인 개념, 무형적인 존재이므로, 그 정부 자체는 결코 보이지 않는다."[13] 따라서 납세자 개인은 자기가 세금을 누구에게 내는지 모른 채 강탈당할 뿐이다.

게다가 모든 정치권력은 국민에게서 거둬들인 돈을 가지고 자기들만의 정부를 운영한다. 국가는 개인에게서 강탈해서 모은 돈을 납세자의 동의 없이 국가예산이라는 명목으로 자기들 마음대로 쓴다. 전쟁무기를 사들이고, 군대와 경찰 등의 폭력조직을 유지하며, 행정관리와 세금징수원 같은 국가 대리인의 수를 늘리고, 무리하게 대규모 투자를 하고, 자신들의 월급을 올린다. 강탈한 돈을 물 쓰듯 쓰면서도 손실이 나면 아무도 책임을 지지 않는다. 자기들 돈이 아니라 강탈한 돈이기에, 또 강탈해서 메우면 그만이기 때문이다. 그렇다면 국가의 손에 돈을 쥐여주는 행위는 "누구나 자기에게 불리하게 사용될 칼을 그 손에 쥐어주는 꼴과 같다." 스푸너는 국가가 개인으로부터 돈을 강탈할 정당한 근거가 없다고 주장하면서, "개인이 정치적 자유를 방어할 수 있는 유일한 수단은 자기 돈을 자신의 주머니 속에 간직하는 것뿐"이라고 말한다.

스푸너는 국가가 내세우는 정의의 관념도 부정한다. 국가의 정의는 폭력에서 나온다. 권력을 손에 쥔 자들에게는 '우리의 힘이 곧 정의이다.' 그러나 그것은 거짓말이다. 그는 남북전쟁기에 북부 정권이 내세운 '노예제도를 폐지했다', '나라를 구했다', '연방을 보존했다', '동의에 의한 정부를 세웠다'는 등의 모든 선전을 지독한 거 짓말로 간주했다. 국가가 하는 말을 곧이곧대로 믿어서 는 안 된다. 가령 당시 북부 정권이 내세운 '화해합시다' 라는 말의 의미를 그는 다음과 같이 해석했다. "우리의 모든 강탈과 굴종에 조용히 복종하라. 그러면 당신들은 '평화'를 가질 것이다. 그러나 저항할 경우, 남부를 진압 하기 위해 강탈한 그 피 묻은 돈을 또 채워넣을 것이 다."[14] 국가의 말에는 항시 어떤 의도가 숨겨져 있다.

그가 보기에, "모든 정부는, 군주제로 불리든 귀족제 라 불리든 공화제라 불리든 민주제라 불리든 또는 다른 어떤 이름으로 불리든 간에, 인간의 자연적인 권리인 정 당한 자유를 똑같이 침해한다."[15] 그는 국가를 '무지하고 이기적이고 야심을 품고 있고, 탐욕스럽고 파렴치한 사 람들의 패거리', '폭력에 의해 조직화된 강도들과 살인 자들의 무리', '강도와 폭군들의 연합체', '우리의 자연권 을 부정할 뿐만 아니라 우리의 재산을 강탈하는 정체', 그리고 '필연적으로 허위적인 제도' 등 거친 표현을 써 가며 맹비난했다. 그에게 나라 같은 것은 없어져야만 할 악의 소굴이었다.

스푸너는 정의의 원리에 기반하여 미국 헌법의 합법 성을 부인하고 조세 징수의 부당성을 고발하며 자신만 의 '반국가주의적 테제'를 완성했다. 그러나 그는 정열적인 행동주의자이지 정교한 대안을 모색한 정치 이론가가 아니다. 따라서 그의 주장은 거칠고 투박하다. 그에게는 미래사회에 대한 유용한 설계안을 제시하는 일보다는 국가적 불의에 즉각적으로 저항하는 행동주의가 무엇보다 중요했다. 그는 심지어 국가의 부당한 조치로 인해 수감된 한 의인을 탈옥시키려는 모험도 불사했다. 그는 용감한 행동주의자로서 특별한 사람이었지만, 모든 이가 그처럼 살아갈 수는 없다. 국가는 한두 사람의 정의에 대한 열정 그리고 불의에 대한 분노와 저항만으로 철폐되지 않는다. 그가 해결하지 못한 과제는 후대를 살아가는 다른 이들에게 넘겨졌다.

톨스토이의 '폭력국가'

　러시아가 낳은 문호 레프 톨스토이Lev Nikolayevich Tolstoy는 『전쟁과 평화』나 『안나 카레리나』 등으로 잘 알려진 세계적인 소설가이면서 동시에 아나키즘의 역사에서도 빠지지 않고 등장하는 중심인물이다. 그는 수많은 하인에 둘러싸여 어린 시절을 보낸 백작의 지위를 가진 귀족이었다. 젊은 시절에는 한때 관능의 유혹과 도박에 빠져 방탕한 생활을 하기도 했고, 그 후 러시아군에 장교로 입대해서 크림전쟁을 경험하기도 했다. 이후 기독교 신앙에 한층 깊이 천착하면서 톨스토이는 성서의 가르침에 따라 모든 종류의 폭력을 거부하는 비폭력 평화주의 노선을 걸었다. 그리고 농민 공동체를 운영하며 민중 계도에 나서는 사회개혁가로서의 삶을 살았다. 그의 일생에서 일어난 뚜렷한 변화에 주목한 프랑스의 도덕철학자 르센René Le Senne은 성 아우구스티누스의 삶과 견주면서 그를 "예언자의 고뇌를 짊어진 열정적인 사상가" 반열에 올려놓기도 한다.[16]

톨스토이는 기독교적 원리에 입각한 정치적 급진주의를 추구하면서도 아나키즘에 전적으로 동의하지는 않았다. 그는 "아나키스트들은 모든 점에서 옳지만 아나키즘이 폭력혁명에 의해 확립될 수 있다고 생각한다는 점에서는 옳지 않다"[17]고 말한다. 즉 "지금까지 국가의 폭력보다 더 끔찍한 폭력이 없었다"고 주장한 점은 옳지만, 폭력을 동반한 혁명을 통해 국가를 철폐할 수 있다는 혁명적 아나키즘의 주장은 옳지 않다는 주장이다. 따라서 톨스토이의 아나키즘은 '폭력과 혁명이 없는' 아나키즘이라고 말할 수 있다.

톨스토이에게 가장 중요한 문제는 폭력을 없애는 일이다. 그가 국가를 부정하는 가장 큰 이유는 국가가 항시적으로 저지르는 모든 종류의 폭력에 반대하기 때문이다. 국가는 합법성으로 위장하여 여러 형태의 폭력을 행사한다. 톨스토이는 국가폭력의 형태를 네 가지로 구분한다.[18] 첫째는 가장 오래되고 원시적인 형태의 것으로 물리적인 테러이고, 두 번째 방법은 강탈이다. 국가는 강탈을 통해 노동계급의 재산을 세금 명목으로 갈취해서 빼앗은 재산을 관리들에게 나누어준다. 세 번째 방법은 국가라는 폭력의 늪에서 헤어나지 못하도록 세뇌하는 것이다. 국가는 온갖 위력과 암시를 통해 국가권력에 의존할 수밖에 없는 인생관을 인민들에게 세뇌하고 그들의 정신적 성장을 가로막는다. 국가폭력의 마지막 방법은 "정신적으로 마비되어 노예화된 대중 가운데서 특정한 수의 사람들을 뽑아다가 더욱 강력한 정신적 마비와 야수화의 과정에 집어넣는 것"이다. 국가는 이들을 병사로 모아 군대를 조직하고 국가폭력의 중추를 구축한다. 이들은 자기 의사와 무관하게 국가가 주도하는 폭력조직의 지지자와 실행자로 둔갑하게 된다. 국가는 이처럼 온갖 종류의 폭력을 행사함으로써 폭력을 국민의 일상적인 삶 속에 침투시킨다.

폭력조직으로서의 국가에 대한 톨스토이의 비판 가운데서 특히 관심을 끄는 부분은 애국심에 대한 신랄한 비난이다. 국가는 "국가가 당신을 필요로 한다"고 허위 선전을 하며 국민을 상대로 애국심을 고취하는 데 열을 올린다. 그러나 그 애국심이란 실상은 국가가 인위적으로 만들어낸 허위의 감정일 뿐이다. 톨스토이는 애국심을 "자기 국민만을 사랑하는 감정"으로, "가능한 최상의 이익과 힘을 자신의 국민이나 국가에게 바치고자 하는 소망"으로 풀이한다. 곧 애국심은 "자기 마음의 평정이나 재산을 희생하고, 심지어 목숨까지 바쳐가며 외부의 침략으로부터 자기 국민을 보호하자는 신조"인데, 그것은 오로지 다른 국민이나 다른 국가의 이익과 힘을 희생시킨 대가로 얻을 수 있는 것이다.

국가 간의 많은 전쟁에서 보았듯이 생면부지의 외국

인들을 학살하는 만행은 인간을 짐승보다 못한 단계로 떨어뜨리는 가장 가증스러운 죄악이다. 톨스토이는, 애국심은 "인간을 노예로, 싸움닭으로, 황소로" 둔갑시키면서 자신의 목표도 아닌 정부의 목표를 위해 힘을 낭비하고 목숨까지 바치는 검투사로 만드는 수치스러운 감정"이기에 부정해야 한다고 말한다. 그는 서구의 여러 민족이 극단적인 폭력을 휘두르는 불의의 전쟁을 일삼음으로써 반인류적 상태로 추락하게 된 근저에는 '이 야만의 감정', 애국심의 광란이 자리했다고 주장한다. 그에게 애국심이란 "국가가 만들어낸 비합리적이고 해로운 감정"이다.

애국심에 대한 톨스토이의 철저한 부정은 독일 고유의 민족혼을 내세우며 애국심을 고귀한 감정으로 승화시킨 독일의 국가주의자 피히테의 견해와 상극을 이룬다. 두 사람의 애국심 관념의 차이는 국가가 저지르는 폭력, 그 극단의 형태로서 전쟁에 대한 사상적 태도의 차이에서 비롯된다. 톨스토이는 모든 종류의 전쟁에 반대한 철저한 반전주의자였던 반면, 피히테는 전쟁을 불사하더라도 민족혼을 지켜야 한다고 믿었던 완고한 국수주의자였다. 이 차이로 인해 피히테가 숭고한 미의 정서로 찬양한 애국심은 톨스토이에게는 백해무익한 악의 감정으로 배척된다.

톨스토이에게 국가란 경찰과 군대로 입증되는 폭력 조직이다. 국가는 폭력을 앞세워서 대다수 국민을 소수의 지배하에 묶어두고 무조건적인 복종을 강요한다. 폭력을 선동하는 국가는 풀뿌리 민중을 착취하는 억압 기구로서 "사람들에게 일그러진 욕망을 부추기고 세계를 파멸로 밀어 넣는 악마"와 같다. 톨스토이는 국가의 폭력에 대항하기 위해서는 "우리는 국가기구에 어떤 형태로든 참여하지 말아야 하며, 군대에 가지 말아야 하고, 직접세든 간접세든 국가에 세금을 납부하지 말아야 하고, 우리의 이웃을 노예화하는 옳지 못한 일들을 하지 말아야 한다"고 가르친다.[19] 그리고 국가를 향해 "우리는 농부, 기계공, 상인, 제조업자, 교사다. 우리가 요구하는 것이라고는 우리의 일에 전념할 수 있는 권리가 전부다. …… 그러니 우리를 제발 내버려두라!"고 외치기를 요청한다.

톨스토이는 국가의 부재로 인한 무질서와 혼란을 걱정하는 이들에게는 무정부적 상태가 국가의 폭력적 지배보다는 오히려 덜 위험하고 덜 나쁘다고 설득한다. "부자이든 빈자이든 상관없이 복종이 불복종보다 더 해롭고 불복종의 이익이 복종의 이익보다 더 크기" 때문이다.[20] 폭력이 없는 세상이라면 국가 없이도, 그 밖의 여타의 통제기구 없이도, 순진한 민중은 얼마든지 평화를 누릴 수 있다. 국가의 존재는 곧 폭력의 용인을 의미

국가의 딜레마

한다. 그러므로 톨스토이에게 국가는 반드시 철폐되어야 할 악의 근원이다.

그렇다면 톨스토이는 국가를 어떻게 없애겠다는 말인가? 그는 기존의 아나키스트들이 제시한 두 가지 방법으로는 이 근본적인 문제를 해결할 수 없다고 말한다. 우선 바쿠닌의 주장처럼 국가폭력을 다른 폭력으로 무찌르는 방식은 악순환을 낳는다. "폭력은 또 다른 폭력을 불러오기에" "폭력을 사용하는 것은 헛된 일"이기 때문이다. 또 다른 방법은, 고드윈이 제시한 것처럼, 국민을 옭아매고 있는 국가폭력의 그물을 하나씩 벗기고 인민 해방을 위해 잠정적으로 국가에 참여하고 양보하면서 점진적인 개혁을 도모하는 것이다. 그러나 톨스토이는 이 방법 역시 현존 국가가 지닌 힘을 과소평가한 것으로, 오히려 국가의 맞대응을 불러와 억압과 착취를 강화하는 데 이용될 뿐이라고 비판한다. 그는 「사회개혁가들에게 고함」이라는 글에서 고드윈, 바쿠닌, 크로포트킨, 슈티르너, 터커 등 내로라하는 아나키스트들이 각기 제창한 국가 철폐 방안을 두루 검토하면서 그들과는 다른 자신만의 견해를 제시한다.

그가 생각한 유일한 방안은 우선 국가의 폭력성을 폭로하고, 폭력과 단절하는 일이다. 다음으로 국가 타도의 수단으로서 폭력을 택하지 않고 가장 강력한 무기인 그리스도교의 정신으로 대항하는 길이다. 국가의 폭력과 그리스도의 가르침은 양립할 수 없다. 국가에 순종하거나 정부조직에 참여해서 국가권력을 증대시키는 행위는 모두 그리스도의 진정한 정신에 위배된다. 그는 "신이 곧 법이요 권능"이라고 말하면서, "인류 대다수가 쉽게 이해할 수 있는 자연스런 종교적 가르침을 믿고 따르며 실천하는 것"이야말로 최선의 방법이라고 가르친다.[21]

인류는 지금까지 '국가가 신성한 것이라는 미신'에 속아 '폭력의 규범'에 따라 살아왔다. 톨스토이는 이 야만적인 규범을 인류에게 최대의 행복을 줄 수 있는 '만인 공통의 규범'으로 바꾸어야 한다고 주장한다. 이것은 '단 하나의 영구적 혁명', 그리스도의 가르침대로 살아가는 영적 혁명이다. 그는 이 위대한 혁명을 통하여 '국가나 조국이 하나의 허구'임을 깨닫고 국가라는 미신과 범죄에서 해방되어야 한다고 역설한다.

톨스토이의 해결책은 지나치게 종교적이고 도덕주의적이다. 국가폭력과 기만에 대한 생생하고 신랄한 비판과 비교하면 더욱 그렇다. 그도 인정하듯이, 사람들이 서로를 억압하지 않고 강압이 아닌 내적 신념에 따라 도덕적으로 훌륭한 삶을 영위하는 조직은 가령 미국이나 러시아, 그리고 캐나다 등지에서 형성된 일부 소규모

기독교적 공동체에서나 찾아볼 수 있을 뿐이다. 그의 주장대로라면, 이슬람교도나 불교도가 밀집된 권역의 국가들에서 폭력적 지배에 신음하는 사람들이 살길을 찾으려 한다면 그들 모두는 기독교로 개종하고 비폭력적인 영적 혁명에 동참하는 길밖에는 없다. 프레포지에가 잘 지적했듯이, "설사 톨스토이주의가 정치 권위에 대한 비판이라는 점에서는 유용성이 있다고 하더라도, 그가 제안한 해방의 수단과 이상적인 목표와 관련해서는" 납득하기 어려운 여러 의문을 남긴다.[22] 톨스토이가 말하는 영적 혁명이 모든 국가에서 일어나기가 현실적으로 불가능하다면, 그 해결책은 한낱 도덕적 호소에 그칠 것이기 때문이다.

마르크스 대 바쿠닌

반국가주의를 공산주의와 결합시키면서도 국가 개념을 상이하게 해석한 두 사람, 마르크스와 바쿠닌 Mikhail A. Bakunin의 견해도 흥미롭다. 강한 개성을 가진 이 두 사회주의자가 처음 만난 곳은 파리였고, 처음에는 혁명의 열정으로 일시적으로 의기투합한 적도 있었다. 그러나 이들의 우호적인 관계는 오래가지 못했다. 이들은 혁명가로서의 길을 걸은 점은 같았지만 성격과 취향은 물론 행동방식과 이념적 목표가 서로 달랐다. 불화가 깊어진 이후 마르크스는 바쿠닌을 혁명의 이단아라며 멀리했고, 바쿠닌은 마르크스를 독단주의적 냉혈한이라고 맹렬히 비난했다.

카E. H. Carr에 따르면, 바쿠닌은 여러 면에서 마르크스의 맞수가 되지 못했다. 마르크스는 자본주의의 운용에 관한 과학적 법칙을 집대성한 탁월한 사회과학자인 동시에 국제인터내셔널을 이끈 혁명지도자였던 반면,

바쿠닌은 종종 논리적 일관성을 잃기도 하는 주정주의자였고, 또한 즉흥적인 선동에 능한 소수파의 리더에 불과했다. 카는 "마르크스는 정치가요 행정가의 눈을 통해 인간을 고찰했고 그의 관심사는 개인이 아니라 대중이었지만, 바쿠닌은 몽상가요 예언자였고 그의 관심사는 대중이 아니라 개인이요 제도가 아니라 도덕성이었다"[23]고 평한 바 있다.

둘은 똑같이 헤겔의 변증법에서 출발했지만, 그리고 얼마 지나지 않아 똑같이 헤겔을 버렸지만, 각기 다른 결론에 도달했고, 상이한 혁명의 경로를 걸으면서 서로를 비난했다. 마르크스가 보기에, 바쿠닌은 프루동처럼 천성적으로는 변증법적 사고 경향을 보였음에도 불구하고 과학적 변증법을 전혀 이해하지 못했고, 혁명의 대열에서 이탈한 낙오자에 불과했다. 결과적으로 보면, 마르크스가 프롤레타리아 혁명을 꿈꾸는 정교한 과학적 사회주의자로 혁명의 시대를 이끈 중심적 인물이었다면, 바쿠닌은 절대적 자유를 최상의 가치로 삼고 모든 종류의 권위를 부정했던 낭만적 아나키스트로 기록되었다.

마르크스와 바쿠닌이 혁명가로서 모든 면에서 대척적이었던 것은 아니다. 그들은 모두 자유와 평등의 보편적 원칙에 입각한 인간의 존엄성을 보호하고 확대하는 것을 최고의 목표로 삼았다. 또한 신과 종교를 거부하고 이성과 도덕에 기초한 인간중심주의를 내세운 무신론 자인 점도 같았다. 또한 두 사람은 역사해석의 방법론으로 헤겔의 변증법을 같이 받아들였고, 근대 부르주아적 지배의 야만성을 폭로하고 그 폭력조직인 국가 철폐를 목표로 삼았다. 그리고 계급투쟁을 통한 폭력혁명의 정당성을 믿어 의심치 않았다. 따라서 넓은 시야로 보면, 이 두 사람은 사회주의 혁명의 동지였다고 말할 수 있다.

그러나 짧은 기간의 밀월이 끝난 이후 그들은 완전히 결별했다. 그들은 많은 점에서 일치했지만 또한 많은 점에서 달랐다. 그들의 사이를 명백하게 가른 지점은 개인의 자유와 다수의 평등 가운데 무엇이 더 우선하는가의 문제에서 시작되었고, 결정적으로는 폭력적 억압기구인 국가를 영구히 철폐할 것인가 아닌가의 문제에서 둘의 의견은 크게 갈렸다.

바쿠닌은 '무정부주의의 아버지' 조제프 프루동의 영향을 받은 바가 크다. 그는 프루동으로부터 신, 국가, 소유, 자유에 관한 기본 관념을 물려받았고, 프루동에 대해서는 변함없는 존경을 표했다. 말년에는 프루동이 자신에게 진 빚보다 자신이 그에게 진 빚에 대해서 늘 이야기하곤 했다. 마르크스가 극도로 경멸했던 이 사람이 바쿠닌에게는 사상의 스승이자 귀중한 벗이었다는 사실은 둘 간의 대립을 예고하고 있었을지도 모른다. 바쿠닌은 왜 그랬을까?

바쿠닌은 자유를 절대적으로 신봉했다. 러시아 귀족 출신으로 방랑자적인 삶의 자유분방한 행적에서 보듯이, 그는 어떠한 권위에도 얽매이지 않는 자유로운 플라뇌르Flâneur였다. 그의 자유주의는 독일의 아나키스트 슈티르너의 영향을 받기는 했지만, 고전적 자유주의와는 달리 사회와 불가분의 관계를 맺고 있는 상태에서의 '자유의 평등을 지향하는 만인萬人자유주의'였다. 그에게 자유와 사회생활은 분리할 수 없다. 즉 '사회가 뿌리이고 가지라고 한다면 자유란 그 과실果實이다.' 따라서 "자유는 나눌 수 없고, 자유 전체를 못 쓰게 망가뜨리지 않고는 그 일부분을 떼어낼 수 없다."[24] 설령 작은 부분을 떼어내더라도 그 자체가 자유의 본질이고 자유의 전부이다. 개인에게 자유란 "그를 둘러싼 모든 사람에게 자유로운 인간으로서 존중되고 인정됨"을 뜻한다.

자유는 '사회적 연대와 평등의 현실적 관계 속에서만 확보되는 것'이므로, 개인의 자유는 평등한 이웃과 형제 등 모든 사람의 의식 속에서 하나의 인간으로서의 권리가 반영됨을 의미한다. 따라서 자유란, 사회를 벗어난 독존의 자유가 아니라 '사회 속에서의 자유', 즉 "결코 고립이 아니라 상호작용을, 배제가 아니라 결합을 의미한다." 달리 말해서 바쿠닌에게 자유란 추상적 관념이 아니라 사회적 연대와 평등의 관계 속에서만 현실적으로 확보되는 권리로서, 타인과의 평등한 자유에 기반한 구체적인 현실이 된다. 이것은 "오직 사회를 통해서만 현실화할 수 있는 사회적인 자유"로서, 바쿠닌은 이를 '적극적 자유'의 의미로 사용한다. 사회적 자유를 향유함으로써 인간은 교육과 과학, 물질적 풍요 등의 사회적 환경 속에서 자신의 재능과 능력을 최대한 개발할 수 있게 된다.

다른 한편으로 바쿠닌은 '적극적 자유'와는 의미가 다른 '소극적 자유' 또는 '부정적 성격의 자유'를 구별한다. 소극적 자유는 '개인이든 집단이든 간에, 종교적이거나 정치적이거나 관계없이 모든 종류의 일체의 권위에 대한 부정이자 반역'의 의미를 갖는다. 그가 "나는 공산주의자가 아니다"라고 선언했던 이유는, 바로 공산주의 국가라는 새로운 권위가 바로 이 '부정적 성격의 자유'를 침해하기 때문이며, 어떠한 권위에 의해서도 자유가 부정되거나 자유 없는 인간을 상상할 수 없었기 때문이다.

카가 지적한 것처럼, 바쿠닌의 자유 개념은 극단적인 개인주의의 표출이자 낭만적인 신조의 필연적 결론이었다. "그는 이론상으로는 가장 광신적인 자유의 제창자였고 역사상으로는 가장 완벽한 개인주의자였다."[25] 따라서 바쿠닌의 무정부주의는 극단적 개인주의와 등치된다. 그는 극단적 개인주의자의 눈으로 사회정치적 체계를 조망했고, 이 개인주의야말로 마르크스에 대한 반대의 본질이었다.

바쿠닌이 국가를 철폐해야 한다는 주장을 줄기차게 펼친 이유는 국가의 어떠한 행위도 자유를 보호할 수 없을뿐더러 오히려 개인의 자유를 억압하기 때문이다. 국가에 대한 혐오는 소박한 인간성에 대한 무조건적 옹호에서 비롯된다. 그는 국가의 "모든 권위 행사는 오용되고, 권위에 대한 일체의 복종은 인간을 굴욕적으로 만든다"고 믿었고, 그에 따라 국가의 본질을 "인간성에 대한 가장 악명 높고, 가장 냉소적이며, 가장 완벽한 부정"이라고 규정했다.[26] 국가는 문명화를 구실로 내세워 지금까지 인간을 박해하고 착취했다. 국가는 인간을 노예화하는 '그 자체로 악'이다. 이러한 인식을 바탕으로 그는 국가를 '합법화된 공식의 폭정', '권위를 빙자한 폭력', '인간 자유의 항상적 부정자' 등의 격렬한 표현을 사용하며 그 완전한 철폐를 혁명의 목표로 삼는다.

국가의 기원과 본질에 관한 바쿠닌의 관념은 마르크스나 엥겔스의 견해와 크게 다르지 않다. 바쿠닌은 마르크스와 같이 '국가가 세계정신의 객관화 혹은 절대적 이상의 집합체'라는 헤겔의 추상적 관념론을 맹렬히 비난한다. 완고한 국가주의자 헤겔이 주장한 것처럼 국가는 역사를 초월해 존재하는 객관정신의 발현도 아니고 영속적인 실체도 아니다. 마르크스는 '도덕적 관념의 실재'나 '이성적 발현의 이미지'라는 헤겔의 국가 관념을 폐기하고, 국가를 역사적 맥락 속에서 파악하는 유물론적 역사 개념에 종속시키면서, 어느 특정한 역사 발전단계에 있는 사회의 산물로 규정했는데, 이에는 바쿠닌도 동의했던 바였다. 즉 사회를 형성하는 것이 국가가 아니라, 국가를 형성하는 것이 사회라는 것이다. 따라서 국가는 "인간의 필연적 특징을 발현하는 조직이 아니라 역사적이고 과도기적인 기구에 불과하다."[27]

바쿠닌의 국가 개념이 마르크스와 엥겔스의 정통주의적 해석에서 크게 벗어나지 않았음은 분명하다. 엥겔스는 『가족, 사유재산 그리고 국가의 기원』에서 원리상 "국가는 상이한 경제적 이해 사이의 사회적 투쟁을 통제할 필요성에 그 기원을 두고 있으며, 이 통제는 그 사회에서 경제적으로 가장 강력한 계급에 의해 수행된다"고 적시했다.[28] 가령 고대국가는 노예 소유자의 국가였고, 봉건제 국가는 농노를 지배하는 귀족들의 기관이었으며, 근대국가는 자본에 의해 임금노동을 착취하는 기구이다. 그러므로 국가란 어느 때이든 사회의 공동선을

국가의 딜레마

대표하는 조직이 아니라 특정한 생산양식에 고유한 계급구조의 정치적 외현일 따름이다.

유물론적 역사관에 의하면, 문명의 기초는 한 계급에 의한 다른 계급의 착취이며, 국가의 본질이란 역사적 단계에 따라 양태만 달리할 뿐 지배계급의 정치적 수단이다. 이에 따라 근대 부르주아 사회에서 국가는 부르주아의 억압적 무기로 작용한다. 억압은 국가의 본질적 요소이다. 마르크스와 엥겔스는 『공산당 선언』에서 "근대 산업과 세계시장의 확립 이래로 부르주아는 마침내 대의제 근대국가에서 배타적인 정치적 지배력을 스스로 획득했고, 이로써 근대국가의 집행부는 단지 전체 부르주아지의 공통사항을 다루는 위원회일 뿐"[29]이라는 유명한 레토릭을 구사했다. 바쿠닌 역시 이에 동의하며 지배계급으로서의 부르주아를 가장 혐오했으며 그들의 국가를 '형이상학적 허구'라고 비난했다.

그러나 바쿠닌이 마르크스와 동행한 지점은 여기까지였다. 바쿠닌은 마르크스의 혁명이론에서 '프롤레타리아 독재' 부분을 문제 삼으며 그가 과연 국가의 영구적 철폐를 진정으로 원하는지에 대해 강한 의구심을 표출하기 시작했다. '프롤레타리아 독재'는 마르크스가 1871년의 '파리코뮌Paris Commune'을 목도하고 나서, 로마 공화정이 한시적으로 규정한 독재관의 지배에서 착상을 얻어, 혁명의 발전단계를 재설정하기 위해 도입한 정치적 개념이다. 그는 『고타 강령 비판』에서 "자본주의 사회와 공산주의 사회 사이에는 전자로부터 후자로의 혁명적 전화의 시기가 있다. 이 시기에 조응하여 또한 정치적 과도기가 있다. 이 과도기의 국가는 프롤레타리아의 혁명적 독재로만 존재할 수 있다"[30]고 적었다. 이 맥락에서 '프롤레타리아 독재'는 혁명 이행기의 과도적 체제로서 프롤레타리아 계급에 의해 지배되는 정부 형태로 이해될 수 있다.

바쿠닌은 즉각 반발하면서 다음과 같이 물었다. "프롤레타리아가 통치계급이 된다니, 이게 도대체 무슨 의미인가? 모든 프롤레타리아가 정부의 수반을 맡는다는 말인가? 프롤레타리아가 지배계급이 된다면, 그들은 누구를 지배하게 되는가?"[31] 바쿠닌이 보기에, '프롤레타리아 독재'는 또 하나의 새로운 국가였고, 이 새로운 지배가 성립하기 위해서는 '지배자 위치를 점한 프롤레타리아'에 굴복해야 하는 '피지배 상태의 또 다른 프롤레타리아'가 남아 있어야 한다. 따라서 바쿠닌은 '프롤레타리아 독재'를, 인민에 의해 선출된 소수의 대리자들이 인민의 정부를 꾸린다고 하더라도, "소수 지배계급의 독재라는 사실을 뒤편에 숨긴 거짓말"에 불과하다고 맹비난했다. 프롤레타리아가 지배계급이 된다면, 그들은 '전前 프롤레타리아'였을 뿐 더 이상 프롤레타리아가 아니기

국가의 딜레마

때문이다.

바쿠닌은 마르크스의 '혁명적 독재'를 사실상의 '국가주의'로 낙인찍었다. 말이야 어떻든 '혁명적 독재' 또한 근본적으로는 소수의 '지성'과 다수의 '어리석음'을 가정하는, 다수에 대한 소수의 지배라는 동일한 원리를 따른다고 보았기 때문이다. 이 때문에 바쿠닌은 '프롤레타리아 독재'가 머지않아 소수의 정치경제적 특권과 대다수 민중의 정치경제적 종속을 지속시키는 체제를 영구화할 것이라고 경고했다.

그러나 마르크스의 '프롤레타리아 독재' 발상은 바쿠닌이 비난한 것처럼 '새로운 형태의 소수자 독재'를 추동하기 위해 만들어진 것은 아니다. 마르크스는 1871년 프랑스 내전 상황에서 어떻게 하면 혁명이 성공할 수 있는지를 숙고하면서 그 과도기에 프롤레타리아가 어떠한 방식으로 주도권을 행사할 것인지에 대한 답이 필요했다. 이 과정에서 그는 '프롤레타리아 독재'를 임시적이고 유동적인 정치적 개념으로 사용했다. 티에르 반동정권을 몰아내고 파리코뮌에 이르렀음에도 불구하고 코뮌 내부는 다양한 이념을 가진 분파들로 분열되어 있었다. 자코뱅파, 블랑키파, 무정부주의자, 제1인터내셔널파와 프루동파 등 사회주의자와 무정부주의자가 뒤섞인 상황에서 프롤레타리아 중심의 혁명 주도권은 확보되지 못했다. 마르크스의 지속적인 경고에도 불구하고 결국 파리코뮌은 우왕좌왕하다가 티에르 정부군의 역습으로 막을 내린다.

코뮌의 좌절은 마르크스에게 심대한 타격으로 다가왔다. 마르크스는 국제노동자협의회의 분열과 프랑스 내전의 실패를 겪은 이후 사회주의가 곧 도래할 것처럼 선동하는 속류 사회주의자들을 통렬하게 비판했다. 그는 '프롤레타리아 독재'라는 용어를 더 이상 입에 올리지 않았다. 그는 "내가 아는 한 나는 마르크스주의자가 아니다"라고까지 말하기도 했다. 생의 후반부로 갈수록 마르크스는 계급투쟁을 통한 역사 발전의 이행 문제를 뒤로하고, 자본주의 경제 분석에 집중하는 쪽으로 시야를 좁혔다. 그에게 혁명 이후의 사회를 내다보는 작업은 더 깊은 숙고를 요하는 일로 여겨졌다.

그럼에도 불구하고 '프롤레타리아 독재'라는 개념적 도구는 결과적으로는 혁명가들 사이에서, 특히 사회주의와 아나키즘 간의 대립 속에서 큰 균열을 야기하는 불씨가 되고 말았다. 그것이 혁명 이행기의 과도체제인지 아니면 국가화로 치닫는 새 형태의 권력체제인지의 논쟁은 결말을 보는 데 오랜 시간이 걸리지 않았다. 마르크스주의자들은 노동자 정당의 권력과 노동계급의 권력이 같은 것이라는 점을 설득하는 데 안간힘을 쏟았

국가의 딜레마

지만, 국가 자체를 부정하는 아나키스트들은 노동계급과 그들의 대리자 정당 간의 유리가 필연적일 것이기 때문에 그 결과는 곧 프롤레타리아의 대리자가 지배하는 국가사회주의로 변질될 것임을 진즉에 알아차렸다.

레닌의 등장은 이 논쟁에 종지부를 찍는 결정적 계기였다. 레닌은 "국가가 한 계급에 의한 다른 계급의 억압을 위한 기관"이라는 마르크스의 텍스트를 인용하며 "국가는 계급 간의 갈등을 완화시킴으로써 계급적 억압을 합법화하고 영속화하려는 질서의 창조이다"라고 멋들어진 수사를 늘어놓았다.[32] 하지만 현실 투쟁에서는 '프롤레타리아 독재' 위에 '전위당의 지도'라는 새로운 상전을 올려놓음으로써 강력한 '국가주의'의 진로를 터놓고 말았다. 레닌에 저항했던 로자 룩셈부르크^{Rosa} Luxemburg는 「레닌주의냐 마르크스주의냐」에서, "레닌의 미래 정당과 그 중앙위원회는 스스로 영속화될 것이며, 당에 명령할 것이며, 또 당으로 하여금 대중에게 명령하게 할 것"[33]이라고 비난하며 괴물국가의 탄생을 예언했다. 그러나 러시아의 혁명가들은 그녀의 말에 전혀 귀를 기울이지 않았다.

바쿠닌과 룩셈부르크가 우려한 대로, 레닌의 후계자를 자처한 야심가 스탈린은 레닌 사망 직후 곧바로 '프롤레타리아의 독재'를 '프롤레타리아에 대한 전위당의

이 포스터는 러시아어로 쓰인 '떠들썩한 명령'과 '이전과 이후' 문자가 알려주듯, 국가의 명령이 혁명을 전후로 돌변했음을 보여준다. 혁명의 주체이자 국가의 주인이라는 인민은 혁명 이후에는 거인이 된 권력자의 감시 아래 숨죽이고 살아가는 소인배 난쟁이로 전락하는 운명에 놓인다. '열린 사회'는 '이전' 구호였고, 혁명 '이후' 마주친 현실은 '닫힌 사회'로 바뀌어 있다.

독재'로 공식화했다. 모든 이념형은 사람의 손이 닿는 순간부터 변형되고 부패한다. '계급적 적대감의 산물이자 지배계급의 억압기관'인 국가를 철폐하자는 19세기 혁명가들의 이념적 합의는 사회주의 혁명의 현실을 거치면서 새로운 괴물형의 전체주의 국가를 주조하는 데로 귀결되었다. 이승을 떠난 마르크스가 동의하든 그렇지 않든, "마르크스주의 국가이론은 본래적으로 정치참여의 결핍을 야기하고 중앙집권화된 강력한 국가의 도래로 귀착된다"[34]는 비판이 쉽게 수용되는 까닭은 이를 뒷받침하는 명백한 역사적 증거가 있기 때문이다.

마르크스와 바쿠닌이 세상을 떠난 지도 한 세기를 훌쩍 넘어섰다. 카는 국가에 대한 두 사람의 견해 차이에 대해, "마르크스는 국가를 파괴하고자 한 게 아니라 탈취하고자 했고, 국가를 통하여 '위로부터의 해방'을 추구했던 반면, 바쿠닌은 단 하나의 진정한 해방은 '아래로부터' 개인을 통해 오지 않으면 안 된다고 믿었다"[35]고 설명했다. 러시아에서 온 '유익한 무질서의 신봉자'는 마르크스를 '국제노동자협의회의 유대인 독재자'라고 맹비난하며 그가 궁극적으로는 계급독재든 국가독재든 어떤 형태로든 독재의 길을 걸을 것이라고 확신했고, 마르크스는 애초부터 바쿠닌의 감상적 '모험주의Aventurisme'에서 혁명을 망치는 소영웅주의의 무능함을 읽고 있었다.

바쿠닌은 마르크스의 이론대로면 반드시 독재자가 나오기 마련이라는 믿음을 굽히지 않았다. 자유 없는 평등은 국가의 독재이고, 독재국가는 적어도 하나의 착취계급 없이는 단 하루도 존속할 수 없다는 바쿠닌의 확고한 신념은 마르크스류의 인민국가가 '경제적으로 대중을 통제·관리함은 물론이고 정치적으로도 아주 이상한 통치기구를 만들어낼 것'이라는 예언으로 연결되었다. 사회주의 혁명의 폭풍우가 옛 과거의 기억으로 여겨지는 오늘날 마르크스주의와 아나키즘 간의 국가 논쟁은 이미 지난 세기에 결말이 난 낡은 주제가 되었다. 마르크스가 꿈꾼 대로 프롤레타리아 운동은 모든 계급이 철폐된 이상사회를 만들어내지 못했고, 바쿠닌이 혐오한 '합법화된 폭정'의 국가도 사라지지 않았다. 두 사람의 반국가주의적 실험은 결과적으로 좌절되었고, 국가의 강압적 권위와 개인의 본래적 자유 간의 긴장과 대립을 해소하는 문제는 여전히 우리에게 미결의 과제로 주어져 있다.

국가의 딜레마

소로의 '시민 불복종'

무정부주의에서 사회주의에 걸쳐 있는 일련의 반국가주의를 '강한 반국가주의'라고 칭할 수 있다면, '약한 반국가주의'도 존재한다. '약한 반국가주의'는 국가의 완전한 해체를 주장하기보다는 국가가 저지르는 불법적 폭력에 저항하면서 국가의 악을 최소화하는 데 초점을 맞춘다. 그 요체는, 시민은 국가가 행하는 온갖 종류의 부당한 강압에 불복종해야 하며, 국가는 개인의 자유를 최대한으로 보장하는 가운데 개인생활에 대한 개입을 최소화하는 '작은 정부'가 되어야 한다는 데 있다. 소로의 '시민 불복종' 관념은 이 '약한 반국가주의'를 대변하는 한 편의 사상적 경향이다.

소로는 미국의 자연주의를 대표하는 인물이다. 미국 동부의 작은 마을 콩코드에서 은둔생활을 했던 이 사람이 자연주의와 무관한 정치학 교과서에 심심치 않게 등장하는 이유는 「시민정부에 대한 저항Resistance to Civil

Government」이라는 제목의 짧은 글이 던진 커다란 울림 때문이다. 1849년《미학》이라는 잡지에 발표된 이 글은 사후 「시민 불복종Civil Disobedience」 혹은 「시민 불복종의 의무On the Duty of Civil Disobedience」로 널리 알려지면서 자유주의자에서 무정부주의자에 이르기까지 이념적으로 폭넓은 스펙트럼의 여러 사상가들에게 적지 않은 영향을 미쳤다.

소로는 후대에 그를 추종했던 정치적 행동가들과 달리 적극적인 행동주의자는 아니었다. 그와 오랜 친교를 맺었던 초월주의 사상가 에머슨Ralph Waldo Emerson이 기술한 전기에 따르면, 청년 소로는 부끄러움이 많은 외톨박이였다. 에머슨은 소로의 한때의 스승이자 연장자로서 사적으로 느낀 바를 적었다. "소로는 어려서부터 어떤 직업교육도 받지 않았고, 결혼도 하지 않았으며, 늘 혼자 살았고, 교회에도 일절 가지 않았으며, 투표를 한 적도 없다."[36] 그는 "고기를 전혀 먹지 않았고, 포도주도 입에 대지 않았으며, 담배라곤 피워본 적이 없다." 또한 "재물을 모으는 데 재능이 없었고, 가난하면서도 너저분하거나 멋없다는 기색은 조금도 풍기지 않는 법을 알고 있었다." 그리고 "상대방에 맞서 싸우려는 유혹을 받지 않았으며, 식욕도, 열정도, 고상한 취미도 없었다." 에머슨이 본 소로는 "강박적이고 반사회적이며 편협하고 금욕적인 은둔자"와 같았다. 에머슨의 인물평은 소

국가의 딜레마

로가 어린 시절부터 키워온 비판적 사회의식이나 하버드대학교 시절 쌓은 해박한 지식 등에 대해서는 언급하지 않았으나, 적어도 그가 정열적인 행동의 소유자였다거나 우쭐대고 나대는 성향의 모험주의자가 아니었음을 분명하게 알려준다.

그러던 소로에게 닥친 하나의 사건은 그가 평소 갖고 있었던 정치의식을 표출하는 계기가 되었다. 월든 숲에서 오두막집을 짓고 살던 1846년 7월 멕시코 전쟁에 반대하여 인두세人頭稅 납부를 거절했다는 이유로 소로는 콩코드 감옥에 투옥당한다. 다음 날 아는 친척이 대납해서 풀려났지만, 하룻밤의 감옥 체험은 '시민 불복종' 관념의 밑거름이 되었다.

소로의 '시민 불복종' 사상은 인간의 기본적 자유와 권리에 최우선의 가치를 두고 '국가보다는 개인이 우선한다'는 믿음에 기초한다. 소로는 인간은 "누구에게 강요받기 위하여 이 세상에 태어난 것이 아닌" 이상 '각자의 방식대로 숨 쉬고 각자의 방식대로 살아갈 권리'가 있다고 말한다. "우리는 먼저 인간이어야 하고, 그다음에 국민이어야 한다."[37] 따라서 국가의 법보다는 인간사회의 정의가 먼저이다. "옳고 그름을 실질적으로 결정하는 것은 다수의 의사가 아니라 양심"이며, 그것이 곧 정의이다. 정의의 원칙에 따르는 행동이야말로 사물을 변화시키고 우리의 관계를 변화시킬 수 있다. 소로에게 중요한 것은 다수의 사람들이 어떻게 생각하느냐가 아니라 소수일지라도 양심에 따라 움직이는 사람들의 행동이다. 정의는 다수라는 숫자와는 관련이 없다. 그는 '오직 극소수의 사람들'만이 참다운 의미의 영웅, 애국자, 순교자, 개혁가로서, 그리고 인간으로서 그들의 양심을 가지고 사회에 이바지한다고 믿었다. 그는 에머슨이 찬미한 '현명한 소수'의 옹호자였다.

소로는 수많은 사람이 아무런 의심도, 별다른 저항도 없이 국가에 복종하고 권력자를 섬기는 상황을 개탄했다. 그는 정의롭지 못한 국가의 법에 순종하는 대중을 경멸했다. 그는 불의에 맞서지 못하는 대중의 비겁하고 방관적이며 타협적인 태도에 실망하면서 "대중의 행동에는 덕이란 게 별로 없다"고 불평했다. 국가의 부당한 요구에 아무런 저항 없이 따를 경우, 그들은 "인간으로서가 아니라 기계로서" 국가에 종속되는 꼴이 된다. 그럴 경우, "그들의 값어치는 말이나 개보다 나을 바 없다."[38]

왜 사람들은 국가가 무엇인지에 대해 의심하지 않는가? 엄밀히 말해서 국가나 정부가 정당성을 가지려면 피통치자, 즉 국민의 허락과 동의를 받아야 한다. 정부는 개인이 동의한 부분 이외에 개인의 신체나 재산을

제임스 몽고메리 플래그, 〈미군에 입대하라〉, 1917, 왕립전쟁박물관.

미국의 삽화가 플래그(James Montgomery Flagg)가 그린 유명한 미군 징병 포스터이다. 미국 정부를 상징하는 엉클 샘이 나타나 '나라가 너를 원한다'며 입대를 강요하는 제스처를 취한다. 이 포스터는 1차 세계대전 중에 400만 장 이상이 인쇄되었고, 2차 세계대전 때도 다시 사용되었다. 어느 나라든 국가는 필요할 때마다 국민의 희생을 요구한다.

침해할 어떠한 권리도 가질 수 없다. 국가의 형태가 전제군주제에서 입헌군주제로, 다시 입헌군주제에서 민주주의로 전환된 역사적 과정을 개인의 자유와 권리에 대한 진정한 존중을 위한 진보로 받아들일 수 있지만, 그렇다고 해서 국가가 '시민정부'라는 이름만으로 개인의 행위를 강제적으로 통제하는 것은 가당치 않다. 미국 정부는 노예제를 존속시키고 전쟁을 일으키면서 불의의 법을 만들고 인두세를 걷어 들여 재정을 충당한다. 국민의 동의도 받지 않고 이처럼 부당한 오류를 저지르는 정부에 복종하는 태도는 개인의 양심과 정의의 원리에 배치된다.

이러한 이유에서 소로는 '정부에 대한 복종의 의무'를 정당화한 영국 주교 윌리엄 페일리William Paley의 주장을 혹독하게 비판했다. 페일리는 기독교의 교리를 따르는 시민에게 복종의 미학을 권장하면서 보수신학에 입각한 국가관을 전파했는데, 당시의 사람들은 그의 견해를 아무런 비판 없이 받아들였다. 그의 주장에 따르면, "정부가 일반 국민에게 큰 불편을 주지 않는 한, 정부에 저항하거나 그 정부를 바꾸려고 하기보다는 기존 정부에 복종하는 것이 신의 뜻"이다.[39] 소로가 보기에, 페일리는 '한 개인이든 국가이든 어떠한 대가를 치르더라도 정의를 행하지 않으면 안 되는 상황'을 고려하지 않은 채 무턱대고 국가에 영혼을 바치라는 엉뚱한 주장

국가의 딜레마

으로 시민을 현혹시킨다.

국가는 '나무로 만든 총 같은' 편법으로 만들어진 도구에 불과하다. 국가는 어떠한 경우라도 개인의 의사에 반하는 복종을 강요할 권한이 없으며, 개인의 자유를 위협하는 간섭이나 통제를 할 권리도 없다. 그는 "정부에 복종하는 것보다는 차라리 불복종의 처벌을 받는 것이 모든 면에서 잃는 것이 적다"고 말하면서, 부당한 일을 강제하는 '정부에 대한 저항'은 정당한 행위이며, '시민 불복종'은 국가에 대한 개인의 당연한 권리라고 주장한다.

자유주의적 인권 개념을 바탕으로 하는 소로의 정치사상은 두 가지 주장으로 요약된다. 하나는 국가의 부당한 권력 행사에 대항하여 국민은 저항의 권리를 갖는다는 것, 즉 '시민 불복종'은 국민의 당연한 권리라는 주장이다. 다른 하나는 '좋은 국가'가 되기 위해서는 '작은 정부'가 필요하다는 것, 즉 개인의 자유를 최대한 보장하기 위해서는 국가권력의 행사를 최소화해야 한다는 제안이다.

소로의 정치사상은 물론 특별히 독창적인 것은 아니다. 과거 동서양의 여러 정치사상가 역시 국가와 개인 간의 적합한 균형적 관계, 국가권력의 불법성에 대한 정당한 행동양식, 그리고 개인의 양심과 국가의 법률이 상충되는 상황에서의 대처방법 등에 관한 적극적인 견해를 제시한 바 있다. 가령 맹자는 폭정을 일삼는 권력자는 인민의 힘으로 교체할 수 있다고 주장했고, 로크는 부당한 국가권력에 대한 저항권과 혁명권을 공인했다. 소로 또한 개인의 정치적 권리를 중시하는 사상적 전통을 이어가며 근대사회에 대한 성찰을 게을리하지 않았을 뿐이다.

굳이 그의 특별한 공헌을 꼽는다면 국가의 부당성에 맞서서 교양시민이 일상적 저항을 할 수 있는 권리의 한 양식을 제안한 데 있을 것이다. 소로의 '시민 불복종'은 톨스토이에 의해 칭송되었고, 간디에게 영감을 주었으며, 마틴 루터 킹 목사의 행동주의적 지침으로 계승되었다. '시민 불복종'은 시민민주주의를 확장하려는 여러 이들의 시도에서 주요한 행위수단으로 폭넓게 활용되었다. 버트런드 러셀은 핵무장 반대의 목적 달성을 위한 홍보 방법으로 시민 불복종을 활용하였고, 1955년의 미국 몽고메리 버스 보이콧 사태는 시민 불복종의 대표적 사례가 되었다. 이스라엘의 법철학자 조셉 라츠Joseph Raz는 시민 불복종의 범위를 확장해 "헌법의 수정을 요구할 수도 있는 예외적인 정치행위"라고 정의하기도 한다.[40]

오늘날 시민 불복종의 권리는 일부의 주州정부에서

도 명시적으로 보장되고 있다. 가령 독일의 헤센주 헌법 제147조 1항은 "헌법에 위반하여 행사된 공권력에 대한 저항은 개인의 권리이며 의무"라고 규정하고 있고, 1968년의 제17차 개헌법률에 의하여 독일연방공화국(서독) 헌법 제20조 4항에 "모든 독일인은 민주적 질서를 폐지하려고 하는 어떤 자에 대하여 다른 구제수단이 불가능할 때에는 저항할 권리를 가진다"고 규정했다.[41] 에리히 프롬은 '불복종 행위'의 의미를 "이성과 자유의지에 의한 확증의 행위"로 해석한다.[42] 인간의 이성에 의한 정당한 시민적 요구를 수용할 수 없다면 그런 국가는 독재국가에 다름 아니다. 소로의 작은 외침에서 비롯된 시민 불복종은 오늘날 '제도화된 저항권'으로 보편적으로 승인되고 있다.

시민 불복종에서 확장된 소로의 다음 주장은 '가장 적게 다스리는 정부'의 요청이다. 소로는 국가의 부당한 간섭과 통제에 대해서는 강하게 저항했지만, 그렇다고 해서 국가의 존재 자체를 부인하거나 국가 철폐를 주장하지는 않았다. 그가 반대한 것은 국민의 동의 없이 정부가 저지르는 온갖 종류의 잘못들, 개혁을 준비하지 않는 정부, 현명한 소수를 소중히 여기지 못하는 것, 정부의 잘못에 저항하지 못하도록 물리적 강압을 사용하는 것 등이었다. 소로는 "정부라는 것은 사람들이 서로를 간섭하지 않고 기꺼이 내버려 두도록 돕는 하나의 방

편"에 지나지 않으므로, "가장 좋은 정부란 가장 적게 다스리는 정부"라고 강조했다.[43]

그는 "모든 사람을 공정하게 대할 수 있고 개인을 한 이웃으로 존경할 수 있는 국가"가 되기 위해서는 개인에 대한 국가의 간섭을 최소화하는 편이 좋다고 말한다. 국가의 실행기구인 정부는 인민의 필요에 의한 수단이지 그 자체가 목적이 아니다. 따라서 국가는 '수단으로서의 한도 내에서' 그 역할을 멈추어야 한다. 그렇지 않고 정부가 점점 커질수록 개인에 대한 간섭과 통제는 점점 늘어나고 그만큼 개인의 자유는 축소된다. 이럴 경우 정부는 개인에게 "거의 언제나 불편한 존재"가 되고 만다. 개인을 위해 존재해야 할 국가가 어느새 그 자체의 관성대로 굴러가게 된다면 본말이 전도된 상황이 초래되기 때문이다.

중국의 고사성어 '함포고복含哺鼓腹'에는 정치이상향의 모습이 담겨 있다. 태평성대에는 백성들이 왕이 누구인지도 모르고 정치가 어떻게 돌아가는지 관심도 없었으며, 배불리 먹고 발로 땅을 구르며 노래를 불렀다. 가장 훌륭한 다스림이란 다스림이 없는 상태이다. 이 상태에서는 국가의 물리적 억압이나 부당한 간섭이 없으므로 개인의 자유로운 삶이 만개한다. 소로는 오로지 개인의 자유를 위협하는 중요한 문제에 대해서 국가의 법률

국가의 딜레마

준수를 거부할 권리를 주장했을 뿐 정당한 국가적 행위 자체를 부정하지 않았다. 부당한 국가에 대하여 즉각 저항하고 정의에 대한 생각과 행동을 일치시킴으로써 개인의 도덕적 변혁을 통하여 정치변혁을 이루어가야 한다는 게 그가 주장한 요지이다.

소로의 '시민 불복종'이나 '작은 정부론'은 무정부주의로 직접 연결되지는 않는다. 그는 실제로 무정부주의자도 아니었고 무정부주의 단체에 가입한 적도 없다. 그럼에도 소로가 제시한 주요한 관념들은 무정부주의 운동에도 적지 않은 영향을 미쳤다. 가령 엠마 골드만Emma Goldman은 소로를 가장 위대한 미국 아나키스트로 칭송했고, 소로의 사상은 19세기 후반 미국의 아나키즘적 자연주의라는 새로운 경향으로 이어졌다.[44] 그 연장선에서 아나키즘의 한 갈래인 녹색 아나키즘과 아나코-원시주의는 소로의 저작에서 생태학적 관점을 차용했다. 오늘날 개별화된 아나키스트 서클들은 여전히 소로에게서 영감의 원천을 구하고 있다. 일부 아나키스트들에 대한 소로의 영향력은 그가 완전한 무정부주의자는 아니었더라도 온건한 차원의 반국가주의자였음을 예증한다.

반국가주의의 진실과 한계

아나키스트들은 공히 국가를 야만적인 약탈을 통해 자연의 질서를 파괴하면서 만들어진 인위적 가공물로 보기 때문에 국가를 부정한다. 이 같은 반국가주의의 주장에는 여러 허점과 제한점만큼이나 유의미한 객관적 사실과 도덕적 진실도 담겨 있다. 왜냐하면 국가의 기원, 국가와 사회의 구별, 국가가 일상적으로 저지르는 악과 폭력, 그리고 국가의 정당성 문제 등에 관한 아나키스트들의 견해는 과거에도 그러했듯이 현재에도 여전히 유효하기 때문이다.

아나키즘에 따르면, 국가는 일단의 강도 무리가 평범한 개인들의 토지와 재산을 약탈함으로써 만든 폭력적 질서 위에 세워졌다. 스푸너와 크로포트킨은 강도 무리가 어떻게 폭력조직을 만들고 인접 지역의 침략과 정복을 통해 그 몸집을 불리면서 정치권력을 쥐게 되었는지에 대해 동일한 방식으로 설명했다. 이들에 앞서서 급진적 자유주의자 토머스 페인Thomas Paine은 왕의 기원에 대해 "한 무리의 악당이 어느 한 나라를 유린하고, 공물을 바치게 하고, 권력을 잡은 도당의 우두머리는 왕이라는 이름으로 도적의 정체를 지우려고 했다"[45]고 적은 바 있다. 국가의 기원에 대한 아나키즘적 추론에는 강도 무리, 도당, 약탈, 폭력, 침략, 전쟁 등의 단어가 빠지지 않는다.

국가의 기원에 관한 아나키즘적 설명은 사회와 국가를 명백히 구별하는 데 따른 추론이다. 고드윈, 프루동, 크로포트킨 등 아나키즘의 선구자들은 하나같이 사회와 국가를 뚜렷하게 구분했다. 이러한 인식은 루소나 토머스 페인 등 급진적 자유주의에 의해 영향받은 바가 크다. 루소는 자연상태와 문명상태 간의 구별을 통하여 인류의 문명사를 타락의 역사로 해석한 바 있고, 페인은 사회를 국가 발생 이전부터 존재한 자연적 질서의 공동체로 이해했다.

특히 페인은 사회와 국가가 그 기원에서부터 다름을 명확히 대비시켰다. "사회와 국가는 본질적으로 다르며, 서로 다른 기원에서 출발했다. 사회는 사람들이 원해서 생겨났지만, 정부는 사람들의 사악함 때문에 만들어졌다. 사회는 모든 점에서 축복된 상태이지만, 국가는 최상의 상태에서도 단지 필요악에 불과하다."[46] 그는 인류

사회의 자연적 질서가 국가가 만들어지면서부터 훼손되기 시작했다고 주장하며 국가의 모든 역사를 "끔찍한 범죄의 기록"으로 간주했다.

이들의 생각은 아나키스트들에게 계승된다. 프루동은 "사회는 주인도 주권자도 없는 통치의 부재, 즉 아나키 속에서도 질서를 추구한다"고 말하면서, 아나키가 결코 무질서와 동의어가 아니고 조직화의 부재도 아니라고 주장했다. 크로포트킨도 역시 사회를 "국가가 나타나기 전에 이미 인간이 수천 년 동안 같이 모여 살아왔던" 공동체로, 그리고 "국가는 사회가 역사의 흐름 속에서 채택한 여러 형식 중 하나일 뿐인 것"으로 구분하면서, "완전히 다른 두 개념을 혼동하지 말 것"을 주문했다.[47]

아나키스트가 사회와 국가를 명백히 구분하는 까닭은 자연의 질서를 옹호하는 반면 권위의 질서를 배격하기 때문이다. 그런 점에서 아나키스트는 자연주의자이기도 하다. 이들이 말하는 '자연의 질서' 또는 '자연의 법칙'에는 자연적으로 주어진 권리인 '자유'와 '정의'가 그 핵심을 이룬다. 프루동은 자유를 인간이라는 존재의 필수조건이자 절대적 권리로 규정했고, 바쿠닌은 인간의 자유를 절대불가침한 신성한 권리로 숭배했다. 그는 "이 세상에 단 한 사람이라도 자유롭지 않다면 나는 자유롭지 않다"고 말하기까지 했다.

국가의 딜레마

자유가 개인의 천부적인 권리라면, 정의는 자유를 보장하는 사회적 원리이다. 스푸너에게 정의란 너와 나, 우리 모두의 자유를 지켜주는 원리였다. 프루동 또한 정의를 인간 의식에 새겨진 원리로 이해하며, "사회를 바로잡는 중심 별자리요, 정치 세계가 움직이는 축이며, 모든 거래의 규칙이자 원리"[48]라고 서술했다. 이처럼 아나키즘에서 정의란 '도덕의 황금률'이다.

　　아나키즘이 국가를 악의 원천으로 규정하는 이유는 바로 국가가 개인의 자유를 짓밟고 사회적 정의를 무너뜨리는 주범이라고 보기 때문이다. 국가는 개인의 자유로운 조직화와 창조적 활동을 가로막는 훼방꾼이다. 국가는 항상 소수가 다수를 억압하는 수단이기 때문에 조직화된 폭력을 동원해서 개인의 자유를 통제한다. 국가는 부당한 지배를 은폐하기 위해 '국민이라는 추상적 집단'을 늘상 입에 올리면서 그들을 법이라는 올가미로 묶어놓는다. 프루동이 보기에, 법은 "유력하고 부유한 자들을 위한 거미집, 약하고 가난한 자들이 결코 끊을 수 없는 강철같이 단단한 사슬, 정부가 장악하고 있는 잡아들이기 위한 그물망"[49]이다.

　　이런 법을 앞세워 국가는 강압적 권위를 과시하고 이른바 합법적 폭력을 행사하는데, 어떤 경우에든 그 폭력행위는 정당하지 않다. 프루동은 법 제정의 정당성에 의문을 제기하며 "국가는 나와 담판을 짓지 않았으며 거래하지도 않았다"고 선언한다. 그저 "국가가 강탈해갔을 뿐"이다. "양심의 구속, 이성의 구속, 정념이나 이해관계에 대한 구속이 국가가 나에게 강제로 부과한 것"에 지나지 않는다면, 국가가 내세우는 권위는 결코 용납될 수 없다. 국가라는 이름으로 행해지는 모든 형식의 권위에 대한 부정은 아나키즘의 핵심원리이다. 프루동은 국가 '권위'에 대한 부정을 "시대의 사상이고 인류가 내린 판단"이라고 정당화한다.

아나키스트는 예외 없이 자유의 옹호자이자 정의의 신봉자이다. 또한 대부분 인간 본연의 존엄적 가치를 소중히 여기는 휴머니스트이다. 그러기에 그들은 약탈, 압제, 불의, 기만, 폭력, 전쟁을 거부하는 평화주의자이기도 하다. 이들의 종착점은 국가가 저지르는 온갖 악행과 그로 인한 폐해를 비판하고 국가의 철폐를 요청하는 반국가주의이다. 톨스토이가 폭력을 용인하지 않는다면 "아나키즘은 모든 면에서 옳다"고 말한 데는 아나키즘에 담겨 있는 자유, 평등, 정의의 가치에 대한 신념을 높이 샀기 때문이다. 그러나 아나키즘의 정의로운 외침에도 불구하고 현실은 그들의 희망처럼 되지 않았다.

아나키스트들의 정열적인 노력에도 불구하고 국가는 사라지기는커녕 오히려 더욱 비대해지고 더욱 강력

국가의 딜레마

한 힘으로 무장했다. 아나키스트들은 한결같이 국가의 폐기를 요청했지만, 어떻게 하면 폐기할 수 있는지에 대해서는 적절한 해답을 제시하지 못했다. 가령 고드윈은 인간 이성에 호소하며 교육을 통한 진리의 전파와 지식의 점진적인 확대를 통해 국가가 개혁될 것이라고 믿었지만, 그것만으로는 국가의 악은 제거되지 않았다. 한편 스푸너는 국가의 정당성을 신랄하게 공격했지만, 국가 철폐의 방법에 대해서는 현실적으로 가능한 의견을 내놓지 못했다. 톨스토이 역시 군대에 입대하지도 말고 국가의 어떠한 일에도 관여하지 말 것을 역설했지만, 폭력국가에 대항하기 위해 그가 제시한 방안은 하나님의 진리를 실천하며 영적인 삶을 추구하는 종교적 도덕주의에서 맴돌았다. 바쿠닌 또한 광적으로 자유를 옹호하면서 부르주아 국가에 대한 극단적인 혐오를 표출했지만, 무산계급 집합체를 주체로 한 폭력혁명은 실제로 일어나지 않았다.

간단히 말하면, 아나키즘에는 국가를 철폐하기 위한 실질적 방법이 들어 있지 않다. 또한 국가 철폐를 위한 실질적인 방법이 없다면, 국가가 소멸된 이후의 사회에 대한 전망도 불투명해진다. 싫든 좋든, 그동안 국가가 수행했던 사회질서의 유지, 영토의 방어, 공공재의 공급 등은 누가 담당해야 한다는 것인가? 국가를 없애면 평화롭고 목가적인 자연상태의 사회가 자동적으로 도래할 수 있는가? 애초에 사악한 강도 무리가 사회를 국가로 변환시켰다면, 국가 철폐 이후의 '무국가無國家사회'에서 또다시 새로운 강도 무리가 나타나지 않으리라고 어떻게 보장하는가? 아나키즘에는 어디에도 이에 대한 답이 없다. 아나키즘은 '방법의 부재'로 말미암아 인간의 보편 이성과 도덕에 호소하는 데서 멈추었다는 한계를 드러낸다.

덧붙여 아나키즘의 주장 가운데는 한쪽으로 편향된 개인적 신념도 있고 사상적 오류도 심심치 않게 발견된다. 가령 고드윈과 톨스토이가 철저하게 부정한 애국심에 대한 설명도 그 한 예이다. 톨스토이는 애국심을 "국가가 만들어낸 비합리적이고 해로운 감정"으로 규정하고 이 "수치스러운 감정"을 버릴 것을 요구하였는데, 그의 말처럼 이 감정은 버리라고 해서 버려지는 감정이 아니다. 애국심은 종족 보존 본능에서 비롯된 자연의 감정이기 때문이다. 동종의 개체에 이끌리고 동일 종족에 깊은 유대감을 느끼는 감정은 포유류 공통의 집합적 본능이다.

또한 '사악한 국가주의'가 부추기고 세뇌하려는 편협한 자민족중심주의에 대한 비판은 옳지만, 다른 한편으로 애국심의 본원적 요소를 간과한 측면도 있다. 이들의 말처럼 애국심은 "자기 국민만을 사랑하는" 편협함

국가의 딜레마

때문에 '원초적이고 야만적인 민낯'을 드러내기도 하지만, 자기가 속한 공동체에 헌신하고 이웃을 아끼려는 선한 감정 또한 그 주요한 일부이다. 인간사회에서 애국심이란 어떤 의도나 상황에 따라 다른 양태로 발현될 수는 있으나 그 자체를 부정할 수는 없는 본원적 감정이다. 이 밖에도 '군대에 가지 말라'는 톨스토이의 강변이나 '세금을 내지 말고 자기 돈은 호주머니에 움켜쥐어야 한다'는 스푸너의 신념은 같은 맥락에서 여러 차원에서의 반론을 야기할 수 있는 거친 주장이다.

아나키스트들이 국가 철폐라는 이상주의적 목표를 실현할 수 없었던 데는 그만한 이유가 있다. 무엇보다도 그들은 인간에게서 선한 면들을 뽑아냈고, 그 '인간적인 것'에 매료되어 있었다. 그들은 탐욕스러운 소수든 순진무구한 다수든 간에 인간이면 누구나 선과 악이 뒤얽힌 존재라는 사실을 간과했다. 그들은 '악의 무리라는 소수'와 '온순하고 선한 다수'라는 지나치게 단순한 이분법에 의존해서 정치권력을 선악의 척도로 재단했을 뿐 정치적 행위에 내함된 복합성을 고루 살피지 못했다. 그들은 약탈, 정복, 침략, 노예화, 기만 등이 인간 본성 안에 잠재하는 악의 여러 구성요소라는 사실을 받아들이지 않았다. 또한 그들이 굳게 믿었던 평민, 인민, 프롤레타리아, 농민 등이 모두 '선한 천사'만은 아님을 알지 못했다. 그들은 강도 무리로 여긴 소수에게서는 탐욕과 기만을 쉽게 찾아냈지만 피지배에 놓인 다수의 무지와 무능에 대해서는 애써 외면하거나 과소평가했다.

바쿠닌과 같은 폭력혁명 옹호자를 제외한다면, 대부분 아나키스트는 인간 본성에 관한 지나친 낙관주의에 의지해서 의식의 자각, 교육, 계몽, 도덕 등에 호소하는 데 그침으로써 국가의 해악이 제거되기를 바라는 '소박한' 개혁주의에 빠져들고 말았다. 고드윈과 톨스토이에서 보듯이, 국가 철폐라는 과제를 정신혁명의 차원에서 풀어보고자 하는 발상이 그 단적인 예이다.

수백만 년에 걸쳐온 인간종의 역사는 인간이 무리를 지어 사는 사회적 동물이고, 그 가운데 우두머리가 무리를 통솔하는 일관된 패턴을 보여왔다. 이 패턴을 인간종의 사회적 본성이 발현된 결과로 본다면, 국가양식이 변화해온 오랜 시간 속에는 점진적으로나마 진화해온 기록이 새겨져 있다. 악에 대한 분노만으로 국가의 해악은 소멸하지 않는다. 정의로운 외침만으로 국가가 없어질 수는 없기 때문이다. 자유와 평등의 팽창기에 정의로움에 기름을 부은 아나키스트들의 전설이 이어져왔지만, 아나키즘이 미래사회를 설계하는 청사진으로서 더 많은 공명을 불러오지 못한 까닭은 여기에 있다.

지난 시대에 활활 타오르는 불꽃처럼 솟았던 아나키

즘의 광채는 이제 거의 사그라들었다. 개인의 자유 영역이 크게 확대되고 국가의 복잡성이 한층 증대된 상황에서 아나키즘이 설 자리는 점점 줄어들었다. 오늘날 합리적인 교양인 가운데 아나키즘에 빠져들 이는 많지 않을 것이다. 그렇다고 해서 아나키즘의 쇠퇴를 그 종말로 치부할 필요는 없다. 실현 가능한 사회설계 전략의 부재가 곧 사상적 파산을 뜻하지는 않기 때문이다.

여전히 옳은 '자유와 정의의 사상적 보고'를 훼손할 필요도 없다. 근대적 계몽이 만개한 이래 국가악의 크기를 조금이라도 줄여가는 역사적 진보를 믿고 있다면, 그 공의 일부는 아나키즘의 몫일 수 있다. 그러한 의미에서는 아나키즘의 반국가주의는 여전히 유효한 가치의 일부를 담지한다. 아나키즘이 국가 해체 전략으로서의 가치를 상실했다고 하더라도 그 바탕에 흐르는 '정치적 굴종과 예속, 부당한 모든 권위에 대한 투쟁'이라는 이념은 변함없이 소중하기 때문이다.

오늘날 여러 갈래로 분기分岐된 아나키즘은 '반국가anti-state 운동을 넘어선 반정치anti-political 운동'으로 발전되고 있다. "문명의 질곡으로부터 벗어날 수 있는 유일한 방법은 권력관계에 대한 아나키스트적인 분석방식을 통해 원시사회의 본성을 새롭게 통찰하는 것"이라는 주장에 동의하는 이들도 여전히 많다.[50] 이들에 의해 과거 '특정 사상가의 이념을 따르는 죽은 사상이나 박제된 이념'이 아니라 '살아서 움직이는 삶의 활동이자 운동'으로 번져가고 있다. 아나키스트 운동은 국제평화와 지구 생태주의, 인권 등 여러 분야에 걸쳐 '단수'의 운동이 아니라 '복수'의 운동으로 범위를 넓혀서 '운동들의 운동'으로서 하나의 저항적 생활양식이 되고 있다. 국가의 악이 존재하는 한, 시민 불복종, 비폭력 운동, 국가폭력에 대한 합법적인 물리적 저항, 그리고 혁명권까지도 모두 우리의 소중한 자연적 권리이다. 국가주의가 존재하는 한, 반국가주의도 사라지지 않을 것이다. 그러기에 아나키즘은 명백한 한계에도 불구하고 여전히 반국가주의의 원천으로서 그 몫을 담당하고 있는, 현재진행형의 사상적 경향이다.

1 Kropotkin, Peter(1896), *Anarchism*,『아나키즘』, 백용식 옮김, 충북대학교 출판부, 2009, 53쪽.

2 Préposiet, Jean(1993), *Histoire De L'anarchisme?*,『아나키즘의 역사』, 이소희·이지선·김지은 옮김, 이룸, 2003, 19~21쪽.

3 Proudhon, Pierre Joseph(1840), *Qu'est-ce que la propriété?*,『소유란 무엇인가』, 이용재 옮김, 아카넷, 2003, 82쪽.

4 Godwin, William(1796), *An Enquiry Concerning Political Justice: and Its Influence on General Virtue and Happiness*, ChristieBooks, 2015.

5 Godwin, William(1986), *The Anarchist Writings of William Godwin*,『최초의 아나키스트』, 강미경 옮김, 지식의 숲, 2006, 93~95쪽.

6 윗 책, 192쪽.

7 윗 책, 199쪽.

8 최근 일각에서 그의 업적에 대한 재평가가 이루어지고 있다, 스푸너에 대한 최초의 연구서는 2010년에 출간되었다. Shone, Steve J.(2010), *Lysander Spooner: American Anarchist*, Lanham, Lexington Books.

9 Spooner, Lysander(1882), *Lysander Spooner Reader*,『국가는 강도다: 나의 것과 너의 것에 관한 정의의 과학』, 이상률 옮김, 이책, 2015, 12쪽.

10 윗 책, 28쪽.

11 윗 책, 183쪽. 스푸너는 다음과 같이 부가 설명한다. "헌법은 아무도 서명하지 않았기 때문에, 소위 미국 정부를 유지하는 공식적이고 서면화된 또는 믿을 만한 계약이 어떤 당사자들 사이에도 없기 때문에, 21세 이상의 성인 남자들에게만 정부에의 투표권이 허용된다는 것이 잘 알려져 있기 때문에, 또한 이 성인 남자들 다수는 거의 또는 전혀 투표하지 않는다는 것도 잘 알려져 있기 때문에, 그리고 투표하는 자들은 모두 비밀리에(비밀투표로) 또한 세상 사람들에게든 서로에게든 그들의 개별적인 투표가 알려지지 않게 하는 방식으로 투표하기 때문에, 결국 투표하는 사람들은 누구도 그들의 대리인이나 대표자의 행위에 대해 공개적으로 책임지지 않는 방식으로 투표하기 때문에……."

12 윗 책, 152쪽.

13 윗 책, 136~138쪽.

14 윗 책, 197쪽.

15 윗 책, 214쪽.

16 Préposiet, Jean(1993), 270쪽.

17 Tolstoy, Leff(1890), 『국가는 폭력이다: 평화와 비폭력에 관한 성찰』, 조윤정 옮김, 달팽이, 2008, 83쪽.

18 윗 책, 21~24쪽.

19 윗 책, 70쪽.

20 Tolstoy, Leff(1894), *The Kingdom of God Is Within You*, 『신의 나라는 네 안에 있다』, 박홍규 옮김, 도서출판 들녘, 2016, 266~269쪽.

21 윗 책, 302~304쪽.

22 Préposiet, Jean.(1993), 278쪽.

23 Carr, E. H.(1975), *Michael Bakunin*, 『반역아 미하일 바쿠닌』, 박순식 옮김, 종로서적, 1989, 326쪽.

24 Morris, Brian(1993), *Bakunin: The Philosophy of Freedom, Black Rose Books*, p.14에서 재인용

25 Carr, E. H.(1975), 322쪽.

26 Bakunin, Mikhail(1871), "What is Authority?", https://www.marxists.org/reference/archive/bakunin/works/various/authrty.htm.

27 Bakunin, Mikhail(1873), "Statism and Anarchy", https://theanarchistlibrary.org/library/michail-bakunin-statism-and-anarchy.

28 Engels, Friedrich(1884), *Der Ursprung der Familie, des Privateigenthums und des Staats*, 『가족의 기원: 루이스 H. 모오간 이론을 바탕으로』, 김대웅 옮

김, 아침, 1985, 193쪽.

29 Marx, Karl & Engels, Friedrich(1848), "Manifest der Kommunistischen Partei", 「공산당 선언」, 『칼 맑스 프리드리히 엥겔스 저작 선집』, 1권, 김세균 감수, 박종철출판사, 1997, 402쪽.

30 Marx, Karl & Engels, Friedrich(1875), 「고타 강령 비판」, 『칼 맑스 프리드리히 엥겔스 저작 선집』, 4권, 1995, 385쪽.

31 Bakunin, Mikhail(1871), *God and the State*, Trans. by Benjamin Ricketson Tucker, 2017, p.6.

32 Lenin, V. I.(1917), *The State and Revolution*, Foreign Language Press, 1965, p.8.

33 Luxemburg, Rosa(1922), *The Russian Revolution and Leninism or Marxism?*, Ann Arbor, University of Michigan Press, 1961, p.15.

34 Carnoy, Martin(1984), *The State and Political Theory*, 『국가와 정치이론』, 이재덕 · 김태일 · 한기범 옮김, 한울, 1985, 77쪽.

35 Carr, E. H.(1975), 323쪽.

36 Kirk, Andrew(2004), *Civil Disobedience*, 『세계를 뒤흔든 시민 불복종』, 유강은 옮김, 그린비, 2005, 86쪽.

37 Thoreau, Henry David(1849), *On the Duty of Civil Disobedience*, 『시민의 불복종』, 강승영 옮김, 은행나무, 2016, 6쪽.

38 윗 책, 23쪽.

39 Paley, William(1785), *The Principles of Moral and Political Philosophy*, Liberty Fund Inc., 2002, p.16.

40 Raz, Joseph(1991), "Civil Disobedience", Hugo Adam Bedau(ed.), *Civil Disobedience in focus*, London, Routledge, pp.159~169.

41 오현철(2001), 『시민불복종: 저항과 자유의 길』, 책세상, 29쪽.

42 Fromm, Erich(1981), *On Disobedience and Other Essays*, 『불복종에 관하여』,

문국주 옮김, 범우사, 1996, 20~21쪽.

43 Thoreau, Henry David(1849), 17~18쪽.

44 Goldman, Emma(1917), *Anarchism and Other Essays,* Didactic Press, 2013, p.62.

45 Paine, Thomas(1792), *Rights of Man*, 『상식, 인권』, 박홍규 옮김, 필맥, 2004, 244쪽.

46 윗 책, 21쪽.

47 Kropotkin, Peter(1896), 74~75쪽.

48 Proudhon, Pierre Joseph (1840), 52쪽.

49 윗 책, 127쪽.

50 안상현(2014), 「아나키즘 르네상스」, 『아나키즘』, 백용식 옮김, 충북대학교 출판부, 2009, 293~296쪽.

66

"왜 사람들은 국가가 무엇인지에 대해
의심하지 않는가? 엄밀히 말해서
국가나 정부가 정당성을 가지려면 피통치자,
즉 국민의 허락과 동의를 받아야 한다.
정부는 개인이 동의한 부분 이외에
개인의 신체나 재산을 침해할
어떠한 권리도 가질 수 없다."

99

5장

민주주의는 희망의 언어인가?

민주주의의 강력한 옹호자 로버트 달은 국가주의도 무정부주의도 바람직한 국가상이 될 수 없다고 주장한다. 20세기의 경험에서 보듯, 국가주의의 대규모 실험은 실패로 끝났다. 파시즘, 나치즘, 스탈린주의, 마오쩌둥주의, 천황주의, 그리고 그 가운데 어느 하나를 어설프게 본뜬 제3세계의 권위주의는 모두 절대권력자에 의해 사악하게 변질된 극단적 국가주의의 여러 양태에 불과했다. 탁월한 지도자의 영도란 다름 아닌 사악한 독재의 수렁이었다.

국가주의의 이념이 처음부터 암울했던 것은 아니다. 그 '이념형'은 최상의 국가를 설계하려는 이상주의적 모형이었다. 달이 '수호자주의'라고 명명한 최고의 모형은 플라톤에게서 온 것이다.[1] 플라톤의 철인왕 국가에서 각 계급은 맡은 바 역할을 다함으로써 탁월함과 용기와 근면의 덕을 발휘하며 국가의 정의, 즉 공공선을 실현할 수 있다. 이 모형은 두 가지의 전제 조건을 충족할 때 성립하는데, 첫째는 국가의 통치자가 공공선을 달성하기 위한 최선의 방법에 대한 지식이 있어야 하고, 둘째로 이 지식을 오직 그 통치자만이 독점적으로 소유해야 한다.

플라톤은 국가의 통치자를 '철인왕'으로 형상화하며 꿈의 나라를 그렸지만 나중에는 스스로 그 이상을 접었다. 철인왕은 존재한 적도 없었고 존재할 수도 없음을 알았기 때문이다. 현실정치의 근본적인 제약을 몸소 경험한 플라톤은 후기에 들어 철인왕 개념을 거둬들이고 그 대신 '집단이성'에 의한 혼합정체로 방향을 돌린다. 인간은 누구나 제 한 몸 간수하는 데도 버거운 존재이다. 개인이 아무리 탁월한 능력을 갖추었다고 하더라도 전체 인민의 삶을 잘 보살필 수 있다는 발상 자체가 망상이다.

망상에 사로잡힌 권력자들은 처음에는 영웅의 형상으로 등장한다. 그리고 한결같이 인민의 행복과 민족의 번영을 외치면서 자신이야말로 국가 수호의 최적임자임을 강변한다. 이들에게 '수호자주의'는 권력 장악과 보존을 위한 주된 이데올로기가 된다. 그러나 절대권력의 속성상 독재자는 권력에 취해 크나큰 과오를 저지를 수밖에 없다. 그럼에도 불구하고 조국과 인민 운운하며 국가의 유일한 영도자임을 자처하는 자가 있다면, 그는 사기꾼이거나 약탈자이다. 일인통치의 국가주의는 이미 오래전 사망선고가 내려졌다.

국가의 딜레마

국가주의의 망령에 격렬하게 저항했던 무정부주의도 현실에서는 대안의 정치이념이 되지 못했다. 국가에 처음부터 스며든 악은 소멸될 수 없겠지만, '지배자 없음 ruler-less'의 상태가 폭압과 약탈이 없는 자연적 평온을 가져온다는 믿음은 검증 불가능한 주장이다. 오히려 '무국가사회'에서 온갖 폭력이 걷잡을 수 없이 횡행함은 물론 그 방지책도 거의 없다는 사실은 역사적 경험으로 증명된다. 또한 국가가 저지른 온갖 종류의 악과 모순에도 불구하고 현존의 국가가 자체적으로 사멸해갈 만큼 결정적인 와해의 계기도 없었고, 국가 철폐에 관한 일반의 지적 합의도 없었다. 오히려 근간 두 세기에 걸쳐 크고 작은 국가들은 우후죽순 격으로 불어났다.

현실세계는 무정부상태의 자율적 공간을 제공하기에는 인구 밀도가 너무 높고, 국가 간 상호 의존으로 복잡하게 얽혀 있다. 강압적 통치도 외적 통제도 없는 '무지배anarchos'의 자율적인 공동체는 아주 작은 규모의 마을에서는 가능할지 몰라도 일정한 규모의 국가 단위에서는 현실적으로 성립되기 어렵다. 또한 국가를 철폐한다고 해서 불의와 폭력, 간섭과 약탈이 사라질 것이라는 어떠한 보장도 없다. 또한 국가가 철폐된 상황을 가정하더라도 일부의 무리가 또다시 국가를 창건할 충분한 자원을 확보하고 강압적인 위계질서를 만들 가능성이 크다. 그렇다면 무정부주의는 현실에 유용한 정치철학이 되기보다는 빛바랜 도덕적 교의에 그칠 수밖에 없다. 이 같은 여러 이유에서 달은 '국가 없는 사회'를 막연히 동경하기보다는 어떻게든 민주주의 이념을 현실 속에서 구현하는 방법을 찾는 편이 최선이라고 주장한다.

민주주의에 대한 철학적 정당화

　오늘날 민주주의를 표방하는 나라가 늘어나는 추세이기는 하지만, 그 수는 많지 않다. 지구촌 정치는 아직 민주주의를 보편화하는 과업을 달성하지 못했다. 2,000여 년이 넘는 오랜 기간에 "민주주의가 논의되고, 주장되고, 공격받고, 무시되고, 도입되고, 실행되고, 파괴되고, 그리고 때로 재도입되었으나 민주주의에 관한 가장 기본적인 의문들에 대한 합의는 아직도 이루어지지 않았다."[2] 최소한의 민주주의의 기준을 충족시키기까지도 실로 오랜 시간이 필요했고, 지구적 차원의 총체적 불평등은 여전히 민주주의의 실현을 가로막는 커다란 장벽이 되고 있다. 또한 민주주의에 대한 사상과 믿음이 널리 공유되지 못하거나 심지어 제대로 이해되지 못하는 경우도 허다하다.

　그럼에도 불구하고 로버트 달이 어떤 가능한 대안보다도 민주주의를 가장 바람직한 정치체제로 옹호하는 이유는 민주주의가 제대로 실행될 경우 많은 이점을 제공하기 때문이다. 그는 '왜 민주주의인가'라는 질문에 답하며, 전제정치의 방지, 일련의 기본권 보장, 개인적 자유 영역의 확장 및 도덕적 자율성 제고, 자기 결정의 자유 보호 및 자기 계발 촉진, 상대적으로 높은 정치적 평등 실현, 국가 간 전쟁 예방 및 세계 평화 추구, 국가 단위의 번영 촉진 등을 민주주의가 제공하는 뚜렷한 이점이라고 말한다.[3]

그는 민주주의라는 정치적 선택을 정당화하기 위해 두 가지의 논리적 전략을 사용하는데, 하나는 최악의 경우를 배제하거나 극소화하자는 것이다. '최악의 극소화 maximin' 전략에 따르면, 20세기의 경험은 온갖 종류의 전체주의 국가 유형을 배제하게 만든다. 플라톤이 제시한 이상형의 수호자주의도 이를 악용·변질시킨 독재형의 권위주의도 명백히 거부되어야 한다. 두 번째 논리적 전략은 최선을 극대화할 수 있는 가능성을 찾는 길이다. 그는 '최선의 극대화maximax' 전략을 올곧게 밀고 나간다면, 민주주의는 다양한 가능성을 열어놓은 최상의 국가 형태로까지 발전할 수 있다고 믿고 있다. 물론 '민주주의에 대한 철학적 정당화'가 곧 '인간의 모든 문제에 대한 만병통치약'임을 뜻하지는 않는다. 다만 기존의 여러 정치이념 가운데서 민주주의가 가장 설득력 있는 정당성의 원리, 즉 '인민의 동의'라는 정치질서의 기초를 제시

국가의 딜레마

한다는 점에서 현재로서는 최선의 전략일 수밖에 없다는 생각이다.

민주주의에 대한 열망을 일관되게 견지하려는 달의 신념을 이해 못할 바는 아니지만, 과연 그가 택한 논리적 전략이 현실에서 통용될 수 있는지는 의문이다. 그도 인정하듯이, 민주주의는 이상과 현실 간에 크나큰 간극이 있다는 맹점을 지속해서 노출했고 그 간극은 쉽사리 메꾸어지지 않았다. 그러기에 현대 민주주의 국가에서 민주주의의 이념적 원리인 '인민의 동의에 입각한 지배'가 온전히 실현되고 있다고 생각하는 이들은 많지 않다. 또한 민주주의라는 정치양식이 국가적 권위의 정당성을 자동적으로 담보하는 장치가 아니라는 견해를 부정하기도 어렵다. 여기저기서 솟구치는 민주주의에 대한 의구심과 분노는 달의 희망 섞인 전망을 무색하게 만든다.

민주주의는 동네북인가?

'민주주의demokratia'는 말 그대로라면 '인민demo의 지배kratos'이다. 근대 정치이론은 민주주의를 모든 권력은 인민으로부터 나오고 주권은 인민에게 있다는 정치이념으로 정식화했다. 다시 풀면, 민주주의 정체는 '인민이 지배하는 통치 형태'로서 '인민 사이에 균등한 정치적 평등이 실현되는 정치 공동체'이다. 링컨은 "인민에 의한, 인민을 위한, 인민의 정부"라는 서사로 민주정체의 본질을 요약했다.

그렇다면 민주주의는 '인민의 지배'라는 단순한 정의로 완결되는가? 그렇지가 않다. '인민의 지배'라는 의미를 놓고 꼬리에 꼬리를 무는 질문이 뒤따른다.[4] '인민의 지배'에서 인민은 누구인가? 누구나 인민인가, 아니면 어떠한 자격을 갖추어야 인민인가, 그것도 아니라면 인민의 대표만이 인민인가? 지배는 무엇을 의미하는가? 지배는 공적 권력의 소유 또는 행사를 의미하는가, 아니면 권력에의 참여를 뜻하는가? 인민이 인민을 지배한다면, 지배와 피지배의 구별은 가능한가? 이 같은 물음은 민주주의를 정의하는 데서 많은 난점이 있음을 시사한다.

이로 인해 민주주의에 대한 단일한 정의는 존재하지 않는다. 심지어 상반된 시각에서 전혀 다른 의미 부여도 허다하다. 가령 '시민이 직접 참여하여 정치적 평등이 실현된 소도시 국가의 공동체'를 민주주의의 이상형으로 여긴 루소의 견해와 민주주의를 단지 정치에 뛰어든 자들이 유권자의 표를 얻기 위한 '경쟁을 통해 권력을 획득하는 제도적 장치'라고 정의한 슘페터의 시각은 전혀 다른 두 개의 민주주의를 지칭한다. 한편에서는 민주주의가 공공선의 실현을 목표로 사회적 불평등을 줄이고 정치적 자유를 고양하는 가장 효과적인 정치양식이라고 믿고 있지만, 다른 한편에서는 국민에게 투표 참여라는 극히 제한적인 권력의 감각만을 줄 뿐 실제의 정책 결정 과정에서는 별다른 권리를 행사할 수 없는 허망한 체제라는 불평을 쏟아낸다.

민주주의는 하나가 아닌 천의 얼굴을 가졌다. 민주주의라는 용어와 관련된 여러 구성요소, 예컨대 인민, 주권, 정치적 평등, 보통선거권, 다수결, 대의제, 권력의 분산 및 균형 문제 가운데 무엇에 중점을 두느냐에 따라 민주주의의 얼굴은 팔색조처럼 변한다. 또한 민주주의 앞에 어떤 수사가 붙느냐에 따라 그 내용이 달라진다. 가령 자유, 사회, 인민, 직접, 간접, 대의, 풀뿌리, 진짜, 가짜, 강한, 약한, 대중, 천민 등 수십 가지의 수사가 제각기 따라붙게 되면 어느새 무엇이 민주주의인지 그 본질을 잊게 하는 사태가 빚어지기도 한다. 예컨대 허울만 그럴싸하게 포장하여 자칭 민주국가라고 우겨대는 나라도 수없이 많고, 심지어 악랄한 독재체제임에도 겉옷으로는 안성맞춤인 이데올로기적 외피로 활용하는 국가도 적지 않다. 이래도 민주주의이고 저래도 민주주의라면 민주주의는 그저 동네북 같은 용어인가?

이처럼 민주주의의 본래적 가치가 훼손되고 악용되는 데는 이 용어가 너무나 모호하고 그 사용 범위가 지나치게 넓다는 점, 나아가 용어의 진정한 의미를 현실적으로 구현하는 데 많은 장애와 왜곡이 따른다는 사실에 그 원인이 있다. 그러나 보다 근본적으로 파고들어가면 민주주의 정체는 태생할 때부터 불완전했고, 그 이념을 제대로 실행한 적이 단 한 번도 없었다는 사실을 마주하게 된다. 민주주의는 각양각색으로 변질될 가능성을 그 용어 자체에 내포하고 있고, 그러기에 항상 논란의 대상이 될 수밖에 없다. 민주주의의 발원지로 알려진 아테네로 거슬러 올라가 그 불완전성을 들추어보면, 민주주의를 올곧게 실현하기란 거의 불가능함을 알게 된다.

국가의 딜레마

아테네 민주주의의 한계

아테네는 인류역사상 최초로 민주주의가 꽃핀 성지로 알려져 있다. 아테네에서 처음으로 출현한 민주정체는 '소수에 의한 지배'에서 '다수에 의한 지배'로의 변환이었다. 아테네 시민이 주체가 되어 민회가 만들어졌고, 민회는 도시국가의 모든 중대한 결정을 내렸다. 또한 500명으로 구성된 평의회Boule는 민회의 의제를 입안하는 임무는 물론이고 평일마다 모여 다른 공적 조직체들과의 조율을 거쳐 폴리스의 대외관계를 적절하게 처리했다. 또한 6,000명의 시민으로 구성된 배심원단에서 선발된 자들이 배심원을 맡는 인민법정은 국가적 정의를 실현하는 공적 기관의 임무를 수행했다. 이렇듯 아테네 민주주의는 국가적 의사결정의 권한과 책임이 시민 전체 집단에 고르게 퍼진 상당한 수준의 직접성을 확보했던 것으로 보인다. 기원전 431년 페리클레스가 행한 전몰자 추도 연설은 아테네 민주주의의 요체를 압축한다.

우리의 정치체제는 이웃나라의 관행과 전혀 다릅니다. 남의 것을 본뜬 것이 아니고, 오히려 남들이 우리의 체제를 본뜹니다. 몇몇 사람이 통치의 책임을 맡는 게 아니라 모두 골고루 나누어 맡으므로, 이를 데모크라티아라고 부릅니다. 개인끼리 다툼이 있으면 모두에게 평등한 법으로 해결하며, 출신을 따지지 않고 오직 능력에 따라 공직자를 선출합니다. 이 나라에 뭔가 기여를 할 수 있는 사람이라면, 아무리 가난하다고 해서 인생을 헛되이 살고 끝나는 일이 없습니다. …… 실로 우리는 전 헬라스의 모범입니다.[5]

페리클레스의 연설에 따르면, 권력은 소수가 아닌 다수 시민의 손에 있고, 만인은 법 앞에서 평등하며, 공직자의 자격은 계급적 출신성분이 아닌 오직 직무수행능력에 달려 있으며, 정책에 관한 결정은 공적 토론을 통해 이루어진다. 페리클레스가 제안한 민주주의의 주요한 원칙에는 합리적 이성에 의한 판단, 평등주의적 정치세계, 인도주의적 원칙, 공평무사한 실행규칙, 토론과 합의의 중요성, 그리고 다수에 의한 결정 규칙 등이 포함된다. 이 공통의 규범에 따르면 시민은 교양과 덕성을 갖추고 공동체에 보편적으로 헌신하며, 도시국가의 공적 업무를 자율적으로 처리한다. 요컨대 사적 생활을 공동선에 종속시키는 행위는 이 규범의 모범이 된다. 원리적으로만 보면 아테네 민주주의는 민주주의의 원형으로

국가의 딜레마

서 손색이 없어 보인다. 그러나 그 속을 들여다보면 아테네 민주주의의 불완전성과 한계가 여실히 드러난다.

아테네 민주주의는 무엇보다 정치 주체인 시민의 자격을 엄격히 제한하고 있었다. 아테네 도시국가는 자율적 통치의 과정에 적극적으로 참여하는 시민의 활동을 찬양했다. 아테네의 시민권 개념은 국가 업무를 직접 맡는 권리이고, 시민은 입법 및 사법 기능에 참여하는 최고의 권위, 즉 주권을 갖는다. 여기에서 통치자는 곧 피치자와 동일시된다. 그러나 실제에서 시민권은 극히 소수에게 한정되어, 20세 이상의 아테네 남성만이 시민으로 활동할 자격이 있었다. 아테네 도시국가는 시민을 아테네 혈통을 이어받은 성인 남자 자유민으로만 제한했다. 이 때문에 여성, 노예, 이방인 등 다수의 인민은 시민권을 갖지 못한 '민주주의의 열외자'였다. 기원전 5세기 전후 아테네 전체 인구에서 시민의 비율은 고작 10퍼센트 남짓에 불과했다. 아테네는 노예제사회였고, 그 한계 내에서 민주주의는 열 명 중 한 명만이 시민 노릇을 하는 '가부장적 민주주의'에 가까웠다.

오늘날의 기준으로 보면, 아테네인들은 실질적 의미의 자유와 평등 혹은 보편적인 정치적 권리나 인권 개념을 깨닫지 못했다. 이 때문에 헬드는 '도대체 아테네를 민주주의라고 부르는 것이 정당한가'라는 의문을 제기하면서, 고대 아테네의 정치가 매우 비민주적인 토대 위에 기초해 있었음을 지적한다. 더군다나 "대외관계에서는 도시국가들 사이에 일정한 규범이나 법이 아니라 폭력이 곧 '사물의 자연적 질서'가 되는 홉스적 자연상태에 머물러 있었다."[6] 이로 인해 아테네 민주주의는 본질적으로 도시 단위의 소규모 체계에 제한된 폐쇄적 질서로만 존재하는 한계를 안고 있었다. 이러한 사실들을 고려할 때, 아테네에서 민주주의적 정치양식은 인민 모두를 포괄하는 방식이 아니라 다수를 배제하는 방식으로만 실행되고 있었다. 그러므로 아테네의 '인민의 지배'에서 '인민'은 근대의 '인민주권'에서의 '인민'과는 의미가 다른 별개의 개념이다.

플라톤의 민주주의 비판

아테네 민주주의의 역사적 의의는 형식상으로나마 소수자 지배에서 다수자 지배로의 변환이라는 데 있다. 과거 참주에 의한 폭정이나 극소수에게 권력이 집중된 과두제에 비한다면, 아테네는 시민권의 제한이 있었다고 하더라도 이미 딴 세상이 열린 셈이다. 그러나 민주주의가 고정된 실체가 아닌 이상 현실에서는 언제든 변용될 수 있다. 자체 내에 근본적인 결함이 있기 때문이다. 이 점을 일찍이 알아차린 이는 플라톤이다. 플라톤은 민주주의를 명백히 반대했다. 그가 보기에 민주주의는 본질적으로 멍청한 다수가 날뛰는 우중정치에 불과했다. 그는 여러 비유를 들어가며 민주주의의 중대한 결함을 지적한다.

플라톤의 민주주의 비판은 공동체적 정의를 어떻게 실현해야 하는지의 문제와 깊은 관련이 있다. 플라톤의 이상국가는 공공선을 구현할 수 있는 '철인哲人'(초기)이나 '집단지성'(후기)에 의해 통치되는 국가이다. 국가의 목적은 공동체 내에서 올바름 또는 정의를 실현하는 데 있다. 국가적 정의는 통치자의 지휘하에 각 계층이 자기가 맡은 임무를 제대로 수행할 때 실현될 수 있다. 예컨대 생산자계급은 생산하는 데 전념하고 수호자계급은 국가 및 그 성원을 물리적으로 보호하는 데 빈틈이 없어야 한다. 따라서 지혜, 용기, 절제는 국가적 정의를 세우는 주요한 덕목이다. 그러나 민주정체가 되면, 국가적 정의를 실현하기 위한 계층적 질서가 무너지게 된다. 다수자 여론의 우위와 평등주의라는 명분 아래 생산자계급은 자신들이 수행해야 할 고유한 역할과 무관하게 통치 행위에 참견하고 간섭한다. 민주정에서의 의사결정은 탁월한 지혜와 냉철한 이성이 아닌 대중의 천박한 '속견doxa'에 의해 좌지우지되는 까닭에 국가 정의의 질서는 바로 세워질 수 없다.

플라톤은 여러 비유를 들어 민주주의가 어떠한 폐해를 낳는지에 대해 설명한다. 가령 『법률』에서 시가詩歌 경연의 비유는 다중多衆의 속견이 지배하는 우중정치의 양태를 묘사한다.[7] 일반 대중은 자유가 무제약적으로 주어질 때 방종하게 된다. 그들은 공연 도중에 휘파람을 불고 교양 없이 고함을 지르고 손뼉을 친다. 시가의 우열을 가르는 옳고 그름의 기준은 쓸모없게 되고, 대중은 어떠한 기준도 없이 공연의 우열을 결정할 수 있다고 만

국가의 딜레마

용을 부린다. 이렇게 되면 시가 경연에서 최선을 선택할 가능성은 사라지고, 그 결정권은 고약하게도 무지스러운 관객들의 수중에 놓이게 된다. 이러한 나라는 법의 정당성, 즉 '옳음'을 확보할 수 없음은 물론 사회적 정의를 구현할 수 있는 공동체도 아니다.

또 다른 비유는 『국가』 6권에 나오는 '배의 비유'이다. 플라톤은 이 비유를 통해 민주주의를 빙자하면서 발생하는 심각한 폐해를 풍자한다.[8] 배의 주인은 선주이다. 그러나 선주는 덩치만 클 뿐이지 귀가 먹고 눈도 근시인 데다 항해에 관해 아는 게 별로 없다. 선원들은 키의 조종 권한을 놓고 다툰다. 일부는 다른 선원을 죽이거나 배 밖으로 내던진다. 그리고는 선주에게 최면제를 먹이거나 술에 취하게 하여 옴짝달싹 못하게 만든다. 배는 조타操舵 능력과 무관하게, 선주를 설득해서든 강제해서든 키를 장악하는 자들에 의해 지배된다. 이러한 혼돈 상황에서는 배가 어디로 향해 갈지 알 수가 없게 된다. 비유에서 선주는 민주정체의 주인인 민중Demos을, 키의 조종을 놓고 서로 다투는 선원들은 선동적이고 모략에 능한 정치꾼들을, 다른 선원을 죽이거나 배 밖으로 내던지는 악행은 정적의 처형이나 국외 추방을, 그리고 키의 조종은 국가 경영과 통치에 상응한다.

결과적으로 민주정체에서는 우중의 천박한 욕구와

무절제한 행동으로 인해 공론장이 난장판이 되고 만다. 가치의 전도현상이 일어나고 공동체 내의 올바른 권위는 사라진다. 이는 가야 할 방향을 잃은 배의 상황과 흡사하다. 플라톤의 민주주의 정체에 대한 비판은 철학자와 대중의 인식방법을 철저하게 구별하는 데 준거한다. 그가 열거한 민주주의로 인한 폐해들, 즉 다수의 비속한 여론에 의존한 우중정치의 만연, 정치꾼들의 선동과 협잡, 거짓 정보의 유포와 우중의 부화뇌동, 무질서와 무교양의 저급한 정치문화, 공동체적 정의의 훼손 등은 오늘날의 대중민주주의에서 흔히 볼 수 있는 부작용과 다를 바 없다.

요컨대 플라톤이 직접 보고 경험한 아테네 민주정체는 진리의 기준도 없고 무질서하고 허점투성이의 삼류 국가이다. 민주정체에서는 오만무례함이 교양으로 둔갑하고, 무질서 상태가 마치 자유인 듯 미화되고(561a), 사적 욕망에 휘둘려 살아가는 대중의 삶은 공동체에 꼭 필요한 올바른 권위를 잠식한다(561d, 562e-563b). 이런 곳에서는 이성에 의한 지배가 실현될 수 없고 국가의 정의도 바로 세울 수 없다. 민주주의는 대중에게 조건 없는 평등을 무차별적으로 허용하고 시민권과 관직을 추첨으로 배정하는 등 "모든 사람에게 봇물을 터주는" 혼탁한 양상을 드러낸다. 무질서, 무례, 무절제가 넘쳐나는 상황에 빠져들게 되면 급기야 폭군을 불러오는 최악의 사태

국가의 딜레마

를 맞게 된다. 플라톤이 보기에, 민주정체란 금권정치 Plutocracy로 인해 극소수의 전횡이 극에 달해서 다수가 도저히 견딜 수 없을 때 등장하는 타락일로의 정체, 최악의 정체 직전의 예고편에 지나지 않았다.

플라톤의 반민주주의적 유산은 이후 서구의 많은 사상가에게 전승되었다. 아리스토텔레스는 민주주의를 부자의 귀족정에 대비되는 '빈자의 정체'로 평가절하했다. 니체는 보통선거를 '무리본능herd instinct'의 정치적 표현으로 보고 약자들의 난무를 경멸했다. 토크빌은 미국 민주주의에서 자유를 향한 진보를 읽으면서도 과도한 평등이 몰고 올 '다수의 횡포에 의한 전제'를 우려했다. 르봉은 대중의 허풍으로 요란스럽기는 하지만 소수 권력집단이 수많은 법률과 조례에 의한 통제를 가함으로써 민주주의는 결국 관료주의적 지배로 변질될 것이라고 예견했다. 민주주의가 태생적으로 근본적인 결함을 가진 정체라거나 우중정치의 폐단을 드러내는 별 가망 없는 이념에 불과하다는 인식은 서구 정치사상사의 한쪽편에 쓰인 기록이다.

루소가 제시한 민주주의의 원리

아테네의 파고가 일고 난 후 서구 민주주의는 1,000년 이상 동안 잠들어 있었다. 암흑기가 끝날 무렵 몽테스키외가 삼권이 분리된 정체를 제안하고 로크가 근대적 자유의 깃발을 높이 들기는 했지만, 민주주의의 근대적 모형을 만들어내는 데까지는 좀 더 시간이 필요했다. 아테네의 원형을 되살린 민주주의의 뚜렷한 형체는 루소에 와서야 제모습을 드러냈다. 이 제네바의 사색가는 파격적인 수사로 명쾌한 주장을 펼쳤는데, 그 핵심적인 줄기는 인류사회에서 오랫동안 이어져온 불평등의 전사前史로부터 어떻게 평등의 미래로 나아갈 수 있는지에 대한 답을 찾아보려는 문제의식 속에서 만들어졌다. 루소는 『인간불평등기원론』에서 강자의 약탈로부터 사회적 불평등이 시작되었음을 논한 후 『사회계약론』에서 불평등 상태에서 평등상태로 전환하기 위한 방안을 모색한다. 『사회계약론』 제1부 1장 첫머리에 그 발상의 일단이 드러나 있다.

인간은 태어날 때는 자유로웠는데, 어디서나 노예가 되어 있다. 자신을 다른 사람들의 주인으로 생각하는 자들은 기실 그들보다 훨씬 더 노예가 되어 있다. 어떻게 이런 변화가 일어났는가? 나도 잘 모르겠다. 다만 무엇이 이 변화를 정당화할 수 있는가에 대해서는 답변할 수 있다고 생각한다.[9]

그가 말한 답변이란 모든 불평등을 제거하고 자유를 보장해주는 사회계약이다. 사회계약은 인간 개인 각자가 전체와 결합되어 있지만 자기 자신에게만 복종하게 하면서 이전과 다름없이 자유롭게 남아 있게 하는 결합 형태, 그리하여 공동의 힘으로 각 구성원의 생명과 재산을 지키고 보호해주는 결합 형태를 만들기 위함이다. 사회계약은 모두가 동의할 수 있는 정당한 권위의 유일한 기초이자 모든 정치사회의 근거가 된다. 루소는 "사회계약으로 인간이 잃는 것은 모든 것에 대한 무제한적인 권리이지만, 얻는 것은 시민적 자유와 자신의 모든 것에 대한 소유권"이라고 말함으로써 그 목적이 만인의 자유와 평등에 대한 보장에 있음을 명확히 한다.[10] 즉 사회계약을 통하여 모든 개인이 자유의 주체가 됨으로써 모두가 정치적·법적으로 평등해질 수 있다고 그는 믿는다.

루소는 사회계약을 통한 자유와 평등의 상태를 전제한 후 그 기초 위에서 인민주권과 법의 지배를 민주주의의 양대 원리로 제시한다. 인민주권 개념은 말 그대로 국가의 주권이 전적으로 인민에게 있다는 관념이다. 주권이란 "국가의 의사를 최종적으로 결정하는 최고의 권력"이다. 정치적으로 평등한 모든 인민은 주권을 가짐으로써 국가 공동체의 참된 주인이 된다. 그러나 그 권리는 인민 개인의 사적 권리가 아니라 시민으로서의 공적 권리를 말한다.

　루소는 '일반의지'와 '전체의지'의 개념 구분을 통해 주권의 공적 성격을 밝힌다. "일반의지는 오로지 공통의 이익에 관련된 데 반해, 전체의지는 개인적 이익과 관련되며 따라서 개별적 의지의 총합일 뿐이다."[11] 즉 일반의지는 공공선에 대한 판단인 반면, 전체의지는 개인적 선호와 열망의 단순한 집합에 불과하다. 그는 일반의지와 전체의지의 의미 차이를 명확히 하기 위해 시민citizen을 사적 인격으로서의 신민subject과 공적 인격으로서 주권자sovereign인 시민으로 구분한다. 개별의지에 따라 행동하는 신민과 일반의지에 따라 행동하는 주권자로서의 시민은 정치적 권리와 의무에 있어서 구별되는 존재이다. 그러므로 주권은 특정한 개인의 권리가 아닌 인민 모두의 권리로서 "일반의지에 의해 관리되는 힘"이 된다.

인민주권 원리에 연이은 두 번째 원리는 법에 의한 지배이다. 정치 공동체에 속한 모든 인민은 공평하게 법의 지배를 받아야 한다. 법은 '보편 이성'을 준거로 자유와 평등을 보장하는 데 그 목적이 있다. 그리고 그 법은 인민이 만든다. "법은 본래 사회적 결합의 계약 조건일 따름이므로, 법에 복종하는 인민이 바로 그 법의 제정자이어야 한다."[12] 인민이 스스로 법을 만들고 그 법이 인민을 지배해야 한다. 정부의 형태가 어떻든 간에 그러한 방식으로 '법에 의해 다스려지는 국가'를 그는 '공화국'이라고 부른다. 이렇듯 루소는 과거 국가의 주인 노릇을 한 통치자 개인이나 소수 무리의 자리에 '인민의 일반의지'라는 새로운 지배자를 올려놓는다.

루소의 민주주의 이론은 아테네적 '인민의 지배'를 인민주권과 법의 지배라는 양대 원리로 정식화한 근대적 사유의 산물이다. 그는 인민이 국가의 주인인 주권자이고, 주권은 일반의지의 총합으로서 공공선을 추구하며, 스스로 만든 법에 공평하게 지배받는 정치사회, 그럼으로써 자유와 평등이 실현될 수 있는, 그러한 이상형의 나라를 그리는 데 몰두한다. 그러나 가장 바람직한 정체로서 민주주의 이념형을 현실태로 구현하는 국가는 실제로 존재할 수 있을까? 루소는 이상과 현실 사이의 크나큰 괴리에 부딪혀서 논리적 딜레마에 빠져든다.

대의제라는 새로운 발명품

루소의 민주주의 모형 그대로 실재하는 국가는 어디에도 없다. 그러한 민주주의는 "모든 인민이 동질적이고 기본적으로 만장일치가 이루어질 수 있는 나라"에서나 가능할 뿐, 인민의 구성이 이질적이고 규모 자체가 크게 불어난 근대국가의 여건에서는 실현 불가능한 이상적 민주주의이다. 달리 말하면, 루소의 민주주의 발상은 관념상으로 민주주의의 진리치를 구하려는 '인식론적 민주주의epistemic democracy'이다.[13]

루소도 그 한계를 잘 알고 있었다. 그가 보기에도 민주주의가 그 원리에 부합되는 형태로 실현되기 위해서는 "첫째, 인민이 결집하기에 용이하고 또한 각 시민이 서로를 알고 지내기가 쉬운 아주 작은 국가여야 하고, 둘째, 너무 많은 사건과 까다로운 논의는 미연에 방지할 수 있는 만큼의 아주 순박한 풍속이 보장되는 가운데, 셋째, 지위와 재산상의 폭넓은 평등이 요구되며, 마지막

국가의 딜레마

으로, 사치가 거의 없거나 전혀 없든가 해야 하는" 등의
요건을 충족시켜야만 가능하다.[14]

　　도덕적 아름다움이 공동체의 원칙이 되는 그러한 공
화국은 소규모일 때나 가능할 뿐, 정상적인 규모의 국가
들 가운데 그 같은 조건을 충족시킬 나라는 없다. 그리
고 "만일 신의 인민이 있다면 그들은 스스로를 민주적으
로 다스릴 것이지만, 그토록 완전무결한 정부는 인간들
의 처지에는 맞지 않는다"며 뒤로 물러선다. 더 나아가
인민이 스스로 지배하는 "진정한 민주정치는 존재한 적
이 없으며 존재하지도 않을 것"이라고까지 말한다. 결국
루소는 현실의 두터운 벽을 넘지 못하고 "다수가 지배하
고 소수가 지배받게 되는 일은 자연의 질서에 어긋나는
것이고, 가장 지혜로운 자들이 일반 대중을 다스리는 것
이 가장 올바르고 자연스러운 일일 것"[15]이라면서 자신
의 앞선 견해를 뒤집는다.

　　루소는 현실에 눈을 돌려 입장 변화를 꾀한다. 그 방
안은 인민의 일반의지를 대변할 공적인 인격체, 적절한
대행자를 찾는 일이다. 대전제는 단수 또는 복수의 '대
행자'가 자신의 이익을 위해서가 아니라 인민의 이익을
위해서 헌신한다는 확신이 있는 한에서이다. 이는 곧 대
의제로의 방향 전환을 의미했지만 루소는 그 이전의 착
상에 대한 미련을 버리지 못하고 두 갈래 사이에서 갈팡

질팡했다. 루소의 혼란은 일반의지의 개념을 거둬들이지 않음으로써 초래되었다. 그는 인민주권론을 고수하면서 대행자의 권한에 분명한 한계선을 긋는 수준에서 타협점을 찾는다. 불가피하게 주권 행사를 위임하더라도 대행자는 인민의 대리인에 불과할 뿐이므로 주권에 해당되는 그 어떠한 사항도 최종적으로 결정할 수 없다.

> 주권은 양도될 수 없다. 같은 이유에서 주권은 대표될 수 없다. 주권은 본질적으로 일반의사로 성립된 것이므로 이 의사는 대표될 수 없다. 그것은 그 자체이거나 아니면 다른 것이 된다. 따라서 대의자들은 국민의 대표자도 아니고 대표자가 될 수도 없다. 이들은 단지 인민의 대리인일 뿐이다.[16]

루소가 대행자에 의한 주권 행사, 즉 대의제를 미심쩍게 본 이유는 첫째, 일반의지와 주권은 양도할 수 없고, 둘째, 오직 인민의 지속적인 정치 참여만이 시민에게 도덕적 자율을 제공할 수 있으며, 셋째, 대행자가 본분을 망각하고 공적 과제에 사적 이익을 개입시킬 경우 '정치의 사사화私事化, privatization' 위험이 초래될 수 있다고 보았기 때문이다.[17] 그리고 루소가 일반의지의 원칙을 고수한 까닭은 인민의 의사가 선험적으로 존재한다고 생각했기 때문이다. 그는 대의제 민주주의가 다양한 개인의 의사를 집합하는 과정이 아니라 선험적으로 존재하는

국가의 딜레마

일반의지를 발견하는 제도로 기능하기를 기대했다.

이 같은 이유에서 루소는 대의제를 실행할 경우 엄격한 제한 규정이 준수되어야 함을 강조했다. 가령 인민의 대표자가 연속해서 두 번 의회의 의원이 되는 것을 어렵게 만들고, 대표자들이 지역구민들의 지시에 충실히 복종할 것을 요구했다. 또한 지역구민들이 대표자들의 행위에 대해 사후적으로 책임을 물을 수 있는 제도적 장치를 마련하도록 주문했고, 가급적 선거를 자주 할 것을 요청했다. 루소의 입장 변화와 관련하여 컬럼비아대학교 정치학자 프랜린Richard Fralin은 대의제에 대한 그의 생각이 『정치 경제학Political Economy』에서는 "수동적인 수용" 입장을 보이다가 『사회계약론』에서는 "공공연한 적의"를 표출하는가 하면, 『폴란드 정부에 대한 고찰 Consideration on the Government of Poland』에서는 "마지못해 수용"하는 양상으로 변해갔다고 지적한다.[18]

대의제에 대한 믿음이 허약했던 루소와는 달리 18세기 고전적 민주주의 이론가들에게 대의제는 민주주의의 근대적 모델로 각광을 받았다. 1820년 제임스 밀James Mill은 대의제를 "근대의 위대한 발견"이며 "그 속에서 사변적이건 실제적이건 모든 난제들의 해결책을 아마도 발견할 수 있을 것"이라는 희망을 피력했다.[19] 대의제는 인민 전체가 정치에 참여할 수 없는 규모의 국가에 가해

졌던 고대적 제약을 제거함으로써 민주주의의 지평을
한층 넓혔다. '인민이 지배하나 대표를 통해 간접적으로
지배'하는 대의제는 민주주의의 이념을 근대적인 정치
환경에서 실현하기 위한 새로운 정치적 대체물로 인식
되었다. 가령 시에예스Emmanuel Sieyes는 '대의제 헌법'이
가장 좋은 정치적 수단이라고 확신했고, 벤자민 콩스탕
Benjamin Constant은 '직접선거만이 진정한 대의정부를 성
립시킨다'면서 인민의 정치 참여를 독려했다.

근대적 의미의 대의제는 두 가지 내용, 즉 공적 권한
의 주체자로서 인민주권을 인정하는 것과 합법적으로
공적 행위를 할 수 있는 권한을 인민의 대표자에게 부여
하는 것을 핵심으로 한다. 다시 정의하자면, 대의제 민주
주의는 선거라는 제도적 장치를 통하여 시민의 의사를
확인하고 그에 따른 결과로서 선출된 시민의 대표를 통
해 공적 이익을 실현하려는 정치체제이다.

대의제의 강력한 주창자는 제임스 밀의 아들인 존 스
튜어트 밀John Stuart Mill이었다. 『대의정부론』에서 그는
대의제를 "전 인민 또는 그들 중 다수가 주기적 선거로
자신들이 뽑은 대표를 통해 최고 권력을 완벽하게 보유
하고 행사하는 정부 형태"[20]로 정의한다. 그는 대의 민주
주의를 옹호하는 이유로 세 가지를 들었다.[21] 첫째, 국가
의 크기가 커진 상황에서 인민 모두가 정치에 직접 참여

국가의 딜레마

할 수는 없다. '규모의 제약' 때문에 현대사회에 적합한 정부의 이상적인 형태는 대의제일 수밖에 없다. 둘째, 국가의 공적 과제를 심의하는 데는 상당한 수준의 전문성이 요구되므로 평범한 시민의 능력으로는 감당하기 어렵다. 셋째, 직접 민주주의는 그 효용성이 없을뿐더러 그에 따르는 부작용과 혼선을 일으킬 가능성이 크다.

그는 이성적 판단 능력과 전문 역량을 갖춘 인민의 대표자들에 의해서 운용되는 정부 형태가 현실적으로 가장 적합한 방식임을 믿어 의심치 않았다. 의회는 대표자들이 모여서 '모든 이해관계를 고려해서 허심탄회하게 생각을 나누고 공적 과제를 논의하는 곳'이어야 한다. 그는 교육 수준이 낮은 대중의 정치적 능력을 불신했기에 대중은 특별하게 교육받은 상대적 소수가 심사숙고해서 판단한 결과를 전적으로 따르는 것이 바람직하다는 견해를 피력했다. 또한 밀은 모든 사람이 동등하게 투표권을 가져야만 하는지에 대하여도 의심했다. 그는 교육 수준이 낮고 무지한 사람은 교육 수준이 높고 소양을 갖춘 사람에 비하여 정치적 판단 능력이 떨어진다고 생각했다. 따라서 밀은 좀 더 현명하고 유능한 사람이 무지하고 능력이 떨어지는 사람보다 더 많은 표를 가져야 한다는 입장을 견지했다.

밀의 대의 민주주의론에 깔려 있는 엘리트주의는

『연방주의자 문서』의 공저자로서 미국 제4대 대통령이 된 매디슨에게서 더욱 뚜렷하게 강조된다. 그는 '최상의 지혜와 최상의 덕을 갖춘 사람을 통치자로 얻는 것'이 모든 정치체제의 목적임을 강조하면서 일반인보다는 상대적으로 우월한 사람들에게 권력이 위임되는 '공화주의적 대표성'을 줄기차게 옹호했다.[22] 그는 인간이 선천적으로 판단의 충돌, 반대, 논쟁, 이익 갈등 등과 같은 적대적이고 경쟁적인 특수 의사를 추구하는 '파당factions'을 형성하려는 본성을 갖고 있다고 생각한다. 개인의 파당성은 공공선보다는 사적 이해에 매몰되므로 공동체의 이익을 훼손할 항존적 위협이 된다. 매디슨은 이 '파당의 해악'을 차단하기 위해서는 보통 사람들보다 탁월한 능력을 갖춘 대표자들이 권력을 행사하는 편이 공공의 이익을 더 발전시킬 수 있다고 굳게 믿었다.

매디슨의 공화제는 근대 민주주의에 내재하는 '규모의 제약', '파당의 해악', 그리고 '이기적 개인과 집단적 공공선의 충돌' 등의 문제를 제도적으로 해결하려는 방책이다. 그는 대의제의 이상과 현실 사이의 간극을 메우려고 노력하였지만, 정치 엘리트에 의한 권력 지배를 정당화하려는 의도 또한 감추지 않았다. 매디슨에게 공화정은 '전체의 더 큰 선을 위해 개인의 이익을 희생시키는 원칙' 위에서 성립된다. 그는 공화정을 민주정과는 다른 정체로 구분했고, 그 공화정은 '다수에 의해 뽑힌 소수의 엘리트

국가의 딜레마

가 정부를 위임받는' 최선의 정치형태였다.

근대 민주주의 이론가들에 의해 구상된 대의제는 인민을 대표해서 정치 의사를 결정하는 공화주의적 심의체제이다. 이들은 보통 사람과 구별되는 대표자의 우월한 능력에 초점을 맞추면서 이 대표자들이 인민주권의 공정성을 보장하고 공공선을 위한 심의를 효과적으로 수행할 수 있으리라 기대했다. 칸트는 대의제가 이성에 의한 지배라는 면에서 그 당위성을 인정했고, 밀도 이성적 판단에 의한 공공선의 이상이 실현될 수 있기를 바랐다.

그러나 밀이 탁월한 대표자들에게 이성적 판단능력은 물론이고 청렴과 용기까지도 요구한 것을 보면 대의제가 잘못된 방향으로 왜곡될 수도 있다는 우려도 함께 품고 있었음을 알 수 있다. 그는 대의제가 민주주의의 원리를 어디까지 실현할 수 있는지에 대하여도 고민하지 않을 수 없었다. 하지만 헬드가 지적하듯이, 밀은 사회가 어느 정도까지 민주주의 수준에 도달하여야 하는지, 사회적·경제적 생활이 어느 정도까지 민주적으로 조직되어야 하는지, 시민이 공적 생활에 어느 정도 참여해야 하는지, 이 정치양식이 복잡한 대중사회에서 숙련된 행정의 필요성과 어떻게 조화될 수 있는지, 시민 민주주의가 숙련된 전문가 정부와 어떻게 병립할 수 있는

지, 그리고 국가 행위의 정당성이 어느 선에서 제한되어야 하는지 등의 물음에는 답을 채워 넣지 못했다.[23]

　결과적으로 보면, 밀은 대의 민주주의 실행에 따른 또 다른 부작용을 분명하게 인식하고 있었지만 그보다 더 나은 바람직한 대안은 없다고 판단한 듯하다. 대의 민주주의는 이성적 판단과 전문적 심의가 중시되는 '이성이 지배하는 공화국republic of reasons'을 지향하는 점에서 매력적인 발상일 수 있다. 어떤 이는 대의 민주주의를 '인민에 의한 지배'라는 민주적 원리와 '가장 현명한 자에 의한 지배'라는 플라톤의 정치 원리가 잘 결합한 혼합적 정치이념으로 풀이하기도 한다.[24] 그러나 이 같은 고전적 교의는 실제 상황에서는 온전하게 실현되지 못하고 심히 왜곡되고 변질되는 양상으로 점철되었다. 대의제 이상과 현실 간의 괴리는 고전적 대의 민주주의론에 대한 슘페터의 신랄한 공격을 허용하게 되는 배경이 되었다.

국가의 딜레마

슘페터의 현실주의

지난 두 세기에 걸친 서구의 경험을 보면, 밀 부자父子가 잔뜩 기대를 걸었던 대의 민주주의는 그들의 뜻대로 실현되지 않았다. 똑똑하면서도 도덕적 양심을 갖춘 엘리트들이 국민의 대표가 되어 공공선을 실현하는 데 앞장서리라는 기대는 환상에 불과했다. 국민의 대표를 자처한 이들은 엄중한 공적 과제를 처리하는 데서 늘상 사적 이해를 개입시켰고, 이성적 판단에 따라 숙의하는 정치적 관행도 만들지 못했다. 또한 인민이 가끔씩 투표하는 요식행위만으로는 인민주권이라는 넓은 공간을 채우기에 턱없이 부족했다.

결과적으로 보면, 근대의 도덕주의적 계몽가들이 앞다투어 그려낸 대의정부의 이념은 실제에서는 빛바랜 정치 이데올로기로 세속화되었다. 오늘날 대의제 교본에 그려진 민주주의의 형체는 크게 뒤틀어져 있다. 사정이 이러하다면 민주주의 이념에 수북이 쌓여 있는 거품을 걷어내고 대의 민주주의라는 이름으로 진행 중인 실제의 정치체제를 '있는 그대로' 파헤치는 노력이 실용적일 수 있다. 그러한 의미에서 슘페터의 현실주의적 분석은 하나의 색다른 접근법이다. '리더십 민주주의' 혹은 '경쟁적 엘리트주의'로 불리는 슘페터의 견해는 '고전적 민주주의 교의'의 문제점을 신랄하게 추궁한다.

슘페터는 루소와 밀 등 18세기 계몽주의자들이 묘사한 고전적인 민주주의 교의를 "인민의 의사를 실현하기 위해 모인 개인들이 선거를 통해 인민 스스로 이슈를 결정하게 함으로써 공공선을 실현하도록 하는 정치적 결정에 도달하기 위한 제도적 장치"[25]라고 정의한다. 슘페터가 보기에 18세기의 '고전적 교의'는 불완전한 정치체제를 개선하기 위한 현실적 처방이라기보다는 순진한 도덕이론 수준의 교설에 불과했다. '고전적 교의'는 인간 본성에 관한 지나치게 낙관적인 견해를 전제로 한다. 인민은 마냥 순진하지도 않으며, 그들의 대표 또한 공동체적 가치의 수호를 소명으로 여기지 않는다. 슘페터는 '인민 의사', '주권 위임', '이성적 숙의', '공공선'의 개념을 핵심어로 하는 이 교의의 발상이 애초부터 틀렸다고 주장한다.

막스 베버가 그랬듯이, 슘페터도 '인민주권'은 모호한 개념이라고 생각한다. '대중의 의사' 또는 '인민의 의지'란 독자적이거나 합리적인 기반이 거의 없는 사회적 구성물에 불과하다. 다수의 의사는 그냥 다수의 의사일 뿐 인민의 의사는 아니다. 실제의 정치에서 마주하게 되는 것은 주로 '진정한' 인민의 의사가 아닌 정치가에 의해 "제조된 의사manufactured will", 곧 '조작된' 인민의 의사일 뿐이다. 루소가 말하는 일반의지는 사실상 존재하지 않는다. 따라서 일반의지라는 개념은 현실에서 정치 과정을 추동하는 원동력이 될 수 없다.

슘페터는 공공선 개념도 인정하지 않는데, 그 이유는 첫째, 합리적 주장에 기초해서 모든 인민이 합의할 수 있는 독특한 공공선은 존재하지 않기 때문이다. 둘째, 인민 모두에게 받아들여질 수 있는 공공선이 존재한다 할지라도 그것이 모든 문제에 대해 결정적 해답을 주지는 않기 때문이다. 셋째, 설령 공공선이 있다고 하더라도 인민이 그것을 인지하리라는 보장이 없으며, 인지했다고 해도 어떻게 실행에 옮길 것인가의 문제는 여전히 논쟁점으로 남을 수밖에 없다. 이러한 이유에서 슘페터는 공공선이라는 개념을 민주주의 이론의 구성요소로 수용하지 않는다.

이처럼 일반의지나 공공선이 실제로 존재하지 않거나 모호한 개념이라면, '인민'과 '지배'라는 용어의 분명한 의미가 무엇이건 간에, "민주주의는 인민이 실제로 지배하는 체제를 의미하지 않으며 또한 의미할 수도 없다. 민주주의는 다만 인민이, 그들을 지배할 예정인 사람들을 승인하거나 또는 부인할 기회를 가지고 있는 정치 방식을 의미할 따름이다."[26] 인민의 지배가 성립하기 위해서는 인민이 정치의 주체가 되어야 하는데 실상은 그렇지 않다. 일상적인 환경에서 평범한 사람들은 생계활동을 비롯한 개인생활을 영위하는 데 바쁠 뿐 공적 과제를 숙의할 시간적 여유도 전문적 역량도 갖고 있지 않다. 따라서 그들에게 정치란 '허구의 세계'와 같다. 그들의 정치적 권리라고는 주기적으로 찾아오는 선거철에 그저 투표하는 일밖에는 없다. 정치는 그 판에 뛰어든 소수자의 몫이 되었고, 정치라는 일은 그들에게 평생의 직업으로 굳어져버렸다.

슘페터는 정치세계에서 평범한 사람과 정치 엘리트의 구분을 명확히 하면서 민주주의를 "정치적 결정에 도달하기 위한 제도적 장치로서 인민의 투표를 얻기 위한 경쟁적인 투쟁에서 이긴 개인들이 그 결정권, 즉 권력을 획득하는 장치"[27]로 다시 정의한다. 즉 민주주의적 활동이란 각기 다른 정당에 포진하고 있는 대립적 정치 지도자들이 통치권 획득을 목표로 벌이는 경쟁, 즉 정치게임이다.

민주주의 운영방식은 시장의 논리와 크게 다를 바 없

다. 시민과 정치가는 정치시장에서 각각 소비자와 생산자로 만난다. 정당은 "그 구성원이 정권을 획득하기 위한 경쟁적인 투쟁에서 단결하여 행동하고자 하는 집단"으로서, 가능한 한 많은 소비자에게 자신들의 제품을 판매함으로써 시장을 장악하고자 하는 기업과 흡사하다. 정치가와 시민은 모두 시장에서 '합리적인 이기주의자 rational egoists'로서 판단하고 행위한다. 정치가와 정당은 자신들의 정치상품을 내놓고 시민은 단순한 소비자로서 상이한 상표의 정당과 정치가들 가운데 그들 선호에 잘 부합하는 쪽을 선택한다.

슘페터의 모델에서 시민은 정치의 주체도 아니고 국가의 주인도 아니다. 그들은 정치시장의 단순 소비자에 불과하다. 시민의 정치 참여란 투표행위에 한정된다. 즉 투표자의 역할은 어떤 지도자나 그와 다른 지도자를 받아들이거나 거부하는 데 국한된다. 따라서 인민은 대의제의 주체가 아니라 정당이나 그 지도자를 따라다니는 개미군단과도 같은 존재이다.

슘페터는 한걸음 더 나아가 시민의 정치적 능력을 신뢰하지도 않으며 그들의 과도한 정치 참여도 바람직하지 않다고 생각한다. 전형적인 시민은 '유치한 방식으로' 정치를 논하려는 경향이 있다. 그가 보기에, 유권자로서 시민은 정치적 소양이 전반적으로 부족하여 감정적 충동에 빠지기 쉬우며, 외부세력의 영향을 받기 쉬운 존재이다. 또한 그들 스스로는 어떤 중대한 공적 과제를 처리할 수 있는 능력도 부족하다. 그들은 영리를 추구하는 기업광고에 흔들리듯이 종종 '속셈'을 가진 정치집단, 가령 이기적이고 불순한 정치인이나 온갖 형태의 데마고그들의 유혹에 아주 쉽게 넘어간다. 따라서 시민의 정치 참여로 얻어지는 것들이란 실은 대부분 비합리적 편견이나 충동에 따른 결과물에 불과하다.

이 같은 이유에서 슘페터는 시민이 정치 참여를 통하여 공동선을 추구할 수 있다는 고전적 민주주의 주창자들의 주장을 근거가 없다고 비판한다. 설령 공동선에 이르는 결과가 나온다고 하더라도 그것은 의도된 것이라기보다는 정치시장에서 발생한 부산물에 지나지 않는다. 유권자와 정치인이 각각 자신의 이익을 극대화하고자 하는 정치적 상호작용에 의해서 공공선은 우연히 산출될 수도 있고 그렇지 않을 수도 있다.

이처럼 슘페터는 정치에서 시민의 역할을 축소하고 최소한의 정치 참여를 권장한다. 비합리적이고 충동적인 시민의 정치 참여는 대의제의 원활한 운영을 위협하는 요인인 반면에 전문적인 식견을 갖춘 정치 엘리트들은 바람직한 사회적 목표를 달성하는 데서 결정적인 정치적 주체가 된다. 그는 정치 엘리트들이 유권자의 '참견'에 의해 방해받지 않고 공공 정책의 구체적 내용을 정할 수 있을 때 민주주의가 효과적으로 이루어질 가능성이 가장 커진다고 말한다.

따라서 그에게 민주주의는, 고전적 교의에 쓰인 것처럼 자유로운 정치 참여 환경 속에서 인간 계발을 위한 최상의 조건도 아니며, 평등에 대한 약속을 실현하는 이상적인 생활방식도 아니다. 민주주의는 원칙적으로는 모든 사람이 자유롭게 정치적 리더십을 두고 경쟁하는 상태를 의미하지만, 실제는 정치 엘리트들이 과점하는 시장체제에 가깝다. 즉 실제의 민주주의는 '정당, 총선거, 의회, 정치지도자' 순으로 합법적인 리더십을 확립하기 위한 체제이며, 그 틀 안에서 정치적 의제를 다루기에 가장 적절하고 편리한 장치로 기능한다.[28]

그는 민주주의를 시장 이미지로 채색하고 대의정치의 이상보다는 정치체제의 현실을 그리는 데 초점을 맞춘다. 헬드가 지적하듯이, 슘페터의 민주주의 이론은 서구의 민주주의 국가들에서 쉽게 확인될 수 있는 여러 특징, 이를테면 정치권력을 향한 정당 간의 경쟁적 투쟁, 국가 관료제의 공적 역할, 정치적 리더십의 중요성, 상업 시장에서 볼 수 있는 여러 가지 광고 기법의 활용, 진위를 알 수 없이 범람하는 온갖 정치 선전물 및 정보, 그 영향 아래에 놓여 있는 유권자들의 어수선한 상태, 그리고 많은 유권자가 당면 정치 이슈에 대해 정확히 알지 못하기 때문에 공공연히 불안과 혼동을 드러내는 현상 등을 부각시킨다.[29]

슘페터는 민주주의를 애호하는 사람들이라면 먼저 최악의 정치적 위험을 피하기 위해서라도 고전적 교의의 '허구적' 명제에 대한 믿음을 버려야 한다고 말한다. 무엇보다도 '인민'이 모든 정치 문제에 대해 명확하고 합리적인 의견을 가질 수 있다는 생각, 유권자들이 그런 의견을 실행할 방법은 오직 직접 판단을 내리거나 또는 그들의 의사를 수행할 '대표자'를 선택함으로써 가능하다는 믿음, 그리고 인민의 결정권이 민주주의의 가장 주요한 구성요소라는 주장 등은 현실과는 동떨어진 발상이다. 그는 '경쟁적 엘리트주의'가 가장 적절하고 실행가능한 민주주의 모델임을 누차 강조한다. 요컨대 민주주의는 '인민의 지배'가 아니라 '정치가의 지배'이다. 인민은 다만 자신들을 지배할 사람을 인정하거나 거부할 기회를 가질 뿐이다.

슘페터는 민주주의에서 정치적 결정에 도달하기 위한 수단으로서의 도구적 측면을 강조하기 때문에, 시민의 정치적 역할을 과소평가하면서 정치 엘리트 중심의 현행 대의체제를 옹호한다는 비판을 받는다. 또한 정치를 시장의 원리, 자유경쟁, 효율 등의 경제학적 시각에서 바라봄으로써 정치의 고유한 목표와 본질에 관해서는 알려주는 것이 거의 없다는 지적도 받는다. 더불어 민주주의에 내재한 고유한 가치들, 가령 자유와 평등, 공공선의 실현 및 인권의 보호와 신장 등을 소홀히 다룸으로써 민주주의가 나아가야 할 지향적 목표에 전혀 관심을 두지 않는다는 비난도 듣는다. 그러기에 슘페터의 모델은 보는 이에 따라서는 반자유적이고 반민주적인 측면을 담고 있다는 혹평도 뒤따른다.

그러나 다른 한편으로 그가 대의 민주주의의 실제적 운용 양상을 현실주의적 관점에서 해석함으로써 과거 고전주의적 교의에서 흔히 볼 수 있는 도덕적 당위론의 늪에서 벗어나고 있음도 분명한 사실이다. 민주정체와 그 밖의 다른 정체를 구분하는 효과적인 기준을 제공한다는 점, 정치적 리더십의 핵심적 역할을 충분히 인정한다는 점, 정치에서 자유로운 상호경쟁의 중요성을 부각했다는 점, 그리고 대의제 정부가 어떤 경우에 성공하고 어떤 경우에 실패하는지를 설득력 있게 설명하고 있다는 점에서 슘페터의 공헌을 쉽사리 무시하기는 어렵다.

대의제 이상의 몰락

오늘날 민주주의 국가란 국민의 의사를 대변하겠다고 나선 자들이 국민의 대표임을 자임하고 행정, 입법, 사법 권한을 행사하는 나라를 말한다. 국가 규모가 팽창한 상황에서 대의제는 좋든 싫든 불가피한 선택지일 수밖에 없다. 대의제는 두 가지 전제 위에서 성립하는데, 평범한 시민은 공적 과제를 이성적으로 심의하고 판단할 능력이 부족하기 때문에, 전문 역량을 갖춘 사람들에게 '대표자' 역할을 부여하여 공공선을 도출하자는 것이다.

그러나 대의제의 이상은 현실에서 뭉개져 본래의 목적에 맞지 않게 변질되었다. 무엇보다 '대표자'의 이상은 실패했다. 밀이나 해밀턴은 일반 대중보다는 상대적으로 우월한 전문 역량을 갖춘 사람들에게 권력이 위임되는 '대표성'을 줄기차게 옹호했지만, 공공선의 수호자 역할을 해야 할 '대표자'의 자리에는 직업적인 정치꾼 무리가 들어섰다. 그 대표자들은 토크빌이나 밀이 대표자의 자격 요건으로 꼽은 '국민을 위한 헌신'이나 베버가 말한 '책임의 윤리'를 실천하는 데 앞장서기보다는 정파적 이익을 추구하는 데 여념이 없다.

이 대표자들은 인민의 의사를 온전하게 대변하기에는 원천적인 한계를 안고 있다. 이들은 형식상으로는 국민의 '대표자'이지만 동시에 부분 이익의 대리자로 행위한다. 카를 슈미트가 지적했듯이, 이들은 유권자로부터 독립적인 자기 이해를 추구하면서 동시에 명분상으로는 유권자의 의지에 종속된 양 행위하는 이중적 존재이다. 이 때문에 이들에게는 자신 및 정파의 이해득실을 따지는 일이 우선이고, 국가적 정책과제를 심의하는 데서 이성적 숙의와 진지한 토론은 뒷전이다.

예컨대 국가예산을 얼마나 효율적으로 편성할 것인가보다는 선거법 개정이 자신의 직위 유지에 얼마나 유리한가가 이들의 이해에 더 부합된다. 일반 유권자 개인이 공동체 전체의 이익보다는 자신의 아파트 가격이 얼마나 상승하는가에 관심을 쏟듯이, 이들 역시 국가의 균형 발전보다는 자신의 지역구 예산을 더 많이 확보하는데 촉각을 곤두세운다. 자신의 직위와 기득권을 유지하는 데는 유권자의 표가 가장 중요하기 때문이다. 그렇기에 이들이 전체 인민의 이해가 걸린 공적 과제에 대해

심도 깊은 숙의와 올바른 정책 판단을 하리라고 기대하는 국민은 많지 않다.

인민의 의사를 제대로 실현하지 못하는 '대표의 실패' 문제는 물론이고, 국가적 과제에 대한 이성적 판단에서도 좌초하는 '심의의 실패'는 대의제의 근본적인 한계를 드러낸다. 가령 대행자라는 자들은 정치 싸움하는 데 시간을 허비하면서 국가예산안을 심의다운 심의를 하지 못하고 졸속으로 처리하는가 하면, 그마저도 정파적·개인적 이해에 따라 협잡하듯 나눠먹기식 편성도 서슴지 않는다. 또한 수백 수천 건의 법률을 발의해놓고도 심의 한 번 못하고 자동폐기되는 경우도 허다하다. 이 때문에 '수nombre'의 문제를 극복하기 위해 도입된 대표자 중심의 대의제가 '이성raison'의 문제에서도 실패하고 있다는 뼈아픈 지적을 받는다.[30]

대의제 이론가들이 가정한 일반 시민의 역량에 대한 과소평가 역시 크게 틀렸다. 현대 산업사회를 거치면서 교육의 기회가 폭넓게 확장되고 다방면의 지식과 정보가 광범위하게 전파되고 공유된 결과, 전문 역량의 면에서 대표자와 시민 간의 경계는 희미해졌다. 오늘날 버크나 밀 등이 무시한 일반 유권자 중에는 '대표자' 못지않은 또는 그 이상으로 전문적인 지식과 소양을 갖춘 사람들도 적지 않다. 또한 해밀턴이 정치적 대표자의 요건으로 꼽은 지혜와 덕성의 면에서도 평범한 시민과 대표자 간에는 별반 차이가 없다. 오늘날 많은 이들은 인민의 대표자를 덕성을 갖춘 유능한 엘리트로서보다는 권력에의 욕망을 좇는 자들로 인식한다.

더 심각한 문제는 유능하고 교양 있는 대부분 인재가 거칠고 타락한 정치판을 외면한다는 데 있다. 대신에 그 자리에는 권력에 대한 욕망과 자기과시에 물든 정치 지망생들이 벌떼처럼 몰려든다. 보통 수준의 교양이 있는 사람이라면, 정치적 욕망을 추구하는 자들이 군집한 험악한 싸움터에서 자신의 본래적 성향이 훼손되는 것을 원치 않는다. 고대의 현자 양주가 맹자의 정치 타령을 꾸짖었을 때, 양주는 진즉에 알았지만 맹자가 간과했던 것은 개인이 정치 세계에 뛰어들 때 자아의 손상이 불가피하다는 사실이었다.

베버의 단호한 표현을 빌리면, 정치는 "합법적 폭력이라는 '악마적 수단'을 손아귀에 쥐고서 끊임없이 '천사적 대의'의 실현을 목표로 하는 행위"[31]이다. 하지만 그 대의를 저버린 채 단지 권력 추구로 방향을 돌리는 순간부터 정치의 비극이 시작된다. "마치 벼락부자가 된 양 허풍을 떨며 권력 향유에 빠져들어 권력 그 자체를 숭배하는 행태"는 정치를 왜곡시키는 가장 큰 해악이다. 이를 인지하고 못하고 막무가내식으로 권력정치의 장에

조지 그로스, 〈사회의 기둥들〉, 1926, 독일베를린국립미술관.

다다이스트인 그로스(1893~1959)는 바이마르 공화국 시절의 부패한 정치현실을 풍자했다. 맨 앞에 보이는 나이 든 귀족 정치인의 머릿속에는 전쟁의 가장행렬이 떠오르고, 왼쪽으로는 머리에 요강을 쓴 국가주의자가 신문을 꽉 붙들고 있다. 그 오른쪽의 사회민주주의자의 머리 위에는 김이 모락모락 나는 똥이 올려져 있지만, 손으로는 깃발과 사회주의 전단을 들고 있다. 그들 뒤의 살찐 성직자는 그 뒤로 도시가 불타고 폭력이 자행되고 있음에도 평화 설교에 여념이 없다. 헨리크 입센의 희곡에서 제목을 따온 이 작품은 베버가 개탄한 '대의를 저버린 정치꾼'의 실망스러운 모습들을 형상화했다. 그로스는 나치 정권이 들어서자 미국으로 망명한다.

뛰어드는 정치꾼들이 횡행하는 판에서는 대의大義는 물론이고 대의代議도 존재할 수 없다. 약 100년 전 독일의 의회정치를 '도당의 지배'로 규정한 베버의 절망스러운 진단은 대의제에 대한 준엄한 경고였지만 직업정치꾼들은 그의 말에 귀를 기울이지 않았다.

물론 인민을 대표하겠다는 사람들이 처음부터 '천사적 대의'를 저버리지는 않을 것이다. 대표자라면 누구나 대의의 명분을 지키려고 할 것이다. 실제로 소수이기는 하나 그들 가운데는 공공선의 대의를 위해 눈물겨운 노력을 하는 이들도 있다. 그럼에도 불구하고 '천사적 대의'가 대표자 전체에게 스며들지 않는 이유는 무엇일까? 정치의 이상과 현실이 다르기 때문이다. '인민을 잘 보살피는 일'과 '권력을 획득하는 일'은 다른 성질의 일이다.

카를 슈미트가 정치의 본질을 '적과 동지의 구별'[32]이라고 규정했을 때 그는 이상보다는 현실만을 보기를 원했다. '인민을 잘 보살피는 일'에서는 '적과 동지의 구별'이 그다지 필요하지 않지만, '권력을 획득하는 일'에서는 피아彼我의 판별은 무엇보다 중요하다. 이 지점에 이르면 베버의 한탄은 소박하기까지 하다. 그 유능한 인재들이 정치에 뛰어든 순간부터 적과 동지가 갈리는 상황이라면 '천사적 대의'보다는 '악마적 수단'에 쉽게 깃들여질 것이기 때문이다. 인민을 잘 보살피겠다고 하면서로의 협력이 절실하지만, 권력을 잡겠다고 하면 우군과 적군을 구별하고 전투 대형을 구축하는 것이 먼저 할 일이 된다. 그 순간부터 대의는 허망하게 무너지기 시작한다.

대의제로 전환된 이후 '인민의 지배'는 '인민을 대표하겠다는 자들의 지배'로 바뀌었다. 인민이 할 수 있는 것이라고는 이따금씩 대표자를 뽑는 데 들러리를 서는 일밖에는 없다. 미국의 정치학자 샤츠슈나이더는 대의제의 제약을 '절반의 인민주권semisovereign people'이라는 말로 압축하지만, 가끔 투표하는 정도의 정치 참여가 과연 '절반'에 미치는지도 의심스러운 상황이다.[33] 대의제의 실패는 인민에게도 대표자에게도 정치적 불행을 의미한다. 대표자들 가운데 소수의 일부를 제외하고는 '대표자다운 대표자'를 찾기가 쉽지 않다. 시민의 대다수는 그들을 더 이상 자신들의 진정한 '대표자'라고 여기지 않는다. '인민의 지배'는 수사로만 남고, 대의제의 꿈은 온데간데없이 사라졌다.

국가의 딜레마

민주주의라는 환상

민주주의에 대해 불평하는 이들은 이상과는 한참 동 떨어져 있는 현실에 분노한다. 플라톤이 풍자한 '시가 경연'이나 '배의 비유'는 오늘날에도 흔히 볼 수 있는 고질적인 현상이다. 특히 정치권의 거짓 선동은 대중의 우발적 충동을 유발하여 국가 공동체를 비생산적이고 소모적인 논란에 휩싸이게 한다. 정치꾼과 우중이 협잡해서 만들어내는 정치게임은 민주주의의 얼굴을 흉하게 바꾸어 놓았다.

저급한 정치문화가 만연한 상황에서 민주주의 이념의 훼손을 개탄하는 이들은 여러 갈래에서 갖가지 걱정거리를 쏟아낸다. 이를테면 보통선거를 통해 선출된 대의적 행위자는 전체의 민의를 대변하기는커녕 비뚤어진 권력욕과 사적 이해를 좇는다. 정치꾼들의 파당적 활동과 대중 선동으로 공론장public sphere은 합리적 토론과 진지한 심의의 기능을 상실한 채 사적 욕구의 추구와 권력

투쟁의 장으로 퇴락했다. 다수결제도에 편승한 포퓰리즘적 정책결정은 의미 있는 소수의 의사를 묵살함은 물론이고 종종 공동체 전체의 이익에도 반하는 결과를 초래한다. 군대와 경찰 등 폭력기관을 포함하여 국가 행정의 중추인 관료제가 필요 이상으로 비대해짐으로써 국민의 이익을 위해 봉사하기보다는 국민 위에 군림하는 억압적 괴물로 변해가고 있다. 그리고 지구적 세계화 경향의 심화로 자본이 정치의 영역에 깊이 침투한 결과 대자본과 정치권력 간의 공모는 민주주의의 근간을 뒤흔드는 위협요인이 되고 있다.

오늘날 민주주의는 더 이상 고결한 정치적 이상이 아니다. 정치는 '쇼 비즈니스화'되었다. 민주주의가 '정치시장에서 권력을 놓고 경쟁하는 제도적 장치'라는 슘페터의 정의는 그나마 점잖은 표현이다. 일부 냉소적인 비평가들은 직업정치인이라는 배우들이 정치라는 무대 위에서 펼치는 우스꽝스러운 활극으로 치부하기도 한다. 교본에 따르면, 정당은 본래 '국민의 다양한 정치적 의사가 국가 정책에 반영될 수 있도록 국민과 국가를 이어주는 다리 역할을 하는 정치조직'이어야 하지만, 권력획득이라는 정치적 목표를 달성하려는 직업정치인들의 분파조직으로 변질된 지 오래다.

유권자 대중이 정치 선동에 취약하고 충동적 행동에

쉽게 빠져든다는 사실을 알아차린 정당은 동업자 단체와 유사한 책략을 사용한다. 보여주기식 정당 운영, 마케팅 기법을 활용한 정당 광고, 자극적인 선거 캠페인과 로고송 활용 등은 부차적인 장식물이 아니라 정치활동의 몸통이 되었다. 정당은 광고기술을 이용하여 여론을 형성하며, 정당의 우두머리는 정치 소비자 시장조사, 치밀한 커뮤니케이션 계획, 이미지 조작 등을 통해 그럴듯한 지도자로 꾸며진다. 이 같은 행태에 대해 프랑스 사회학자 알랭 투렌Alain Touraine은 "민주주의는 정치적 시장으로 협소화되었고, 정당은 기업처럼 행동하며, 선출직 대표자는 컨베이어벨트에서 정형을 찍어내듯이 만들어지고 있다"[34]고 개탄한다. 정치의 상업화 상황에서 시민은 생활용품을 사서 쓰는 것처럼 정치상품을 사서 쓰는 단순 소비자로 추락했다.

대의제에 부응하여 새로운 직업군으로 등장한 전문적인 정치인들은 사적 욕구와 공적 필요의 경계를 넘나들며 '공공성öffentlichkeit'을 훼손하는 데 개의치 않는다. 공인으로서 금지된 '이익충돌'에 해당되는 행위가 심심치 않게 발생하지만, 동업자라는 집단의식에 묻혀 암묵적 양해로 어물쩍 넘어가기 일쑤이다. 일찍이 버크가 "민족 전체로서의 하나의 이익을 실현하기 위한 심의 조직"이라고 칭송한 의회는 몇몇 분파로 갈라진 정당 간에 권력 다툼이 일상화된 공간이 되었다. '패거리정치' 또는

아킬레 벨트람, 〈하원에서의 격렬한 논쟁〉, 1903.

우파와 좌파가 뒤엉켜 사사건건 충돌하고 싸움질을 하는 프랑스 의회의 모습을 담
았다. 이 시절 정치세력은 왕당파, 보나파르주의자, 공화주의자, 극좌파, 기회주의
자 등 여러 패로 갈려 소리 지르고 멱살 잡고 주먹으로 치는 폭력도 불사한다. 의
회는 난장판이다. 오늘날에도 종종 쇠톱과 망치가 등장하는 의회 모습은 이와 다르
지 않다.

‘동물국회’라는 거센 비판에도 아랑곳하지 않고, 의회는 공적 토론을 통한 정책 수립의 장으로서보다는 자기 정당 및 정파의 이익을 변호하고 선전하는 공간으로 비춰진다.

민주주의가 만개했다고 하는 데도 이처럼 의회정치에 대한 불신이 커져만 가는 상황은 대표자들에 대한 신뢰가 땅바닥에 떨어진 데서 초래된 결과이다. 클라우스 오페가 말하는 ‘신뢰의 철회vertrauensentzug’는 공론장의 붕괴와 연결되어 있다.[35] 교과서에 쓰인 대로 민주주의가 ‘국민이 대의적 행위자에게 한시적인 통치권한을 위임하고 그 권한을 헌법이나 법률로 제한하면서 시민의 자유권을 보장받는 정치적 삶이 제도화된 형태’가 되기 위해서는 필연적으로 국민의 신뢰에 기초해야 한다. 그러나 국민이 자신의 의사를 대변할 만한 대의적 행위자를 찾지 못한다면, 투표할 의지를 상실하고 그들에 대한 신뢰를 거둬들이게 된다. 곧 ‘신뢰의 철회’이다. 표를 줄 만한 사람이 없다면 유권자들은 투표장에 갈 필요가 없다. 대다수 국민은 민주주의의 꽃으로 여겨졌던 보통선거를 통해 당선된 자들을 ‘대표자’라고 믿지 않는다. ‘정치인 따로 국민 따로’ 노니는 상황에서는 건강한 시민의식이 살아 숨 쉬는 공론장이 들어설 자리는 없다.

대의정치를 빙자하여 공공의 안녕을 ‘사적 기획’으로

오역하는 정치적 상업화의 과정이 되풀이되는 한, 민주주의는 더 이상 민주주의가 아니다. 정치꾼들의 사적 이익 추구가 공중 영역에서 빈번하게 행해지는 데 따른 피해는 고스란히 국민 대중에게 막중한 부채 더미로 돌아온다. 그럼에도 불구하고 대중은 별다른 대응을 하지 못한다. 그들 중 일부는 단순 소비자 이상의 역할을 포기한 채 사적 생활에 몰두하고, 또 다른 일부는 정치 선동에 열광하며 극렬한 행동으로 민주주의 황폐화에 가담한다.

민주주의적 인간과 정치상품 소비자가 동일화된 상황에서 일부 대중은 공동체의 가치를 남의 일처럼 여긴다. 장 보드리야르가 상업적 요구에 완전히 복종하는 '소비 주체로서의 개인화'의 환상을 고발했을 때, 그 '소비'라는 말에는 '민주주의의 부재와 평등의 결여'를 은폐시키는 거짓된 평등이 숨겨져 있다. 공론장에서 멀찌감치 이탈한 이들에게는 그 어떠한 것보다 사적 욕구가 우선이다. 이들에게 "민주주의적 삶이란 단순 소비자의 '탈정치적apolitique'인 삶"[36]이다. "공동체가 없는 공동체적 인간"으로 살아가는 이들의 생활양식은 천박한 슈퍼마켓 문화와 무관하지 않다. 공론장을 외면한 소비자들은 야구장과 공연장에는 개미떼처럼 몰려든다. 이들은 팝콘, 리얼리티 쇼, 안전 섹스, 물신숭배 등 자본주의적 환상을 추종하는 데 얼빠진 우중으로 존재한다.

국가의 딜레마

바버라 크루거, 〈나는 쇼핑한다, 고로 존재한다〉, 1987.

개념주의 예술가이자 페미니즘 아티스트인 크루거는 "나는 생각한다, 고로 존재한다"는 데카르트의 명제를 보드리야르의 '소비 이데올로기'에 부합하는 패러디로 재구성했다. 그녀는 대량생산과 대량소비의 시대에는 사고가 아닌 소비가 개인의 정체성을 지배한다는 메시지를 전하려 한다. 현대 자본주의 시대에 개인은 이성이 알아차리기도 전에 이미 무의식적으로 상품에 현혹된다. 온갖 현란한 광고로 뒤덮인 소비시장에서 이성은 제 역할을 할 수 없다. 소비는 경제적 불평등을 고스란히 드러낸다. 정치시장의 사정도 이와 다르지 않다.

다른 편에는 정치꾼들의 선동에 휘둘려 그들의 노예처럼 움직이는 극렬한 정치대중도 있다. 이들은 특정한 이데올로기적 편견에 사로잡혀 자신들이 지지하는 정치인을 광적으로 맹종한다. 이들 중 일부는 불의의 정치권력이나 부패한 정치꾼들과 끈끈하게 연결되어 그들과 결탁하기도 한다. 이 '요란한 소수'의 무례하고 무교양적인 광란은 종종 불쾌한 정치뉴스 거리를 장식한다. 정치꾼들은 이들의 행동을 마치 국민 일반의 여론인 양 호도하는 데 적절하게 이용한다. 객관적 사실이 아닌 허위정보에, 이성적 판단이 아닌 즉흥적 감정에 휩쓸려 무모한 정치적 난동을 일삼는 이 무리는 종종 극단적 이데올로기를 맹종하며 민주주의의 훼방꾼 노릇을 톡톡히 한다. 이들에게 정치란 하나의 미신이다. 이들은 민주적 인간도 아니고 교양시민도 아니다. 사악한 정치꾼이 부패한 것처럼 사악한 일부 대중 또한 부패했다.

국가의 구성원이 자기가 사는 공동체가 어떻게 돌아가는지, 그리고 자신의 어떠한 행위가 공동선에 부합하는지에 대해 최소한의 자각조차 결여한 상태라면 '나쁜 정치로의 퇴락'은 불가피하다. 사적 이익 추구와 이데올로기적 오염으로 뒤덮인 대중의 상태는 잡다한 포퓰리즘적 정치상품이 너저분하게 널려 있는 양상과 맞물려 있다. 그렇게 되면 '통치받는 것이 통치하는 것' 같은 환각을 실재인 양 느끼고, 공동체적 가치와 사익 가치가

국가의 딜레마

뒤엉켜 둘을 구별하기가 쉽지 않다. 이러한 상황이라면, "대다수 국민이 정치에 무관심한 게 오히려 조용하고 건강한 정치풍토를 만들 것"[37]이라는 영국 철학자 제임스 해링턴의 비아냥도 설득력 있게 들릴지 모를 일이다.

지구적 차원의 경제적 세계화에 따라 대자본의 영향력이 갈수록 커지는 사태도 민주주의의 토대를 뒤흔드는 위협적인 배경으로 작용한다. 눈덩이처럼 불어나는 큰돈이 정치를 지배함으로써 가뜩이나 문제투성이인 민주주의를 더욱 쇠락하게 만든다는 볼멘소리가 곳곳에서 나온다. 로버트 라이시는 슈퍼자본주의의 세계화가 자본주의와 민주주의 간의 평화적 공존을 파괴하는 주된 요인이라고 주장한다.[38] 가령 월가 자본가들과 워싱턴 정가의 로비스트들, 그리고 일부 최고 경영자들과 신자유주의자 그룹 등은 미국 자본주의의 치어리더들로서 정치세계에서 돈의 힘이 얼마나 대단한지를 여실히 보여준다. 돈 많은 기업들은, 자유시장의 강력한 옹호자 프리드먼Milton Friedman이 '기업이 해야 할 일'에 대해 충고한 말에 귀를 기울이지 않는다. 이미 돈이 정치를 지배하고 통제할 수 있다는 단맛을 알고 있기 때문이다. 대자본을 앞세운 경제권력은 정치권력에 대해 막강한 영향력을 행사함과 동시에 그들과의 결탁과 공모작업도 은밀하게 병행한다. 이처럼 활동반경을 전방위로 넓히는 대자본은 '민첩한 거인'처럼 움직이는 반면, 정부는 그 농간에 휘둘리는 '서투른 난쟁이'처럼 허둥댄다. 이러한 양상은 대중이 "정부란 본질적으로 무능하고 오직 기업만이 역량이 있다"는 인식을 심어준다. 이러한 상황이라면, 평범하고 건전한 시민의 목소리는 공허한 메아리가 되어가고, 민주주의는 점점 더 익사상태로 빠져들게 된다.

과두제로서의 민주주의

현대 민주주의의 부끄러운 민낯은 민주주의가 더 이상 '희망의 언어'가 아님을 알려준다. 민주주의의 형상은 이리 치이고 저리 치인 나머지 본래의 모습을 알아보지 못할 정도로 변해버렸다. 태생할 때부터 근본적인 결함을 지녔던 이 유동체는 그 결함을 딛고 일어서는 모습을 보이지 못했다. '인민의 지배'가 성립하기 위해서는 인민이면 누구나 정치에 참여할 수 있어야 하는데 현실적으로 그렇게 할 수가 없다. 인민의 정치 참여와 국가 운영 상의 효율 간에 발생하는 역리逆理는 민주주의의 근본적인 딜레마이다. 국가의 단위가 커질수록 이 딜레마의 양상은 더욱 심화되어 필연적으로 중앙집권적 권력체제를 구축한다. 민주주의가 필연적으로 전제주의적 양상으로 변질될 가능성을 내다본 칸트의 우려는 선견이었다. 베버 또한 '국가와 인민주권 사이에서 균형을 찾아야 하는 자유주의의 딜레마'를 깊이 들여다보고서도 이 엉킨 실타래를 푸는 데는 성공하지 못했다.

베버로부터 깊은 영감을 얻은 미헬스는 이 딜레마의 본질을 알아차리고서 '과두제의 철칙'을 도출했다. 이 철칙은 '인민의 지배'가 '대표자의 지배'로 대체된 순간부터 적용된다. 특정한 지도자가 이끌어가는 리더십 민주주의에서는 직업적 정치꾼이 득세하는 반면 대중의 선택 범위는 제한적일 수밖에 없다. 그 결과 "피선거인이 선거인을, 위임받은 자가 위임한 자를, 대표자가 대표자 권한을 준 사람을 지배하도록 하는 정치"를 산출한다.[39] 미헬스는 보통선거를 통해 합법적 지위를 차지한 소수에 의한 권위주의를 보면서 민주주의가 '새로운 형태의 과두제'에 지나지 않음을 알아차렸다. 이 신종 과두제의 출현은 엘리트와 대중 간의 현격한 분리를 드러내는 '민주주의에 관한 역설 중 가장 비극적인 역설'로서 일부 비평가들은 곧 '민주주의의 죽음'으로 간주한다.[40]

슘페터의 모델에서 확인했듯이, 인민은 정치의 주무대에서 설 자리가 없다. 뉴욕대학교 정치학자 마냉Bernard Manin이 '청중민주주의audience democracy'라고 부르는 시대에 다수의 인민은 무대 위에서 펼쳐지는 직업 정치꾼들의 연기를 보면서 이리저리 쏠리며 손뼉을 치거나 분노를 표출하는 데 만족하는 피동형의 청중으로 존재한다. 국가는 소수의 엘리트가 운영하고, 전문성과 식견이 부족한 대중은 단순 소비자로서 들러리 역할만 충실히 하면 된다. 대중은 민주주의가 그러그러한 원리를 바탕으로 한다고 하니 바람직한 정치가 이루어지겠거니 하고 뒤로 물러서 있어도 아무런 문제가 되지 않는다.

민주주의는 좋게 보아서는 주권자로 포장된 국민에 의해 선출된 자들에 의한 위임통치이지만, 그 속을 들여다보면 몇몇 필수조건을 두루 갖춘 과두제와 다를 바 없다. 그 체제는 국민의 대표자라는 정치집단과 특정 분야의 전문 엘리트집단 간의 공생 속에서 운영되며, 여기에 대자본집단과의 공모와 결탁이 더해지면 '카르텔 정치'의 완성도는 더욱 높아진다. 한편으로는 자본의 무제적인 증대를 위한 필요에서, 다른 한편으로는 과두제 권력의 확대를 위한 필요에서 서로 맞아떨어지는 이 기묘한 결합은 민주주의를 자연스럽게 '자본주의적 과두정'으로 변형시킨다. 그 언저리에서 대중은 순종적이며 무기력한 계급으로 그 체제를 떠받치는 역할에 만족한다. 고전적 교의에 새겨진 인민의 권력은 지금에 와서는 "통치할 자격이 있는지가 의심스러운 자들의 고유한 권력"으로 둔갑했다.

20세기 전체주의를 경험한 많은 나라의 정부와 정당은 '민주주의'라는 용어를 과거의 정치적 흉상을 숨기기 위한 책략으로 사용했다. 이래도 민주주의이고 저래도 민주주의인, 그런 민주주의는 인민주권의 발현체이기는

커녕 자유의 보장책도 되지 못한다. 민주주의가 국가 구성원 전체의 권력으로서가 아니라 소수자의 권력으로 변질된 상황이라면, 그런 아류의 민주주의는 더 이상 바람직한 헌정의 유일한 형태도 아니며, 국가의 정당성을 보장하는 안전장치도 될 수 없다. 민주주의가 과두제와 닮은 꼴이 된 상황에서는 여러 국가의 헌법에 명시된 '국민주권'은 명백한 거짓말이 된다. 현대 민주주의를 과두제의 지배를 은폐하는 하나의 사회형태라고 평가절하하는 비평가들은 '허울뿐인 민주주의', '명목상의 민주주의', '대자본의 명령에 복종하는 과두적 지배체제', '인민이 지워진 민주주의', '실행주체가 사라진 민주주의' 등 갖가지 자조적인 수사를 양산해낸다. 오늘도 민주주의라는 이름의 열차는 어디로 달려가는지도 모른 채 하염없이 내달리고 있다.

1 달이 사용한 '수호자주의'에서 '수호자'는 플라톤의 '수호자계급'에서의 '수호자'와는 다른 의미이다. 달의 '수호자주의'는 권력자 주도의 국가주의 이데올로기를 뜻한다.

2 Dahl, Robert A.(1998), 17쪽.

3 윗 책, 69~88쪽.

4 데이비드 헬드는 '인민에 의한 지배'라고 할 때 그 표현을 구성하는 어휘들, 즉 '인민', '지배', '…에 의한 지배'가 각각 다른 여러 가지의 의미로 해석될 수 있음을 보여준다. 그는 그 각각의 어휘가 다의적으로 사용될 수 있기 때문에 '인민에 의한 지배'는 단일한 정의로 명료화될 수 없다고 주장한다. Held, David(2006), *Models of Democracy*, 『민주주의의 모델들』, 박찬표 옮김, 후마니타스, 2010, 17~18쪽.

5 Thucydides, 『펠로폰네소스 전쟁사: 하권』, 박광순 옮김, 범우사, 2011, 37장.

6 Dahl, Robert A.(1989), 61쪽.

7 Plato, 『법률』, 박종현 옮김, 서광사, 2009, 701a-c.

8 Plato, 『국가』, 박종현 옮김, 서광사, 2009, 488b-489d.

9 Rousseau, Jean-jacques(1762), *Du contract socal: ou, prin-cipes du droit politique*, 『사회계약론』, 김중현 옮김, 펭귄클래식코리아, 2010, 34쪽.

10 윗 책, 52쪽. 루소는 평등의 사회정치적 의미를 다음과 같이 설명한다. "평등이라는 말은 모두에게 힘과 부의 정도가 전적으로 같아야 한다는 것이 아니라, 힘은 그것이 어떤 것이 되었던 폭력이 되어서는 안 되고 오로지 지위와 법에 의해서만 행사되어야 하며, 부는 어떠한 시민도 다른 시민을 살 수 있을 만큼 부유하지 않으며 어느 누구도 자신을 팔아야 할 만큼 가난하지 않다는 것을 의미한다." Rousseau, Jean-jacques(1762), 87~88쪽.

11 윗 책, 61쪽.

12 윗 책, 72쪽.

13 Cohen, Joshua(1987), "An Epistemic Conception of Democracy",

Ethics 97(1): pp.26~38.

14 Rousseau, Jean-jacques(1762), 105쪽.

15 윗 책, 107~108쪽.

16 윗 책, 59쪽.

17 서병훈(2011), 「대의민주주의의 꿈과 포부, 그리고 과제」, 서병훈 외 (2011), 『왜 대의민주주의인가』, 이학사, 16쪽.

18 Fralin, Richard(1978), "The Evolution of Rousseau's View of Representative Government", *Political Theory* 6 (4), pp.517~536.

19 Sabine, George(1964), *A History of Political Theory*, New York, Holt, Rinehart and Winston, p.695.

20 Mill, John Stuart(1820), *Considerations on Representative Government in Three Essays: On Liberty, Considerations on Representative Government, The Subjection of Women*, Oxford University Press, 1983, p.211.

21 윗 책, p.198.

22 Madison, James et.al.(1787), *The Federalist Papers*, 9, 10, 15, 16, 17번.

23 Held, David(2006), 172쪽. 이러한 물음과 관련하여 밀은 보다 구체적으로 인민의 대표로 선출된 사람들은 자신의 지역구 주민들이 지시하는 대로 따라 움직여야만 하는지, 아니면 자신의 판단과 감정대로 활동해야 하는 것이지, 나아가 정치인은 유권자들의 뜻을 의회에 전해주는 대사 ambassador인가 아니면 그들을 위해 행동할 뿐 아니라 그들을 위해 무엇을 해야 하는지 판단도 내리도록 권한을 위임받은 전문가professional agent 인가를 놓고도 고민했다.

24 Barker, Ernest(1959), *The Political Thought of Plato and Aristotle*, Dover Publications, p. 89.

25 Schumpeter, Joseph A.(1946), *Capitalism, Socialism and Democracy*, 『자본주의 사회주의 민주주의』, 변상진 옮김, 한길사, 2011, 449쪽.

26 윗 책, 504쪽.

27 윗 책, 449쪽.

28 윗 책, 485~501쪽.

29 Held, David(2006), 294쪽.

30 임혁백(2010), 『세계화 시대의 민주주의』, 나남, 157~171쪽.

31 Weber, Max(1919), *Politik als Beruf*, 『직업으로서의 정치』, 전성우 옮김, 나남, 2019, 19쪽.

32 Schmitt, Carl(1932), *Der Begriff des Politischen*, 『정치적인 것의 개념』, 김효전·정태호 옮김, 살림, 2012, 39쪽.

33 Schattsschneider, E. E.(1975), *The Semisovereign People*, 『절반의 인민주권』, 현재호 외 옮김, 2008, 205~210쪽.

34 Touaine, Alain(2000), 「시민사회에 대한 찬사」, 『세계화 이후의 민주주의』, 이승협 옮김, 평사리, 2005, 81쪽.

35 Offe, Claus(2000), 「신뢰하지 않는다면」, 『세계화 이후의 민주주의』, 93쪽.

36 Rancière, Jacques(2005), *La haine de la démocratie*, 『민주주의는 왜 증오의 대상인가』, 허경 옮김, 인간사랑, 2011, 67쪽.

37 Kaplan, Robert D.(2000), 106쪽에서 재인용.

38 Reich, Robert(2007), *Supercapitalism: The Transformation of Business, Democracy, and Everyday Life*, 『슈퍼자본주의』, 형선호 옮김, 김영사, 2008, 233쪽.

39 Michels, Robert(1911), *Zur Soziologie des Parteiwesens in der modernen Demokratie. Untersuchungen über die oligarchischen Tendenzen des Gruppenlebens*, 『정당사회학: 근대 민주주의의 과두적 경향에 관한 연구』, 김학이 옮김, 한길사, 2002, 15쪽.

40 Levitsky, Steven & Ziblatt, Daniel, *How Democracies Die?*, 『민주주의는 어떻게 죽나?』, 2018, 7쪽.

6장

국민은 국가의 주인인가?

오늘날 보편적으로 통용되는 '국민'이라는 말은 불과 두세 세기 전쯤에 만들어진 용어이다. 서구에서 두 차례의 정치혁명을 거치면서 국가의 성격은 달라졌고, 인민의 위상도 변했다. 근대국가가 발흥하면서 자유와 평등에 기초한 '근대적 개인' 또는 '근대인'의 용어가 통용되었고, 피통치자의 위상도 신민臣民에서 시민 또는 국민으로 격상되었다. 계몽기의 사회계약론자들이 자주 사용한 '인민'이라는 용어는 "무엇에도 구속되지 않은 원래의 사람", 즉 자연인이라는 의미가 내포되어 있다. 근대국가의 정치 이념이 인민의 기본권을 보장함으로써 국가의 성원이 된 자연인은 '국민'으로 불렸다.

'국민'이라는 용어가 근대적 산물이기는 하나, 그 유래는 고대 그리스의 도시국가로 거슬러 올라간다. 도시국가의 구성원은 시민市民이었고, 시민은 고대 아테네에서 정치에 참여하는 주권자였다. 아테네의 시민은 "성인 남성으로 재산이 있고 교양이 있으며 정치에 관심을 가지고 도시 공동체의 정책결정에 참여할 수 있는 권리를 가진 사람", 상대적으로 소수의 특권계층이라고 할 수 있다. 즉 고대의 시민은 '도시 공동체의 구성원으로서 대우받는 사람'이었다.

따라서 고대 아테네의 시민과 명예혁명이나 프랑스혁명 당시의 시민은 다른 개념이다. 근대혁명기의 시민은 정치에 참여할 권한을 갖지 못한 자들로서 절대왕정에 대한 저항을 통해서 최소한의 권리를 쟁취하려는 평민이었다. 이들은 연이은 혁명의 성공으로 절대왕정 치하의 예속과 굴종에서 벗어나 '국가로부터의 자유'를 획득함과 아울러 참정권 행사 등 '국가에로의 자유'를 행사할 수 있는 '공민公民, public, Staatsbürger'으로서의 위상을 갖게 되었다. 고대 시민에서 근대 인민으로의 전화는 자유와 평등의 원리에 기초하여 국가 구성원 모두가 공민권을 갖는 '국민'으로 거듭나게 되었음을 의미한다. 실정법상으로 근대국가의 개인은 나라의 주인됨을 자각하고 주권자의 권리와 책무를 다하는 정치적 주체이다.

국민은 국가를 구성하는 개인들의 집합체로 국가의 구성원을 통칭한다. 국어사전에 따르면 '국민'은 "한 나라의 통치권 아래에 있는 사람, 또는 그 나라의 국적을 가진 일정한 권리와 의무를 지닌 사람"으로 정의된다. 한 국가 아래 모여 사는 국민이란 나이고 너이고 우리이

오노레 도미에, 〈공화국〉, 1848, 오르세 미술관.

도미에가 유화로는 처음으로 공개한 미완성 작품이다. 그가 꿈꾸는 공화국은 성스러운 어머니의 모습이다. 국가는 인민의 어머니이자 아이의 책임자로서 두 가지 의무, 즉 빵과 자유를 제공해야 한다. 도미에에게 국가란 국민을 배불리 먹이고 그 덕분에 국민은 자신이 원하는 일을 자유롭게 할 수 있는 나라이다.

다. 국가의 구성원으로서 개인은 권리와 의무 면에서 동등한 주체이다.

국민은 개인으로서 생존적 필요에 따라 자기 이해를 추구하는 존재이지만, 동시에 타인 및 공동체 전체의 이해에 관여하는 존재이기도 하다. 하지만 우리가 국민으로 통칭할 때 개인의 사적 특성은 고려되지 않는다. 국민은 개인들로 구성되지만 개인이 아니다. 그리고 그 개인들은 서로 다른 독립적 실체이다. 그들은 성별, 지역별, 연령대별, 직업별, 교육 수준별 등 여러 차원에서 서로 다른 이해를 가질 뿐 아니라 개인적 성격 및 취향, 교양 및 도덕성의 수준, 지식과 정보의 획득 정도, 정치적 선호 등에서도 각기 다른 이질적인 존재들이다. 따라서 국민의 개념에는 개인의 속성이 없다. 국민은 단일한 특성으로 규정할 수도 없는, 그 실체를 명확히 할 수 없는 모호한 개념이다.

국가권력과의 관계에서 국민이 그 모습을 드러내는 가시적 양태는 일개인으로서가 아니라 무리로서이다. 정치세계에서 국민은 인민, 시민, 민중, 대중, 군중, 공중, 다중, 평민, 유권자 등 다양한 이름을 붙일 수 있는 집합체의 다면적 성질을 발현한다.[1] 즉, 국민은 국민 개인이 아닌 국민 대중으로서의 속성을 드러낸다.

국가의 딜레마

오르테가는 대중을 "특별한 자질이 없는 사람들의 집합체"라고 규정한다. 대중은 "특정한 기준에 따라 자신에 대해 선악의 가치판단을 내리지 않고 자신을 '다른 모든 사람'과 동일시하는 사람들 모두"를 말한다.[2] 한마디로 말하면, 대중은 '평균인el hombre medio', 보통 사람들이다. 개인이 대중의 일원으로 행동할 때 집합체의 흐름에 뒤덮여 개인의 사적 속성, 개별성은 파묻히게 된다.

근대에 들어 두드러지게 나타난 양상은 대중의 힘이 급격히 성장했다는 사실이다. "국민 대중의 출현은 아마도 서구 문명의 마지막 단계 중 하나로 기록될 것"이라는 귀스타브 르봉의 말처럼, 국민 대중의 등장과 함께 근대사회의 사회적 · 정치적 성격도 크게 바뀌었다. 이러한 변화는 근대 과학 및 산업의 발전에 힘입어 인간의 존재와 사고에 관한 새로운 조건이 조성됨에 따라 기존의 관습대로 이어져온 종교적 · 정치적 · 사회적 통념이 붕괴한 데 기인한다.

대중의 출현으로 '수의 힘이 곧 역사철학'이 되는 듯한 시대가 열리게 되었다. 그러나 대중의 출현이라는 정치적 대전환에 대해서는 일부 분석가들 사이에 과도한 기대와 심각한 우려가 엇갈렸다. 어떤 이는 대중을 역사의 중심에 놓는 거대 담론을 펼쳐 보였고, 또 다른 편에서는 변화된 정치적 실재를 거짓 포장하는 허구의 논리도 만들어냈다. 이 변혁기에 대중을 정치의 주체이자 국가의 주인으로 세우려는 정치철학이 큰 반향을 일으켰지만, 어떤 이들에게 이러한 시도는 프로이트가 말한 '대중의 심리적 비참misère psychologique des masses'을 정치적으로 왜곡한 관념적 산물처럼 여겨졌다. 대중시대에 내포된 맹점은 국민이라는 다수가 곧 국가를 지배하는 힘인 듯 보이는 착시현상과 관련이 있다. 일부 비판가는 수적으로 다수가 분출되는 흐름 속에 잠재한 새로운 불안의 징후를 놓치지 않았다.

근대의 일부 지식인들은 국민이 개인이 아닌 대중으로 모습을 드러낼 때 개개인이 보유한 독특한 속성은 물론 이성적 능력이 현저히 떨어진다는 사실에 주목했다. 가령 독일 시인 실러Friedrich Schiller는 "대중은 한 사람 한 사람을 놓고 보면 각각은 매우 똑똑하고 이해력이 있지만 한데 모아놓으면 그만큼의 바보들로 변하는 존재"라고 묘사했다. 모파상 또한 "개인이 혼자 있을 때는 지적 창의력, 자유의지, 분별 있는 성찰력, 심지어는 통찰력 등의 자질을 보이지만 많은 사람 속에 섞이면 그 자질을 잃어버리는 존재"인 사실에 놀라워했다. 오스트리아의 극작가 그릴파르처Franz Grillparzer는 한걸음 더 나아가 "개인으로서의 인간은 참아줄 만하지만 집단 속에서의 인간은 동물계에 너무나도 가까이 접근한다"고 꼬집었다.

국가의 딜레마

이들이 보기에 대중은 무분별성을 특성으로 하는 집합체였다. 대중이란 집단감정과 맹목성에 취약한 사람들이었고, 수적으로는 큰 비중을 차지하지만 그 실체를 쫓다 보면 허풍으로 드러나는 존재였다. 이러한 모습은 압제자를 몰아내고 나서 허둥대다가 그 압제자에게 역으로 진압당한 파리코뮌 사태나 히틀러를 세속의 신처럼 광적으로 숭배하다가 국가적 불행을 혹독하게 경험한 독일 대중에서 쉽게 확인된다. 요컨대 '대중 인간 l'homme-masse'은 근대에 만들어진 새로운 유형의 인간, 무리의 흐름에 쉽게 휩쓸리는 동조주의형 인간이었다.

르봉의 군중 개념

토크빌, 르봉, 오르테가, 미헬스 등이 각기 다른 방식으로 묘사했듯이, 대중이 다수가 됨으로써 야기된 정치 구조적 변동은 새로운 성질의 정치적 불안을 조성한다. 프랑스 사회심리학자 구스타브 르봉은 이 현상을 세밀하게 들여다보았다. 르봉은 『군중심리』를 통해 프랑스혁명 이후 인민이라는 이름으로 승격된 일반 대중에 대해 경계심을 드러낸다. 그가 분석대상으로 삼은 군중은 대중이나 인민과 크게 구별되지 않는다. 그는 대중이 누구이고 그들이 어떠한 특성을 갖는지에 대한 사회심리적 관찰을 통해 대중의 시대가 마냥 좋기만 한 정치적 진보가 아님을 인지한다. 그는 대중을 "국적, 직업 혹은 성性이 무엇이든지 간에, 평범한 개인들의 집합"으로 규정하고, 개인이 모여 집합체가 될 때 개인의 특성과는 매우 다른 새로운 특성을 갖는다는 사실에 주목한다.

집합체에서는 개인의 개별성이 사라진다. 대중 속의

국가의 딜레마

개인은 불특정 다수의 일원이 되어 익명상태에 놓임으로써 자기 고유의 정체성을 드러내지 않는다. 집합체로서의 대중은 개인과는 구별되는 별개의 존재이다. 대중 속에서 모든 개인들의 감정과 생각은 단일한 방향을 취하게 되는데, 르봉은 이를 '정신적 통일성의 법칙'이라고 명명한다. "마치 살아 있는 육체의 세포들이 재결합해서 원래 개별 세포가 지닌 특징과는 전혀 다른 특징을 나타내는 새로운 육체를 형성하는 것처럼," 대중 속에서 인간은 개별성을 잃고 '언제나 같은 수준이 되려는 경향'이 있다. 여기에는 몇 가지 이유가 있는데, 그 첫 번째는 다수라는 숫자 덕분에 개인이 가질 수 없는 큰 힘을 가진듯한 착각을 하게 되는 집단적 본능이 작동하기 때문이다. 다음으로 대중 속의 개인은 남들의 행동을 따라하는 '정신적 전염'에 쉽게 젖게 된다. 이 결과 대중 속의 개인은 종종 자기 자신의 이해를 잠시 잊고 집단의 이해가 자기 이해인 양 착각하는 경향을 보인다.

르봉은 개인의 독특성이 사라진 대중에게서 감정적이고 즉흥적이며 충동적인 성질을 발견한다. 개인으로 존재할 때 자신을 일상적으로 지배했던 이성적 사고는 대중의 일원으로서 수의 막강한 힘과 군중심리에 압도당함으로써 매우 열등한 수준으로 떨어진다. 개인과는 달리 대중에게는 미리 세워놓은 사전 계획이 없기에, 다수가 일시적으로 공유하는 감정이 집단행동의 판단기준이 된다. 또한 대중으로 묶인 상태에서 이성적 토론이나 성찰은 불가능하기에 합리적 판단에 의한 치밀한 집단 행동은 기대하기 어렵다.

오히려 대중에게는 보다 단순하고 직설적인, 또는 자극적이고 극단적인 감정이 쉽게 스며들 수 있다. 이 감정은 주로 이미지와 연상에 의존한 단순한 정서로 종종 사실 이상으로 과장되어 본능적 감정을 증폭시킨다. 감정에 의한 판단은 이성적 판단과는 달리 복잡한 절차를 거치지 않기 때문에 매우 단순한 이분법 수준을 넘지 않는다. 따라서 대중에게 암시되거나 전달된 특정한 의견, 사상, 신념은 통째로 받아들여지거나 아니면 송두리째 거부되며, 절대적 진리이거나 아니면 절대적 오류로 여겨지게 된다. 이 때문에 대중의 사고방식에서는 특수한 것이 즉각적으로 일반화되거나 보편적인 것이 되는 현상이 빈번히 일어난다. 르봉은 역사상 종종 발생했던 '집단환각의 메커니즘'이 이처럼 다수라는 집합체의 속성에 기인한 결과였고, 전염성을 띤 암시의 핵심을 형성했다고 설명한다.

집단환각은 또한 다른 특징도 만들어내는데, 그 특징들이란 "자신들보다 월등히 우월하다고 여겨지는 존재에 대한 숭배, 그 존재가 갖고 있다고 여겨지는 권력에 대한 공포, 그 존재의 명령에 대한 맹목적 복종, 그가 제

국가의 딜레마

시한 교리를 신성시하며 전파하려는 욕망, 그리고 그 교리를 받아들이지 않는 모든 사람을 적으로 몰아가는 경향 등"이다.[3] 불특정한 군중이 모이면 영웅을 만들어내고 그를 숭배한다. 이렇게 해서 굳어진 대중의 신념은 맹목적인 숭배와 복종, 격렬한 포교 욕구, 그리고 반대하는 자들에 대한 야만적 불관용과 같은, 종교적 감정에 내재하는 것과 동일한 특성을 지닌다. 르봉은 이를 '대중의 종교적 본능'이라고 부른다.

르봉이 본 대중은 개인보다 우월한 특성을 갖기보다는 그 반대로 열등한 집합체이다. 그들은 이성적이기보다는 감정적이고 즉흥적이며, 때에 따라서는 변덕스럽기까지 하다. 물론 르봉은 대중이 언제나 그렇다고는 주장하지 않는다. 그는 경우에 따라서는 대중의 도덕성이 개인의 도덕성보다 훨씬 더 나을 수도 있고, 대중의 행동이 이성적 판단에 의해 추동되는 경우도 있음을 인정한다. 대중을 구성하는 개인은 매우 다채로운 기질을 지니고 있기에 간혹 숭고한 도덕적 행위의 모범을 보이는 사례가 있기도 하다. 그러나 그것은 극히 예외적인 경우일 뿐 대중 일반의 보편적 특성이 아니다. 그는 무특징의 평민들이 무리를 지어 정치적 공론장에 뛰어들 때 이성의 지배는 사라지고 비합리적인 집단감정이 횡행하는 난장판이 되기 쉽다는 우려를 쉽게 지우지 못했다.

제임스 앙소르, 〈1889년 브뤼셀에 입성하는 그리스도〉, 1888, 폴 게티 미술관.

앙소르의 대표작이다. 수와 집단의 힘으로 몰려나온 대중은 '브뤼셀의 왕, 그리스도 만세'라고 적힌 슬로건도 들고 있고, '사회주의 혁명 만세'라는 문구가 새겨진 붉은 현수막도 치켜올린다. 대중의 행렬은 절반쯤은 축제이고 나머지 절반 정도는 데모이다. 예수는 예루살렘이 아니라 벨기에 수도 브뤼셀에 입성한다. 예수의 모습은 매우 작게 묘사되어 있고, 대중은 그를 알아보지 못하는 것 같다. 예수는 그저 동시대인이다.

벨기에의 혼란상을 표현한 이 그림은 르봉의 대중심리학과 근본적으로 대립되는 사회적 세계관을 보여준다. 앙소르의 대중은 르봉의 군중과는 사뭇 다른 차이가 있다. 욘손은 그 차이를 다음과 같이 설명한다. "르봉의 군중은 하나의 집단적인 영혼에 의해 구성된다. 앙소르에게 군중은 차이와 유사성을 가진 수많은 방계에 의해 조직된다. 르봉에게 군중은 동질적이다. 앙소르에게 군중은 이질적이다. 르봉은 군중 속의 모든 얼굴을 지도자를 향해 돌리는 반면 앙소르는 중심이 없이 그들이 공간 안에서 펼쳐지도록 만든다. 르봉은 군중의 구성원을 자동화된 상태로 보는 반면 앙소르는 그/그녀를 사회적 긴장의 총체로서 이해한다."

르봉의 군중심리학에는 여러 허점이 있다.[4] 무엇보다 르봉은 사회경제적 상황 변화에 따른 상이한 정치적 조건을 따져보지 않음으로써 대중을 구성하는 개인들 간의 계급적 갈등 및 문화적 차이를 고려하지 않았다. 또한 그는 나라마다 다른 역사적 배경을 소홀히 했다. 그 결과 대중이 출현하게 된 상이한 역사적 맥락을 반영하지 않은 심리학적 분석의 일반론에 그쳤다는 한계도 드러낸다. 나아가 인간 일반에 대한 엘리트주의적 관점을 고수함으로써 근대적 대중의 지적 능력 및 인간적 가치를 평가절하하고 그들의 추하고 어두운 면을 주로 부각했다는 비판도 제기된다.

대중의 비합리성과 충동성에 초점을 맞춘 르봉의 심리학은 역사를 바라보는 그의 보수주의적 세계관과 관련이 깊다. 그는 국민 대중이 다수를 차지하는 근대국가가 성립되었다고 해서 역사가 바뀌었다고 생각하지 않았다. 르봉은 근대적 정치환경의 변화가 마치 본질의 변화인 양 호들갑을 떠는 계몽주의적 공식을 겨냥하여, "익명성과 數에 마비된 가슴속에 낡아빠진 감정을 느끼게 한다고 해서" 결코 자유의 물결이 넘실대는 이상향이 도래하지 않음을 입증하고 싶어 했다. 그는 파리코뮌 사태에 기겁한 후 코뮌을 생물학적인 비정상성에 견줄 수 있는 병리적 징후이자 전염병의 예시라고 공박하며 광폭한 집단영혼이 야기하는 무모함에 대한 혐오를 감추지 않았다. 1898년에 쓴 『사회주의 심리Psychologie du socialisme』에서는 보편적 투표권과 사회적 정의를 위한 노동 대중의 투쟁을 병리적 망상으로 치부하며, 인민주권의 명제를 응당 거부해야 할 허상으로 기각했다. 그가 보기에, "역사란 언제나 소수 엘리트가 다수 대중의 무의식에 무언가를 각인시킨 행위의 결과"[5]였다. 그는 국민대중이 폭발적으로 성장한 현상에 주목했지만, 그들이 정치의 새로운 주체가 될 것이라고는 결코 믿지 않았다.

서양 근대 지식세계의 대중 혐오

순식간에 크게 불어난 무질서한 대중의 범람이 '일종의 재앙'으로 비쳐진 것은 비단 르봉에게만 국한된 일이 아니었다. 서구의 근대 주류 지식사회에서 대중은 여전히 미성숙한 존재로 인식되었다. 이들에게 대중은 항시 경계해야 할 위험천만한 무리였고, 보다 심하게는 혐오의 대상이었다. 근대 보수주의 이념의 시조격인 버크는 프랑스혁명 과정을 유심히 관찰하면서 수적인 힘에 기반한 새로운 정치질서를 사회적 혼란과 폭력의 두려움으로 연결시켰다. 그는 급진적인 선동가들이 자주 사용한 '인민의 의지'라는 팻말을, 무지한 대중을 폭도정치의 길로 오도하는 위험한 안내판으로 여겼다. '질서와 관습이 모든 좋은 것들의 초석'이라고 믿는 그에게 그러한 선동은 '모두를 동물로 평등화하려는' 어리석은 짓에 불과했다.

프랑스의 보수주의자 토크빌 역시 대중의 부상을 '수

數'의 문제로 인식하기는 마찬가지였다. 그는 미국 민주
주의에서 새로운 희망의 싹을 찾아내는 데 남다른 노력
을 기울였지만, 대중에 대한 경계를 늦추지 않았던 점에
서는 버크와 생각을 같이했다. 그는 혁명이 야기한 정치
적 변형에서 대중의 부상과 함께 떠오른 개인주의의 출
현을 동시에 보고 있었지만, 대중민주주의에 대해서는
찬반의 갈래길에서 마음을 정하지 못했다. 더욱이 그는
공공선보다는 사적 이해를 우선하는 대중의 속성 또한
민주주의의 순탄한 행진에서 큰 장애가 될 것임을 우려
했다. 가령 대중은 공공행정의 원칙과 계획이 어떻게
실행되는지에 관심을 갖기보다는 자기 집 주변에 새로
운 도로가 생기는지를 훨씬 더 중요하게 생각한다. 토크
빌의 눈에 비친 대중은 민주주의를 이끄는 주체가 되기
에는 여전히 미성숙 상태를 벗어나지 못했다. 그가 우려
한 '다수에 의한 전제'는 무제한적 수를 바탕으로 개인
에게 가해지는 폭력적인 제재였고, 우중의 방탕함을 드
러내는 새로운 위협이었다.[6]

오르테가 또한 사적 이익에 치우치는 대중의 속성을
적나라하게 표현했다. 대중은 "자신의 복지에만 관심을
기울일 뿐 그 복지를 낳은 원인에 대해서는 무관심하다."
그들은 "문명의 편의가 만들어지기까지의 엄청난 노력
과 세심한 배려를 보지 못하고 그런 편의를 마치 자연권
인 것처럼 집요하게 요구하는 경향이 있다."[7] 심하게 말

하면, 대중은 종종 "빵을 얻기 위해 빵집을 때려 부순다." 대중의 자기이익 추구 속성은 '대중의 불합리한 심리상태'에 기인한다. 대중의 시대에 접어들면서 "대중은 '내가 곧 국가이다'라고 시위하지만, 이것은 완전한 착각"이다. 그가 보기에, "국가와 대중은 오직 익명이라는 점에서만 일치"할 뿐 내용상으로는 전혀 다르기에 주권대중이라는 말은 껍데기에 불과하다.

버크와 토크빌, 그리고 오르테가가 대중정치의 위험을 충분히 경고했다 할지라도 플로베르처럼 대중에 대한 극심한 혐오를 쏟아낸 이도 드물다. 그는 『감정교육』에서 대중을 술주정꾼의 무리, 거리의 아이들, 출세 제일주의자, 이상주의자 등으로 묘사하며 업신여겼다.[8] 플로베르는 파리코뮌에서의 인민을 어리석고 유치한 행동을 저지른 미숙아들의 집합으로 간주하면서, 수數만으로 '마음은 물론 교육, 인종, 돈 자체를 지배'하는 상황을 야만상태와 동일시했다. 그는 정치적 이상으로서의 '인민'을 정면으로 공격하면서 민주주의 이념의 허점을 폭로하는 데 열을 올렸다. 대중에 대한 극심한 혐오는 그만의 생각이 아니었다. 근대의 대중을 바보 취급했던 헨리크 입센Henrik Ibsen이나 환호하는 대중의 물결을 '노예상태'라고 비난한 부르크하르트, 대중의 정치적 행동을 모든 사회적 위계질서와 제도를 녹여버리는 파괴의 힘으로 설명한 칼라일 등도 같은 정서를 공유했던 바였다.

국가의 딜레마

스웨덴의 지성사가 욘손Stefan Jonsson이 지적했듯이, 플로베르와 같은 이들에게 대중은 단계별로 의미론적 변형을 거치면서 혐오의 대상이 되었다.[9] 처음에는 양量과 수數의 집합으로 등장했다가, 다음에는 빅토르 위고의 '비참한 사람들'로 인식되었고, 1848년 이후의 노동운동과 1871년 파리코뮌을 거친 후에는 사회병리적인 덩어리로 간주되면서, 급기야는 위험천만한 광기의 무리로 굳어지게 된다. 이들이 보기에, 대중의 어두운 이미지는 범죄에 연루된 위험스러운 하층계급, 거주지 증명서가 없는 부랑자와 노숙자, 궁핍에 시달리는 가난한 사람들, 교육을 받지 못한 문맹자들, 거칠고 거무튀튀한 공장노동자와 헐벗은 농민 등과 중첩되어 있었다. 그렇기에 이들은 어느새 크게 불어난 대중의 시대를 새로운 재앙으로 받아들였다. 강경한 보수주의자들에게 이 재앙은 '새로운 전제정치의 시작'이자 '역사의 후퇴'를 의미했다.

타르드의 공중 개념

대중에 대한 경계심과 혐오감이 만연했던 근대 지식인 세계에서 프랑스의 사회심리학자 장 가브리엘 타르드Jean Gabriel Tarde는 다소 예외적인 인물이었다. 그는 르봉과 같은 시기에 활동했지만 르봉과는 전혀 다른 생각을 갖고 있었다. 타르드는 르봉보다 2년 뒤인 1843년 프랑스 남서부 소도시 사를라에서 태어나 대학을 졸업한 후 고향의 재판소에서 보조 판사를 시작으로 28년간 줄곧 판사로 지냈다. 1894년 법무부 법률통계국장으로 임명되어 파리로 이주할 때까지 평범한 법조인의 삶을 살면서도 『비교범죄학』, 『형법 철학』, 『모방의 법칙』, 『법의 변형』, 『단자론과 사회학』, 『사회 법칙』, 『여론과 군중』 등을 출간하는 왕성한 연구 활동을 통해 프랑스 사회학계를 대표하는 학자로 입지를 굳힌다. 1900년에는 콜레주드프랑스의 현대철학 담당 석좌교수로 자리를 옮겨 학자로서의 삶을 마감한다. 법률가로서 그는 범죄를 개인의 생리적 결함에 의한 결과로 보는 종래의 인류학적

국가의 딜레마

학설을 부정하고 사회환경의 역할을 강조하는 사회학적 해석을 도입한 장본인이다. 특히 '모방'을 사회 형성 및 발전의 본질로 파악한 그의 주저 『모방의 법칙』은 100여 년 동안 묻혀 있다가 최근에 와서 독창적인 사회이론으로 집중적인 조명을 받고 있다.

타르드는 보수주의자들처럼 대중에 대한 반감을 드러내지도 않았고 이데올로기적 데마고그처럼 인민의 이름을 찬양하지도 않았다. 타르드의 공헌은 과거 왕정시대에 보잘것없던 '무無권리'의 개인이 어떻게 시민으로서 정치적 권리를 갖게 되었는지 그 역사적 발자취를 더듬어보면서 대중의 색다른 특성을 추출해냈다는 데 있다. 그가 정치적으로 성장한 대중의 파고 속에서 찾아낸 발견은 '공중le public'이라는 개념이다. 타르드는 "우리 시대가 '군중의 시대l'ère des foules'라는 르봉 박사에게 동의할 수 없다"고 말하면서 "우리 시대는 '공중 또는 공중들의 시대l'ère du public ou des publics'"라고 다시 규정한다.[10]

타르드가 보기에 대중은 모두가 비합리성, 즉흥성, 돌발성을 특성으로 하는 무지몽매한 존재들만은 아니다. 르봉처럼 대중을 비합리적이고 무절제한 무리로 일괄하는 것만으로는 대중에 관한 모든 것을 설명할 수 없다. 더군다나 대중을 바리케이드, 궁정의 약탈, 학살, 파괴, 방화 등과 연관된 '범죄 군중'으로 몰아세우는 주장 또한 과도한 편견에 지나지 않는다.[11] 그는 르봉의 군중심리학을 전적으로 부정하지는 않았지만, 르봉이 시도하지 않은, 대중의 성장 속에 담긴 정치적 건강성을 찾는 데 힘을 기울였다.

타르드의 공중은 르봉의 군중과는 질적으로 다른 집합체이다. "군중은 동일한 장소와 동일한 시간에 모여 있는 사람들 즉 물리적인 군집상태인 반면에, 공중은 순수하게 정신적인 집합체로서 육체적으로는 서로 떨어져 있지만 정신적으로는 결합된 개인들이 분산되어 있는 상태"로 존재한다.[12] 개인의 이성적 판단능력이 상실되고 즉흥적 감정의 획일화로 치닫게 된다는 르봉의 군중에서와 달리, 공중이라는 집합체는 개인의 특성을 잃지 않고 각자의 독특한 의견을 제시하고 전파하려는 사회집단이다. 그는 공중 개념을 통해 대중을 충동적이고 무지한 무리로만 규정하지 않고, 그 가운데는 교양과 지식을 갖춘 일련의 사람들도 폭넓게 잠재하고 있음을 알려주려 한다.

타르드는 공중 탄생의 기원을 15세기의 인쇄술 발명으로 성서가 대량으로 보급된 시대에서 찾는다. 특히 신문의 보급은 공중의 범위를 확장하는 결정적인 계기로 작용했다. 평범한 사람들도 신문을 읽으면서 수많은 타인들과 동일한 믿음과 정서를 키우며 사회의식을 공유할 수 있게 되었다. 귀족세력이 독점하던 다양한 지식과 정보가 일반 평민에게도 전파될 수 있었고, 그 결과 다방면의 지식과 교양을 습득한 일군의 시민이 하나의 새로운 세력으로 성장할 수 있었다. 18세기에 들어서는 국민국가가 형성되는 계기와 맞물려 교양을 갖춘 공중이 폭발적으로 증가하고 세분화되면서 세기 후반에는 '정치공중'이 탄생하기에 이른다.

타르드는 19세기에 들어 모든 분야에서 공중이 최대한으로 확대되는, '공중의 시대'가 열렸다고 주장한다. 타르드가 말하는 공중의 시대란 '이성적인 사유능력을 지닌 교양인'이 주체가 되는 시민사회의 개막을 의미한다. 그는 여론을 "현재 제기된 문제들에 대해 같은 나라, 같은 시대, 같은 사회의 사람들에게서 수많은 사본으로 복제되어 있는 판단들을 일시적으로 모은 것"[13]으로 정의하면서, 그 중심에 공중이 자리하게 되었음을 강조한다. 이제 공중은 한 사회에서 여론을 생성하고 그 향배에 영향력을 행사할 수 있는 위치에까지 올라섰다.

공중이 주도하는 여론은 해당 사회에 축적되어온 생활관습과 문화적 전통, 그리고 당대 엘리트들의 공적 판단과 더불어 국가를 이끌어가는 주된 동력의 하나가 된다. 하버마스는 60년 전의 타르드의 공중담론을 그대로 끌어와서 현대사회의 '공론장'의 구조와 성격을 해명하는 데 활용했다.[14] 공론장은 공중이 주체가 되어 공적 의견으로서 여론이 형성되는 공간이다. 그에 의하면, 근대적 공론장은 공중이 커피하우스, 살롱, 만찬회 등의 장소에서 자유롭게 토론하고 의견을 모으는 과정을 통해 성립하게 되었다. 공중은 "이성적 사유능력을 지닌 개인들"로서 "자유롭고 평등한 조건 속에서 공개성publicness의 원칙에 따라 의견을 표출하고 토론을 수행함으로써 "공적 주제에 관한 성찰과 비판을 통해 모인 집단적 의견, 즉 여론" 형성을 주도하는 존재로 부상했다.

하버마스의 분석에 따르면, 타르드의 공중 개념에는 이성과 교양이라는 두 요소가 밀접하게 결합되어 있다. 공론장에서의 여론은 이성적 판단에 기초하며, 그 이성은 "단독의 고립된 주체가 아니라 복수의 주체 위에서 성립한다." 그리고 공중을 특징짓는 요건으로서의 교양이란 "모든 것을 합리적으로 사유하고 토론하는 이성적 힘에 바탕을 두고 있는 능력"이며, 그 능력이 발휘될 때 "사적인 이익을 공적 가치로 바꾸어내고 공유하는 보편화의 힘"으로 작용한다. 이렇듯 공중이 주도하는 공론장의 역할은 공적 주제에 대한 여론을 형성하는 데 있고, 그 여론은 국가권력을 감시하고 통제하는 정치적 힘의 원천으로 등장한다. 타르드는 "개인적인 의견을 지역적인 의견으로, 지역적인 의견을 국민적인 의견이나 세계적인 의견으로 묶어내는 작업"을 공중이 만들어내는 공공정신의 장대한 통합이라고 믿으면서, 공중이 미래의 사회집단이 될 수 있다고 기대했다.

타르드는 대중의 물결 속에서 새로운 빛을 보았고 그로부터 미래사회에 대한 희망의 메시지를 전했다. 그가 본 공중은 르봉의 군중과는 달리 무모하지도 충동적이지도 않다. 오히려 그 반대로 이성에 의해 움직이는 자각적 존재들이다. 그러나 국민대중이 공중의 '고상한' 특성을 얼마나 발휘할 수 있는가? 국민 가운데 공중의 수는 얼마나 될까? 그도 인정했듯이, 그 수는 '열정적이며 수선스러운 군중'에 비하면 얼마 되지 않는다. 그 때문에 공중은 국민대중의 작은 부분집합일 수는 있으나 국민 전체의 특성을 설명하지는 못한다.

게다가 하버마스가 지적하듯이, 공중의 존재론적 이중성은 공중의 역할이 제한적일 수밖에 없음을 시사한다. 즉 공중은 한편으로는 공동체의 보편적 원리에 따라서 합리적으로 사유하고 토론할 수 있는 능력을 지닌 공적 존재로서의 역할을 수행할 수 있으나, 다른 한편으로는 각자 가정을 갖고 경제활동을 수행해야 하는 사적인 개인, 즉 자신만의 특수한 이해관계를 갖는 개별적 존재이다. 평범한 개인이라면 후자의 얼굴이 먼저이고, 전자의 모습은 그다음이다.

이처럼 공중이 절대적인 수의 크기와 존재적 이중성에서 제약적이라고 한다면, 공중의 특성을 국민대중의 특성으로 일반화하기에는 무리가 있다. 미국의 정치평론가 리프먼Walter Lippmann은 현대사회가 대중의 여론이 사회적으로 하나의 큰 흐름을 이루는 시대임을 인정하지만, 공중에게 과도한 역할을 부여하는 데는 동의하지 않는다. 그는 『공중이라는 환상The Phantom Public』에서 공중이 공적인 일에 타고난 능력이 있다고 상상하는 것은 '잘못된 이상'이라고 말하면서, 평균적인 사람에게 너무 많은 것을 요구하지 말 것을 주문한다.[15] 그는 '사회적으로 의미 있는 공중'을 "어떤 이슈에 대해 직접적으로 관심을 가지는 사람들"로 여기면서, 공중이 마치 여론 형성의 주역인 양 여기는 발상에 대해서는 단지 환상일 뿐이라고 주장한다. 그가 보기에, 여론은 순수한 교양의 집합이 아니라 선동가들의 개입, 이미지 조작, 대중의 집단충동 등 여타의 복합적 요소들로 구성되기 때문이다.

하버마스 역시 후기자본주의가 심화될수록 부르주아적 공론장의 구조가 변형됨에 따라 초창기 공중의 건강한 의사소통 방식이 거의 사라졌음을 지적한 바 있다. 그런 점에서 보면, 타르드의 공중은 근대적 변화 속에서 찾아낸 새로운 발견물임에는 틀림이 없지만, 국민의 보편적 특성을 설명하는 데서는 다분히 제한적인 의미만을 갖는 개념이라고 보는 편이 타당하다.

　　　　　　　　　　　　국가의 딜레마

미헬스의 '과두제의 철칙'

르봉의 군중과 타르드의 공중은 동일한 집합체에서 상이한 특성을 찾아낸 데 따른 결과물이다. 엘리트주의자인 르봉은 소수 귀족의 이성적 지배에 대한 향수를 버리지 못하고 대중의 무질서와 무능을 부각시킨 반면, 민주주의적 이상을 추구한 타르드는 교양을 갖춘 대중이 주체가 되는 새로운 미래에 기대를 걸었다. 그러나 20세기 초 서구 각국에 불어닥친 다양한 대중정치 실험에서 르봉의 군중은 넘쳐났지만 타르드의 공중은 별다른 역할을 하지 못했다. 이 맥락을 읽은 미헬스는 르봉의 군중 개념을 정치적 시각에서 재정리하면서 '정치대중'의 성격을 밝히는 데 초점을 맞춘다.

미헬스의 정치대중 분석은 서구 여러 나라에서의 정당활동 경험을 토대로 한다. 그의 관심은 다수로 성장한 대중이 정치의 장에서는 어떻게 활동을 하는지, 실제로 얼마나 많은 힘을 갖고 있는지, 그리고 정치권력의 실질적 주체는 누구인지에 모아졌다. 미헬스 역시 대중이 폭발적으로 성장한 현상에 주목하면서 대중의 두 가지 얼굴을 찾아낸다. 근대의 대중은 이중적 속성을 갖는데, 혁명적 상황에서는 '각성한 다수'가 행위하며 일반적 상황에서는 '몰개인적 집합체'의 모습으로 나타난다. 프랑스혁명에서 보듯, '각성된 다수'는 기존의 정치권력을 전복할 수 있는 역량을 과시하며, 그 힘을 바탕으로 서구의 여러 정당을 탄생시켰다. 그러나 '각성된 다수'의 역할은 여기까지다. 혁명이라는 예외적 상황을 제외한다면 정치무대에서 대중은 '몰개인적 다수'로서 미성숙한 무리일 뿐 정치의 주체가 되지 못한다. 파리코뮌이나 러시아혁명에서 보듯이, 대중은 결정적인 정치적 국면을 맞이해서는 스스로의 힘으로는 새로운 정치권력을 정밀하게 조직하거나 그 권력을 안정적으로 지속시킬 능력이 없었다. 그들은 누군가를 따르는 존재이지, 앞장서서 이끄는 주체가 아니었다.

정치대중의 실제적 특성을 밝히기 위해 미헬스가 집중적으로 파헤친 조직은 정당이다. 그는 민주주의의 작동기제가 시장의 원리와 유사하다고 말한다. 즉 민주주의는 권력을 획득하기 위한 경쟁적 투쟁에서 열등한 자를 주저앉히고 유능한 자를 추려내는 제도적 메커니즘이다. 그리고 그 중심에는 정당이 있다. 정당은 '특정한 이념과 정책에 동의하는 대중의 기초 위에 세워진 정치조직'을 뜻하는 용어이지만, 실제의 정당은 정치지망생들이 권력의 맛을 보려고 몰려드는 집합소가 된다. 서구의 여러 정당이 말로는 대중정당이라고 선전하지만, 정당을 지배하는 자는 국민대중이 아니라 소수의 정당 지도자이다. 정당의 주요한 정책결정에 참여하는 자는 정당 간부들이고, 그 과정에서 정당을 떠받치는 대중은 철저히 배제된다.

미헬스가 정당활동을 관찰하면서 본 정치대중의 모습은 무기력했다. 그들은 국가의 주요 정책에 관해 이해능력이 부족할뿐더러 집중적인 관심도 보이지 않는다. 대중은 선호하는 정당이나 지도자를 선택함에 있어서 감정에 치우친 판단을 하는 경향이 짙다. 대중에게는 항상 지도자가 필요하다. 그가 보기에, 대중은 지도자 없이는 오합지졸과도 같다. 대중에게는 "지도자를 필요로 하는 욕구, 지도자에게 정치적으로 감사하고자 하는 욕구, 그리고 더 나아가 지도자를 숭배하고자 하는 욕구 등이 있다."[16]

대중의 세계관에서 영웅에 대한 숭배욕은 어제 오늘의 일이 아니다. 전지전능한 우상을 갖고 싶어하는 욕망은 대중의 뿌리 깊은 본능적 속성이다. 대중은 지도자를 자신보다 근원적으로 고귀한 존재로 높여보려는 경향이 있고, 지도자는 오만한 자기 현시를 통하여 대중에게 때로는 암시적으로 때로는 직접적인 방식으로 권력을 행사한다. 따라서 대중이 존재한다는 사실은 그들의 지도자가 있을 때 비로소 확인할 수 있다.

영국의 사회인류학자 프레이저James Frazer가 "국가 권위는 주로 대중의 미신적 사고방식의 뒷받침을 받아서 유지된다"고 말했을 때, 그 미신이란 영웅에 대한 숭배 욕구였다. 미신보다 더 효과적으로 대중을 지배하는 것은 없다. 인민은 동원되는 객체일 뿐이고 운동의 열매는 선동적인 정치인이 고스란히 챙겨간다. 미헬스는 "지도자 없는 대중이란 존재할 수 없기 때문에 지도자가 없으면 대중은 해체되어, 대중이라는 집합체로 응결되기 이전의 상태인 무정형의 인간군人間群으로 전락해버리고 만다"[17]고 말한다.

대중정당에서 대중과 지도자 간의 관계 분석을 통하여 미헬스는 이른바 '과두제의 철칙'을 도출한다. 인류역사를 통틀어 모든 정치구조는 항상 소수가 권력을 독점하고 다수가 떠받치는 철칙에서 벗어난 적이 없다.

민주주의 정당이 출현했다고 해서 이 철칙은 변하지 않는다. 독일과 이탈리아의 사회민주당은 대중의 지지 위에 평등과 민주주의를 표방하는 진보정당이었지만, 실제는 정당 강령에 명시된 이념과는 딴판으로 운영되

국가의 딜레마

었다. 인민 모두를 위한 민주주의를 하겠다면서 정작 자기들의 조직인 정당 안에서는 민주주의를 배격한다. 당 조직 내부에서는 소수의 지도자가 모든 것을 좌지우지하고 관료제적 지배를 일상화한다. 지도자는 '소명의식召命意識'을 앞세우지만 실제는 '자기이익'을 좇는 데 급급한 사람이다. 지도자는 당에 대한 장악력을 확고히 하고 이를 언론을 통해 선전함으로써 자신의 명성을 대중에게 알린다. 지도자에게 언론은 대중에 대한 지배력을 높이고 강화하는 무기이다.

미헬스가 보기에, 민주주의를 표방하는 정당에서 직업적 지도부의 형성은 곧 민주주의의 종말을 의미한다. 그들은 인민을 대표한다고 주장하지만 그들의 의사는 결코 인민의 의사가 아니다. 루소가 말했듯이, 주권은 집단적으로만 존재할 뿐 개인으로 대표할 수 없기 때문이다. 인민이 자신들의 정치적 의지를 대표하도록 대행자에게 위임하는 순간부터, 인민은 더 이상 자유롭지 않다. 그 순간부터는 거룩한 초상으로서의 인민이란 더 이상 존재하지 않는다.

미헬스에 앞서 프랑스의 사회사상가 콩시데랑Victor-prosper Considérant도 루소의 견해를 이어받아 '대표성의 불합리성과 논리적 불가능성'을 알고 있었다. "인민이 주권을 위임한다는 것은 주권을 스스로 포기하는 것과 같다. 그렇게 되면 인민은 스스로 통치하지 못하고 통치되기 때문이다." 그는 "인민이여, 그래도 주권을 포기하겠는가?"라고 되물으며, "당신의 주권은 당신의 대표자, 즉 당신이 만들어낸 위임자에게 잡아먹히게 될 것"이라고 경고했다.[18]

콩시데랑의 경고는 빈말이 아니었다. 권력의 단맛을 익히 경험한 소수는 선거를 통하여 대표자가 되겠다고 나선다. 그러나 인민주권을 양도하는 형식적 장치로서의 선거는 실제로는 '인민권력을 가장 교묘한 선거꾼에게 맡기는 요식행위'에 지나지 않는다. 미헬스는 선거를 "인민주권의 표현이 아니라 인민주권의 파괴행위"로 규정하는데, 인민을 대표하겠다는 자들은 선거를 통하여 선출된 후부터는 인민의 종복에서 인민의 상전으로 돌변하기 때문이다. 그들은 선출되기 전에는 인민의 봉사자라고 외쳐대지만, 선출된 후에는 인민 위에 군림한다. 괴테의 말처럼, "인간은 항상 자신의 피조물에 의하여 지배당하게 된다는 것이 오래된 진리"이다. "대중의 피조물이었던 지도자는 대중의 지배자로 올라선다."[19] 이렇게 되면 '정치적 주체'로 부상한 것처럼 보였던 인민대중은 '정치로부터 배제된 계급'으로 추락한다.

권력이 소수의 손에 집중되면 권력의 남용은 필연적이다. 바쿠닌이 예견했듯이, 권력을 손에 넣게 되면 가장 위대한 자유 투사라 해도 압제자로 변한다. 민주주의의 깃발을 내걸었다고 해도 권력 그 자체의 본질은 결코 달라지지 않는다. 민주주의의 신성神性을 부정하는 현명한 이들은 인민주권, 대표자, 헌법 같은 언어 표현이 다만 법적인 원칙만을 의미할 뿐 그 어떠한 진실을 내포하지 않음을 잘 알고 있다. 미헬스가 관찰한 바로는, 민주주의에 숨겨진 이면의 진실은 대중이 미성숙한 존재라는 사실과 함께 인민주권의 원칙이 원천적으로 실현될 수 없는 환상이라는 사실이다. 그에게 민주주의란 다른 정체와 마찬가지로 "한 줌도 안 되는 소수가 국민대중을 지속해서 착취하는 체제"에 불과했다.

미헬스는 인류역사에서 모든 권력투쟁의 결과는 한 소수집단이 또 다른 소수집단에게 대중에 대한 지배권을 넘겨주는 교환에 불과하다고 주장한다. 국가란 항상 소수에 의한 조직일 수밖에 없고, 그 '소수는 대중을 예속하고 착취하기 위한 법질서를 만들어 강제한다'는 철칙은 변하지 않는다. 그는 "영원히 미성년으로 머무르는 인류의 다수는, 소수에게 자신을 지배하도록 허용하고, 자신을 오직 과두정의 받침대로 이용하도록 허용할 수밖에 없는 참혹한 역사적 운명 속에 있다"[20]고 결론짓는다.

국가의 주인 행세를 하는 자들

　미헬스의 과두제 철칙은 '국가권력은 언제나 소수가 장악하고 그 소수가 지배계급으로 군림한다'는 명제로 요약된다. 미헬스가 말하는 소수는 정치적 용어로 엘리트로 통칭된다. 여기서 엘리트란 사회의 다양한 분야에서 특출한 능력을 보이는 사람이 아니라 "정치의 무대에서 특별히 영향력이 큰 역할을 담당하고 있는 것처럼 보이는 소수의 사람들",[21] 권력 엘리트이다.

　3세기 전 버크는 성직자, 지주귀족, 정치가, 군부 그리고 군주 등을 지배계층으로 분류했고, 막스 베버는 전통적인 정치가의 유형이었던 성직자, 문인, 궁정귀족, 영국의 젠트리 같은 도시문벌, 법률가층에 더해서 직업적 정치인, 관료, 저널리스트 등이 새로이 부상하고 있음을 알렸다.[22] 오늘날 이 범주에는 정치인, 대자본가, 상위 관료, 고급 장성 등이 포함되며, 이들 외에 법률가, 언론인, 폴리페서, 노동조합 간부 등도 호시탐탐 이 대열에 끼어

들기를 시도한다. 미국의 사회학자 밀스C. Wright Mills는 이들을 "권력, 부, 명성 등을 소유한 사람들"로서 "전략적으로 중요한 제도의 위계질서에서 지도자의 지위를 차지한 사람들"로 자리매김한다.[23]

현실주의적 정치 이론가들은 오래전부터 '지배 엘리트 모델ruling elite model'을 선호하며 시대와 관계없이 엘리트에 의한 지배가 불가피하다는 가설을 옹호해왔다. 이 가설은 역사적으로 지배–피지배의 정치체제가 일관되게 보여온 보편적 양상들에 의해 뒷받침된다. 정치체제의 기본 형태는 항상 소수가 다수를 지배하는 틀에서 한 번도 변한 적이 없다. 바뀌는 것이 있다면 권력을 놓고 투쟁하는 소수집단 간의 권력 교체 방식뿐이다.

파레토Vilfredo Pareto는 반복적인 이 정치현상을 '엘리트의 순환'이라고 불렀고, 권력투쟁에 져서 사라지는 숱한 패배 집단의 역사를 "엘리트들의 무덤"이라고 묘사했다. 모스카Gaetano Mosca는 『지배계급론The Ruling Class』에서 루소의 인민주권론을 비웃으며, 민주정체 또한 결코 국민에 의한 통치일 수 없으며 단지 지배계급에 의한 통치에 불과할 뿐이라고 공박했다.[24] 민주주의라는 팻말에 혹하여 다수가 스스로를 지배하는 양 착각하는 이들은 정치의 본질을 망각하는 경향이 있다. 파레토가 말했듯이, "인간의 평등에 대하여 열렬히 주장하는 것이 역설적이게도 실제로는 인간의 불평등 그 자체"[25]임을 보지 못하기 때문이다.

'소수에 의한 다수의 지배'가 역사적 철칙이라고 한다면, 민주주의적 제도가 어떻게 작동되더라도 다수는 소수의 권력 독점을 막을 수 없다. 소수와 다수, 두 집단의 성질이 다르기 때문이다. 다수는 수적으로 우세하더라도 '원자화atomized'되어 있어 결속력이 없는 개인들의 집합이지만, 지배계급으로서의 소수는 수가 적더라도 잘 조직되어 있고 결속력이 강한 집단이다. 미국의 정치이론가 제임스 마이젤James H. Meisel은 엘리트집단의 특성을 '3C', 즉 집단의식group consciousness, 결속력coherence, 책략conspiracy으로 꼽으면서, 무정형의 대중과는 질적으로 다른 집단으로 구별한다.[26]

이 집단은 기득권의 지위를 유지하기 위해 서로 끌어주고 당겨주는 높은 결속력을 과시하며, 대중을 앞에 놓고서도 협잡과 공모도 불사하는 계략에 능숙하다. '철의 삼각 지대iron triangle'라고 불리는 이 강력한 결속체에는 행정부의 고위관료, 입법부 의원, 정부에 압력을 가하는 대기업 경영자 등이 로그롤링log-rolling 방식으로 연합되어 있다.[27] 모스카가 "대표의 친구들이 대표를 뽑는다"라고 조롱했듯이, 이들은 돌아가면서 오랫동안 권력을 공유할 방법을 누구보다 잘 알고 있는 영민한 종족이다.

국가의 딜레마

밀스의 분석에 따르면, 엘리트체계는 현대사회에 와서는 '제도적 환경'의 일부로 굳어져 엘리트를 안정적으로 배출할 수 있는 구조를 갖추게 되었고, 이로써 엘리트의 지배는 합법적으로 확고하게 뿌리내리게 되었다. 그러기에 그는 미국사회를 "대중으로 하여금 권력 엘리트의 규칙을 받아들이도록 조작하는 권력 엘리트에 의해 지배되는 사회"라고 규정한다.[28]

권력 엘리트의 주력군은 국민의 의사를 대변하겠다고 나선 정치적 대표자들, 정치 엘리트이다. 정치 엘리트는 대의제도에 의해 국민의 대표자로 선출된 자들로서 의회, 중앙정부, 지방정부 등에서 입법과 행정을 담당한다. 정치 엘리트 중 일부는 사회의 여러 분야에서 명성을 쌓은 이후에 정치무대에 뛰어든 자들이지만, 조금 해보고 나면 정치를 본업으로 굳히는 경향이 있다. 대의제 이론가들은 정치 엘리트가 국가사회의 꽃이 될 것이라고 기대했지만, 이론은 현실에서는 일그러지고 뭉개지기 마련이다. 앞에서 본바, 대의제는 '대표의 실패'는 물론 '심의의 실패'라는 암울한 결과를 낳았다. 대의제 정치의 이상은 국리민복國利民福이지만, 정치의 현실은 권력 쟁탈에 집중된다.

오늘날 대다수 국민은 자신들이 뽑은 대표자를 믿지 않는다. '국민의 뜻을 받든다'는 말이 넘쳐나지만, 실제에서 '국민의 의사'는 후순위이다. 정치가 직업이 된 자들에게는 자기의 직책과 특권을 지키는 것이 최우선이며 자기가 속한 정파나 정당이 국가권력을 쟁취하는 것이 목적이다. '국민의 뜻을 받든다'는 말은 표를 얻기 위한 공인된 거짓말이 된 지 오래다. 이들 중 정치적 이상에 다가가기 위해 소명의식을 갖고 '책임의 윤리'를 실천하는 이는 일부이고, 대부분은 그들 고유의 정치적·경제적 이권을 지키기 위한 '정치질politicking'하는 데 몰두한다.[29] 이 때문에 이들에 대한 국민의 신뢰수준은 늘상 바닥에서 맴돈다. 2015년 조사된 바에 따르면, 우리나라의 경우 국회의원 신뢰도는 10점 만점에 2점으로, 낯모르는 길손에 대한 신뢰도 4점의 절반에 해당되는 최저 수준이다.[30]

그럼에도 불구하고 이 직업을 얻기 위한 경쟁은 치열하다. 그 가운데는 물론 국민을 위한 정치를 하겠다는 꿈을 품은 이들도 있고, 나라와 국민에 대한 헌신과 봉사를 다짐하는 이들도 있다. 그러나 정치는 이들의 다짐처럼 되지 않는다. 이들을 통해 국민의 다양한 소리는 공명되지 않는다. 이들은 서로 다른 국민을 들먹이며 늘상 다툰다. '천사적 대의'가 숨 쉬어야 할 공간에서는 '악마적 수단'이 난무한다. 공적으로 의로운 자의 모습은 눈에 잘 띄지 않고, 정치적 타산에 능한 자들이 자주 등장하는 괴이한 장면도 연출된다.

오래전 스펜서가 개탄했듯이, "선출된 의회의 신성한 권리는 현시대의 위대한 미신"이 되었다.[31] 오늘날 랑시에르 등 민주주의 회의론자들은 의회를 국민의 의사가 집결되는 심의민주주의의 공론장이 아니라 정치꾼들의 협잡과 공모가 일상화된 정치적 장터처럼 생각한다. 이곳에서는 한 무리의 정치 엘리트가 권력을 잡고 주인 행세를 하다가 물러가면 다른 패가 들어서 주인 노릇을 하는 게임의 룰이 작동된다. 권력 교체는 이 특이한 직업 집단 간의 수평 이동일 뿐 국민 권리의 위상 변화와는 아무런 관련이 없다.

이 같은 양상은 슈미트나 슘페터 같은 현실주의자의 눈으로 보면 정도의 차이가 있을 뿐, 그리 놀랄 만한 일이 아니다. 정치가 권력 획득을 목표로 하는 행위인 이상, 정치세력 간의 상시적인 경쟁과 다툼은 자연스러운 현상이다. 또한 누군가는 대표자로 나서야 하고, 그들 가운데 특정한 인물이 지도자가 되는 과정은 통상의 정치적 절차이다. 이들에게는 인민이 정치세계에서 얼마만큼의 힘을 발휘하는가보다는 국가가 얼마나 효율적으로 운영되는가가 중요하다. 왜냐하면 인민은 본래부터 지도자를 뒤따르는 무리 또는 정치시장의 단순 소비자, 심지어는 '정치로부터 배제된 계급'이기 때문이다.

그러나 정치적 도덕주의자의 시각은 전혀 다르다. 정치적 이상을 추구하는 이들에게 인민주권의 원리가 실현되지 않는 체제는 더 이상 민주주의가 아니다. 의회가 정치꾼들의 난장판이 된 상황에서는 교양시민이 설 자리가 없다. 이 체제는 경쟁적인 소수집단이 상호가 다른 정당이라는 상점을 차려놓고 주기적으로 교대하며 주인 행세를 하는 허울 좋은 체제이다. 민주주의란 '국가라는 땅의 주인이 그때그때 달라지는 체제'이다. 그렇다면 국가란 누가 먼저 차지하느냐에 따라 주인이 달라지는, 사실상 '주인 없는 땅'처럼 보일 수도 있다.

현대국가에서 정치 엘리트에 버금가는 위력은 경제 엘리트에게서 나온다. 정치는 돈 버는 일이 아니라 돈을 쓰는 일이다. 돈이 없다면 정치권력은 지탱될 수 없다. 민주주의가 자본주의 경제를 토대로 하는 이상, 정치 엘리트에게 경제 엘리트와의 협력과 지원은 필수적이다. '초자본주의' 단계로 진입한 상황에서 대자본의 위력은 일국 내 정치권력의 힘을 훨씬 능가한다. 밀리반트에 따르면, "자본주의 경제는 그 자체의 '합리성'을 지니고 있으며, 어떤 정부나 국가도 그 합리성에 조기에 굴복할 수밖에 없다."[32] 어떤 이는 이 현상을 "제너럴 모터스 사에 좋은 것이 미국을 위해서도 좋은 것"이라는 풍자로 대신한다.

‘국가는 자본의 외피에 불과하다’는 프루동과 마르크스의 비난은 역설적이게도 경제 엘리트가 가진 믿음과 일치한다. 대자본가에게 정치권력이란 ‘한낱 지나가는 바람’에 불과하지만, 자본의 생명력은 영속적이기 때문이다. 정치 엘리트 간의 순환이 권력의 유동성과 한시성을 드러내온 경험의 축적은 경제 엘리트의 신념을 더욱 강화한다. 이들은 정해진 시한 내에서만 주인 행세를 하는 정치꾼들을 비웃으며 내심 진정한 주인은 자신들이라는 오랜 신념을 결코 버리지 않는다.

국가권력의 주변에 있으면서 그 행렬에 끼어들고 싶어 하는 또 다른 소수도 있다. 토크빌이 ‘문필가’라는 용어로 냉소한 이 집단에는 언론, 법률, 교육 등의 분야에 종사하면서 ‘국가의 일’에 어떤 방식으로든 참여하고 싶어하는 이들이 포함된다. 미국의 사회학자 쉴즈Edward Shils가 ‘지식인’이라고 칭한 이들은 “사회 내에서 한 집합을 이루면서 인간과 사회현상에 대해 상징언어를 사용하거나 추상적 언급을 하는 자들”[33]로서 갈수록 자기 이해의 목소리를 높여가고 있다. 가령 언론은 정치권력의 움직임에 민감하게 연계되어 있다. 이 때문에 정보의 전달과 공론의 형성 기능이 한쪽으로 치우친 정치적 편향성을 띄게 되는 현상이 빈번하게 발생한다. 이들의 일부 또한 ‘주인의식’에 사로잡혀 있다. 이 밖에도 지성 운운하며 권력 주변을 맴도는 폴리페서들이나 특권의 일부를 공유하려는 일부 전문가집단, 다수의 힘을 등에 업고 사익을 추구하는 이익집단 및 노조 간부, 종교의 본령을 망각하고 권력에 유착하려는 정치화된 종교세력 등도 소수집단의 일원이 되려는 헛된 야망을 포기하지 않는다.

엘리트 이론은 현대국가를 정치 엘리트를 주축으로 관료집단, 대자본가, 법률가, 언론 및 기타 여러 분야의 전문가 등이 결합되어 지배세력을 형성하는 체제로 설명한다. 과거 루소가 상상한 최초의 '사기꾼'과 그의 무리는 오늘날에 와서는 그 구성과 성격에서 크게 변했다. 인구가 지속해서 증가하고 사회체계의 복잡성이 크게 증가함에 따라 소수 구성의 다원화는 자연스러운 현상이다. 소수의 성격도 변했다. 그들은 모두가 먼 옛날의 약탈무리가 아니다. 그들은 통상 법적으로 승인되었거나 합법적 절차를 거쳐 선출된 사람들로 인정된다.

그럼에도 불구하고 예나 지금이나 국가가 다수가 아니라 소수에 의해 지배된다는 사실은 변함이 없다. 그러나 이 말은, 루소, 페인, 고드윈, 크로포트킨 같은 급진적인 사상가들이 한결같이 주장한 것처럼, '소수는 사악하고 다수는 선량하다'는 선악의 이분법을 승인하지 않는다. 소수이든 다수이든 인간이면 누구나 선악의 두 속성은 물론 그 이상의 다면적 속성을 갖는 복합체이므로,

선악의 속성을 준거로 한 소수 대 다수 대비로는 정치체제 일반의 복합적인 특성을 설명할 수 없다. 마찬가지로 지배 행위는 항상 부당하고 피지배 상태는 항상 억울하다는 식의 묵시적 정념 또한 확증된 사실로 인정될 수 없다. 특히 민주주의 정체를 채택한 국가에서라면 지배-피지배 상태가 곧 정치적 불평등 상태와 등치되지 않는다. 그러므로 소수와 다수의 대조는 사실 그 자체를 지시할 뿐, 그에 대한 옳고 그름 등의 가치 부여는 보는 이의 주관에 따라 달라질 수 있다.

관료제의 정치적 성격

소수에 의한 지배는 소수의 힘만으로는 유지될 수 없다. 국가를 운영하기 위해서는 조직이 필요하다. 국가의 규모가 커질수록 그에 비례하여 국가조직도 커진다. 고대의 단순하고 조야했던 통치조직은 근대에 들어 더욱 커지고 세분화되면서 국가권력의 중추적 기반이 되었다. 막스 베버는 통치 양식이 '전통적 지배'에서 '합리적 지배'로 전환되면서 국가조직 또한 '관료제' 형태의 정교한 틀을 갖추게 되었다고 분석한다.

관료제는 "서구적 합리화의 결과로서 국가의 공공적 목표를 수행하도록 임명된 관리들의 계층조직"이다. 본래적 의미로 "관료제화는 '공동체 행위'를 합리적으로 조정된 '이익사회 행위'로 바꾸는 특수한 수단이다."[34] 베버는 관료제의 운영에서 공식적이고 보편적이며 공정한 규칙의 실행을 원칙으로 할 때 국가적 합리성이 제고될 수 있다고 주장한다. 그렇지 못할 경우, 즉 공정한 규

국가의 딜레마

칙이 비공식적이고 편향된 방향으로 운용됨으로써 공적 신뢰성을 잃게 되는 상황이 초래될 때, 정치권력에 종속되어 그 도구로 남용될 수 있음을 경고했다.

자본주의적 국가와 관료제의 공존은 합리화에 따른 역사적 결과이지만, 정치권력과 관료제 간의 결합은 필연적으로 관료제의 정치적 중립성을 훼손한다. 관료제의 정치적 성격에 대한 가장 신랄한 비판은 마르크스에게서 나왔다. 그는 관료제를 "극도로 집중된 집행력, 압도적인 군대조직, 시민사회의 생활을 질식시키는 거대한 그물망 등으로 사회의 몸통을 얽어매고 숨구멍을 억누르는, 부르주아 권력의 무시무시한 기생체"[35]로 묘사했다. 그에게 관료제란 '부르주아의 공통적인 사무를 관리하기 위한 위원회'의 기반조직에 불과하다. 마르크스의 비판은 계급지배의 관점에 치우친 편향을 드러내기는 하지만, 권력집단의 물리적 집행도구로 기능하는 본질적 속성을 집어내는 데는 실패하지 않았다.

마르크스뿐만 아니라 다른 이들도 관료제와 민주주의 간의 첨예한 긴장관계를 우려했다. '당당한 하나의 계급' 수준을 넘어 지배계층의 새로운 한 축으로 부상한 관료계급이 시민사회와 다면적으로 대립하는 상황은 민주주의를 위협한다. 가령 영국의 보수주의 정치인 노드코트Stafford Northcote는 관료계급의 권력화 현상을 관료제적 전제정치의 위협으로 받아들였고, 발자크Honoré de Balzac는 "소인배들에게 장악된 거대한 권력"이라는 독설을 쏟아냈다. 또한 르 플레Frédéric Le Play는 관료제에서 "누구에게도 책임지지 않는 행정의 병든 형태"를 보았고, 구르네M. de Gournay는 "프랑스에 새로 생겨난 우리를 못 살게 구는 하나의 질병"이라고 비난했다.[36] 베블런 Thorstein Veblen에게 이 질병은 빠르게 변화하는 사회적 조건에 부응하지 못하는 무능, '훈련된 무능trained incapacity'의 불량품으로 보였다. 한편 한나 아렌트는 나치체제의 관료제를 억압적인 규율을 통하여 '악을 일상적으로 만들어내는 체제'라며 증오했다.

마르크스에서 아렌트로 이어지는 격렬한 비난에는 지나치게 한편에 치우친 사상적 편향성도 있고 현대국가의 실제 사정에 부합되지 않는 측면도 많다. 국가의 일이 증대되고 공적 과제의 복잡성이 심화된 오늘날 관료제를 국가적 폭력의 실행기관으로만 보기는 어렵다. 현대국가의 조직은 국가방위와 치안질서 유지를 담당하는 합법적 폭력조직에 한정되지 않으며, 국가경제 및 국민생활과 직결된 산업, 국토 개발, 과학, 교육, 문화, 의료, 노동 등을 망라한 전 분야에 걸쳐 국민생활에 필수적인 다방면의 공공 서비스를 제공하는 순기능적 역할을 수행한다. 국가의 각급 조직이 공공재 제공을 위한 기능을 멈춘다면 현대인은 하루라도 살 수 없는 상황이다.

국가의 딜레마

또한 현대국가의 관료조직은 근대국가의 초기 관료
제와는 달리 한층 세분화·전문화된 상황이어서 정치적
으로 그 특성을 규정하기 어려운 영역이 훨씬 많아졌다.
국가조직의 구성원에게 공직은 일반 시민의 직업과 마
찬가지로 특정 분야의 직업군이며, 특정한 전문지식이
요구되는 직무도 크게 늘어났다. 국가조직의 구성원 중
다수는 국민의 생명과 안전을 보호하고 국민생활의 편
익을 제공하기 위해 공적 직무에 충실하려고 노력한다.
이러한 사실을 고려하면, 현대국가의 관료조직에 대한
정치적 과잉 해석은 실재를 오도할 위험을 내재한다. 관
료제의 정치적 성격 규정은 권력 행위에 한정된 범위 내
에서 유의성을 갖는다고 할 수 있다.

이러한 인식 위에서 관료제의 특성을 정치권력과의
관계에 국한해 파악할 때, 그 정치적 성격은 예나 지금
이나 달라지지 않았다. 관료제로 합리화된 국가조직의
정치성은 통치권력을 뒷받침하는 몸통이라는 본질적 속
성에서 나온다. 국가조직의 존재 이유는 국가의 존속과
정치권력에 대한 충성에 있기 때문이다. 베버가 지적하
듯이, 관료제는 '국가의 공적 기구를 마음대로 움직이는
통치자에게는 제일가는 권력수단'이고 오늘날에도 변함
이 없다.

관료제의 정치적 편향성은 국가조직에 부속되어 '공

무' 수행을 직업으로 하는 성원들의 존재론적 이중성에서 비롯된다. 이들은 한편으로는 일반 국민과 다를 바 없이 국가의 일원이지만 동시에 국가권력의 명령을 수행해야 하는 병사의 역할을 본업으로 한다. 이 이중성은 개인적 이해와 직무의 공정성 사이에서 혼란과 착각을 야기하게 하는 원천이다.

또한 관료집단은 권력의 통제를 받지만 사적 이익을 추구하는 데서는 많은 이점을 갖는다. 가령 미국의 경제학자 니스카넨William Niskanen은 행정관료를 "국가예산의 극대화를 추구하는 사람"으로 정의하는데, '예산의 극대화'라는 수단은 이들에게 소득, 명예, 권력 등 개인적 이익이 자동적으로 수반될 수 있게 한다.[37] 또 다른 경제학자 다운스Anthony Downs는 한걸음은 더 나아가 "행정 관료를 포함한 모든 공직자는 적어도 또는 부분적으로는 '자기이익 원칙'의 지배를 받으므로, '공직을 활용하여 소득, 명예, 권력을 추구하려는 동기'에 의해 움직이는 존재"라고 규정한다.[38]

여느 정치 엘리트와 다르지 않게 이들에게 정치적으로 '높은 자리'는 공적 활동의 목표이자 사적 욕망의 도달점이다. 이들의 일부는 권력계의 풍향에 따라 카멜레온적 속성을 내보이며 권력 게임에 직접 가담하기도 한다. 관료조직의 상층에 위치하는 자들의 경우 정치권력과 깊이 유착되어 있어, 심심치 않게 정치 엘리트의 일원으로 활동한다. 이러한 경향성은 특히 군대, 사법 및 치안 영역 등 공무상의 물리력을 합법적으로 사용할 수 있는 국가기구에 포진하고 있는 관료들에게서 쉽게 발견된다. "관료제도가 최상의 경우 계몽된 온정주의를 제공해줄 뿐이지만, 최악의 경우는 출세지상주의나 형식적인 '번문욕례煩文辱禮'의 성격을 보일 뿐"[39]이라는 지적은 이들의 일상에 대한 냉소적 표현이다.

이들은 또한 권력의 속성을 경험적으로 체득함으로써 내심 자신들이야말로 국가의 진정한 주인이자 버팀목이라는 암묵적 의식을 갖고 있다. 이들은 독단으로는 권력을 행사할 수 없으나, 통치집단 또한 이들 없이는 권력을 행사할 수 없다. 게다가 이들은 자신들의 정치적 목표를 성취하지 못할지라도 다른 사람의 목표 성취를 불가능하게 할 수 있는 여러 수단을 알고 있다. 따라서 이들은 국가권력의 테두리 안에서 언제나 하나의 강력한 '거부집단veto group'으로서의 영향력도 행사할 수 있다.[40]

관료조직은 국가적 기능이 일시적으로나마 마비될 수 있는 상황을 예방함으로써 국가권력의 지속성을 담보하는 근간이 되었다. 관료제로 체계화된 제반 국가조직은 정치 엘리트들 간에 권력 교체가 일어난다고 하더라도 국가권력의 공백상태를 허용하지 않는다. 그러기에 토플러는 관료제를 "정치권력의 교체와 관계없이 영구히 집권하는 '보이지 않는 정당invisible party'으로 특징 짓는다.[41]

베버가 말한 것처럼, "관료제는 일단 완전히 실현되면 파괴하기가 가장 힘든 사회조직이다."[42] 관료제는 갈수록 확장되고 그만큼 정치적 영향력도 증대하고 있다. 우리나라의 경우도 국가조직에 부속된 구성원의 수는 폭발적으로 증가했다. 2020년 현재 그 수는 중앙정부와 지방자치단체를 합쳐 약 130만 명으로 건국 초기보다 무려 40배 이상 증가했다.[43] 인구증가율을 수십 배나 상회하는 관료제의 비대화는 어느 나라에서나 볼 수 있는 보편적 경향이다. 영국의 역사학자 파킨슨C. Northcote Parkinson은 공무원이 해마다 늘어나는 사태를 통계학적으로 분석한 결과, "공무원 수는 해야 할 일과 관계없이 계속 증가한다"는 이른바 '파킨슨 법칙Parkinson's Law'까지도 만들어냈다.[44]

오늘날 국토방위와 치안질서를 임무로 하는 군대와 경찰과 같은 합법화된 폭력조직에서부터 국민에게서 세금을 강제로 징수하는 조세 관리 조직, 중앙 행정부처에서 지방 행정을 담당하는 각급 조직에 이르기까지 국가권력의 촉수가 미치지 않는 곳은 없다. 베버의 비유에 의하면, 관료제는 대다수 국민이 어쩔 수 없이 간혀서

국가의 딜레마

살아가야 하는 '철제 새장'과도 같다. "이 살아 있는 기계가 미래에 예속의 틀을 만들어낼 것이기 때문에, 우리 인간은 그 예속의 틀에 어쩔 수 없이 복종하게 될 것"[45]이라는 베버의 비관적 전망은 현실이 되고 말았다.

관료제의 물리적 확장은 '관료적 절대주의'를 현실로 만든다. 미국의 정치학자 패리Guerin Parry가 지적했듯이, "관료적 절대주의는 국민을 정책결정에 참여하는 주체로서보다는 한낱 행정집행의 대상으로 취급하고 있고, 정책의 결정도 관료의 행정적인 편의를 위해 비밀리에 행한다."[46] 그러나 '직무상의 비밀'이라는 개념은 "그들이 만들어낸 특수한 발명품"에 지나지 않는다. 다운스가 관료제를 "조직 밖으로부터 직간접적으로 평가를 받지 않는 조직"이라고 규정하는 이유는 바로 관료제의 행정 편의성과 비밀주의 때문이다.[47]

또한 관료제 행정의 커다란 문제점의 하나는 주요한 정책결정 및 그 실행 결과에 대해서 누구도 책임지지 않는다는 점이다. '관료적 절대주의'는 국가 정책결정에서 국민대중의 동의가 아닌 소수자에 의한 밀실적 담합의 위험성을 높이는 반면에 그에 따른 부정적 결과에 대해서는 아무런 책임을 지지 않는다. 가령 수백억의 국가예산이 아무런 효과 없이 낭비되어도, 심지어 수십 조를 쏟아부은 국책사업이 실패해도 누구 하나 책임지는 사람이 없다. 조직행동 분석가 크로지어M. Crozier가 관료조직을 "실수로부터 교훈을 얻어 행동을 시정할 수 없는 조직"이라고 혹평하는 까닭은 어느 정부가 들어서든 간에 관료 행정의 무책임이 되풀이되고 있기 때문이다.[48] 이 같은 병적 행정이 반복된다면, 민주주의의 앞길을 가로막는 크나큰 장애물이 버티고 있는 셈이다. 일부 급진주의자들은 관료제를 '민주주의에 대한 반테제antithesis'로 규정하고, "차후의 혁명 대상은 정부가 아니라 관료제"라고 주장하기도 한다.[49]

베버는 '관료제적 지배'의 문제를 마르크스가 생각했던 것보다 훨씬 광범위하고 복합적인 문제임을 인식하고 있었다. 그는 관료제의 행정권력을 어떻게 견제할 수 있는지를 노심초사한다. 관료제를 기반으로 하는 법의 지배가 일종의 '선출된 독재'로 빠져들지 않기 위해서는 관료제 그 자체의 확장을 제한하는 것밖에는 다른 방법이 없다. 그러나 그가 우려한 것 이상으로 그 몸집은 비대해졌고 그로 인해 '국가란 곧 관료제'라는 착각까지 불러오는 지경에 이르렀다. 국가기구의 성원은 '국가의 얼굴'로 국민 개인에게 다가온다. 국가의 합법적 폭력을 실행하는 자는 국가적 권위를 과시하면서 개인을 통제할 수도 강제적으로 억압할 수도 있다. 일반 국민으로서는 국가권력을 실행하는 집행자 역할을 하는 거대한 관료조직과 국가가 무슨 차이가 있는지 알기가 힘들다. 조

국가의 딜레마

금 과장하자면 관료제가 그 품 안에 국가라는 존재를 품고 있는 것은 아닌지 착각할 정도이다.

　미제스Ludwig von Mises가 "관직을 가진 자들이 이제는 국민의 종복이 아니라 무책임하고 자의적인 주인"이 되어 폭군처럼 군림한다고 비난했듯이,[50] 국가는 관료조직의 틀 안에 갇혔고 그 조직원들은 국가의 주인인 양 행세한다. 관료제의 논리가 강화될수록 "국가주의statism는 국가주의를 낳고, 권위주의는 권위주의를 낳는다."[51] 베버가 우려한 대로 관료제의 지속적 강화는 국가와 인민 사이의 균형을 무너뜨리는 결과를 낳았다.

들러리로서의 국민

엘리트 이론대로라면, 국민은 국가의 주인이 아니다. 주인의 몫은 권력 엘리트와 국가기구에 강제로 또는 부득이하게 위임(?)되었다. '근대정치에 대한 하나의 회답'으로 제시된 엘리트 이론은 권력 엘리트를 정치사회의 주역으로 올려 세운 반면에, 국민대중은 그 주변을 둘러싼 잡초로 형상화했다. 대의제 이상의 몰락으로 국민은 주변화되었고, 인민주권의 준칙은 그저 허울만 남은 녹슨 명제가 되었다.

루소의 말처럼 아무리 좋은 이상이라도 사람의 손이 닿는 순간부터 타락한다. '인민주권'이라는 발명품은 역사적 시간의 흐름 속에서 '대문자 P로 상징되는 인민'의 꿈이 '소문자 p의 인민'의 제자리에서 맴도는 현실을 바꾸지 못했다.[52] 국가를 구성하는 정치주체이자 주권자로서의 인민은 실제로는 파편화된 "얼굴 없는 대중"으로 존재한다. 그렇다고 한다면 미국의 역사학자 모건Edmund

국가의 딜레마

Morgan의 주장대로 "주권 인민에서 이끌어낸 정치적 정당성은 부끄러운 일"일지 모른다.[53] 왜냐하면 인민주권이라는 달콤한 논리는 권력을 탐하는 정치적 마법사들이 '인민의 신화'를 동원하여 변함없이 소수자의 지배를 정당화한 사기극과 다르지 않기 때문이다. 그렇다면 인민주권이란 원래부터 존재하지 않은 허구였다고 보는 편이 옳다.

오늘날의 국민은 파편화된 채 왜소하고 무기력한 상태로 존재한다. 프랑스의 철학자 바디우Alain Badiou가 한탄하듯, "국가에 의해 추인된 국민이란 단지 가끔 있는 선거에서만 의미를 갖는 잘 길들여진 인민", 무기력한 사람들의 전체일 뿐이다. 그 인민은 단지 '무기력한 복수the plural'로서의 모습을 드러낼 뿐, 주권자로서 어떠한 결정을 내릴 능력도, 전체의 하나 된 힘으로 행동할 능력도 없다. 그들은 실상 주권자의 자격을 박탈당한 채 "권력의 바깥에서 포착되는 인민"에 머무른다.[54] 권력의 자리는 딴 사람들의 차지가 되어버렸고, 주권 인민의 형상은 권력과 무관한 채 실체 없는 유령처럼 허공을 떠다닌다. 그렇다면 인민이 국가의 주인이라는 거짓 주장을 해서는 안 된다. 그 주장이 옳든 그렇지 않든 또는 거기에 동의하든 동의하지 않든 상관없이 있는 그대로의 사실을 말하는 편이 옳다.

1   국민을 포함하여 국민과 연관된 용어들은 명확하게 규정되지 않으며 또한 사용의 맥락에 따라 용법이 달라지기도 한다. 가장 넓은 의미로 사용되는 인민people은 사람의 복수형, 사람들로서 통상 국가나 사회의 일반대중 또는 국가나 사회를 구성하는 피지배자 일반을 가리킨다. 인민은 사람 그 자체로서 독립적인 의미를 갖지만 흔히 국가 구성원으로서 종속적 의미의 국민을 가리키기도 한다.

국민nation은 국가에 소속한 인민을 통칭한다. 국민은 국가를 구성하는 각 개인을 가리키기도 하고 국가 소속원 전체를 의미하기도 한다. 보다 엄격하게 사용할 경우, 국민은 국법이 정하는 요건에 따라 그 지위가 주어지는 법적 개념으로 국적을 가진 사람이다.

시민citizen은 말 뜻만으로는 시市에 사는 사람이지만, 서구의 용례에 따르면 고대 도시국가의 공민권을 가진 자유민으로서 국가의 일원을 지칭한다. 시민은 미국 등 서구에서 시민권citizenship이 국가 구성원으로서의 권리와 의무를 가진 주체를 의미하듯이, 국민과 동의어로 사용된다. 국가의 정치에 참여할 자격을 가진 국민을 뜻하는 공민公民 public 또한 같은 의미이다. 이 글에서는 인민을 가장 포괄적 의미로 사용하면서, 맥락에 따라 인민, 국민, 시민, 공민을 동의어로 사용한다.

이외에 민중, 대중, 군중, 다중, 공중, 평민, 백성 등은 인민, 국민, 시민, 공민 등과는 의미상으로 구별되는 용어들이다. 우선 민중the people, the general public은 인민대중의 줄임말로서 피지배계급으로서의 일반 대중을 의미하면서 동시에 국가를 구성하는 일반 국민을 총칭하기도 한다. 그리고 경우에 따라서는 계급적 관점에서 '역사를 창조해온 직접적인 주체이면서도 역사의 주인이 되지 못한 사회적 실체' 또는 '역사적 경험에 근거하여 계급 이전의 형태나 계급의 경계를 넘어서는 다양한 사회집단들의 연합'의 의미로도 사용된다.

대중mass은 인민과 함께 가장 폭넓게 사용되는 용어로 매우 다의적이라 할 수 있다. 사전적 정의에 의하면, 대중은 '지위 · 계급 · 직업 · 학력 · 재산 등의 사회적 속성을 초월한 불특정 다수의 사람들로 이루어진 집합체'이다. 대중은 공간적 제약 없이 집합된 상태의 사람들로서, 무조직집단無組織集團이라는 점에서 군중이나 공중과 같으나 그 의미는 구별된다. 대중은 국민대중, 근로대중, 인민대중 등에서처럼 익명의 집단으로서 다양한 용도를 갖는다.

군중crowd은 공간적 제약을 갖는 대중으로서 특정한 장소에 군집한 사람들의 무리를 가리킨다. 군중은 '공통된 규범이나 조직 없이 우연히 모인 인간의 일시적 집합'이다. 군중은 종종 익명성, 비합리적 동기, 무책임성, 맹목적성, 무지몽매함, 부화뇌동 등 가치판단적 성질이 내포된 집합체로 사용되기도 하지만, 르봉의 경우에서처럼 대중과 동의어로 사용되기도 한다.

공중public은 20세기 초 프랑스 사회학자 가브리엘 타르드가 군중과 대비하여 사용한 개념으로, '공적 담론에 자유롭게 참여할 수 있는 일련의 성원들의 집합'이라는 의미를 지닌다. 타르드는 공중을 각자 자유롭고 독자적인 의견을 표출하는 근대적 교양시민으로 파악하고 공적 여론을 형성하는 주체로 자리매김했다. 따라서 공중은 대중 가운데 교양과 지식을 갖춘 일부의 사람들을 지칭한다.

다중multitude은 각자의 정체성을 가지며 개별적으로 행동하는 사람들의 집합으로 사용된다. 네그리는 국가의 경계를 넘어 지구촌 곳곳에서 개별성을 유지하면서도 특정한 사안과 관련하여 공동으로 행동하는 사람들에 대해 다중의 용어를 사용했다. 다중은 다른 용어들에 비해서는 용법이 제한적이어서 특정한 경우에만 사용된다.

이 밖에 평민은 말 그대로 평범한 사람들을, 백성은 봉건시대적 유물로 백 가지 성을 가진 사람들, 평민과 같은 뜻의 통속어로 사용된다.

인민에서 백성에 이르는 여러 용어들은 때론 유사하고 때론 구별되지만, 모두 집합체로서의 의미를 갖는 피지배층 일반을 지칭한다는 점에서는 공통점을 갖는다. 이 용어들은 모두 지배자나 지배집단 혹은 권력 엘리트 등의 '소수'에 대비되는 '다수'의 다른 표현이다. 그러나 인민의 용법에서 두드러지듯이, 상대적으로 의미가 분명한 공중 외에 다수 또는 피지배층을 뜻하는 여러 용어들은 특정한 성질을 규정하기 어려운, 실체가 모호한 개념들이다. 특히 인민이나 국민의 경우 단일한 특성으로 규정하기 어렵다. 그러기에 영국의 정치학자 캐노번Canovan, Margaret은 인민을 "확고하게 정의되지 않은 개념"으로 여기고, 스웨덴의 정치비평가 욘손Jonsson, Stefan은 대중을 "생각할 수 있는 모든 방향으로 구부러지고 잡아 늘여진 단어"라고 설명한다. 이 용어들은 특히 특정한 이데올로기를 배경으로 사용하거나 정치적 선동의 목적으로 사용하는 경우에도 그 의미는 그때그때 바뀔 수 있는 '정치적 유용성'을 갖는 단어들이다. 이 글에서는 용어상의 엄밀한 구분을 목적으로 하지 않기에, 인민, 국민, 국민대중 등을 문맥에 따라 동의어로 사용하기로 한다.

2 Ortega, y Gasset José(1983), *Obras Completas*, Madrid, Alianza, 『대중의 반역』, 황보영조 옮김, 역사비평사, 2005, 19~20쪽.

3 Le Bon, Gustave(1895), *Psychologie des foules*, 『군중 심리학』, 민문홍 옮김, 91쪽.

4   Moscovici, Serge(1981), *L'ÁGE DES FOULES*, 『군중의 시대』, 이상률 옮김, 문예출판사, 1996, 249~251쪽.

5   Le Bon, Gustave(1895), 46쪽, 234쪽. 그는 엘리트계급이 중심이 된 귀족주의와 개인주의적 민주주의를 독특하게 결합시킨 영국식 자유민주주의 체제를 지지했다.

6   Tocqueville, A.(1835), *De la Démocratie en Amérique*, 『미국의 민주주의 1』, 임효선 · 박지동 옮김, 한길사, 1997, 335~340쪽.

7   Ortega, y Gasset José(1983), 82~83쪽.

8   Flaubert, Gustave(1869), *L'Education sentimentale*, 『감정교육 1, 2』, 지영화 옮김, 민음사, 2014.

9   Jonsson, Stefan(2005), *The Revolutioner: En Kort Historia om Folket 1789, 1889, 1989*, 『대중의 역사: 세 번의 혁명 1789, 1889, 1989』, 양진비 옮김, 그린비, 2013, 296쪽.

10 Tarde, Gabriel(1901), *L'opinion et la foule*, 『여론과 군중』, 이상률 옮김, 이책, 2015, 25쪽.

11 19세기 보수주의자들에게는 군중을 다분히 범죄에 연관지어 보려는 시각이 만연해 있었다. 이탈리아 사회심리학자 스키피오 시겔레Scipio Sighele의 『범죄군중La folla delinquenta』이 대표적이다. 그에 따르면, 범죄군중에는 무정부주의자에서 사회주의자에 이르기까지 모든 사회운동 단체와 정치집단은 물론 파업 중의 노동자, 길거리에서의 집회 참가자 등도 포함된다. 군중은 언제나 개인보다 더 감정적이고 비합리적이다. 그 원인의 하나는 인류학적 요인으로, 군중으로 있을 때는 문명화된 (합리적인) 성향보다 원초적인 (감정적인) 성향이 더 쉽게 자극받는다는 것이다. 또 하나는 수적numerical 요인으로, 사람들의 수가 많을수록 그 감정은 더욱 강렬해진다는 것이다. 시겔레는 르봉과 마찬가지로 "모두가 합쳐지면 군중에게는 일종의 정신적 통일, 말하자면 일종의 집단적인 혼a kind of collective soul이 생겨난다"고 주장했다. Sighele, Scipio(1895), *The Criminal Crowd and Other Writings on Mass Society*, University of Toronto Press, 2018.

12 Tarde, Gabriel(1901), 251쪽.

국가의 딜레마

13 윗 책, 81쪽.

14 Habermas, J.(1962), *Strukturwandel der Öffentlichkeit: Untersuchungen zu einer Kategorie der bürgerlichen Gesellschaft*, Suhrkamp Verlag Frankfurt am Main, 『공론장의 구조변동: 부르주아 사회의 한 범주에 관한 연구』, 한승완 옮김, 나남, 2001.

15 Lippmann, Walter(1925), *The Phantom Public*, 『환상의 대중』, 오정환 옮김, 동서문화사, 2018, 318~326쪽.

16 Michels, Robert(1911), 98~106쪽.

17 윗 책, 37쪽.

18 윗 책, 169~170쪽에서 재인용.

19 윗 책, 186~187쪽.

20 윗 책, 338쪽.

21 Parry, G.(1969), *Political Elites*, 『정치 엘리트』, 진덕규 옮김, 이화여자대학교 출판부, 1984, 12쪽.

22 Weber, Max(1985), *Wesen, Voraussetzungen und Entfaltung der bürokratischen Herrschaft*, 『관료제』, 이상률 옮김, 문예출판사, 2018, 69~88쪽.

23 Mills, C. Wright(1956), *The Power Elite*, 『파워엘리트』, 진덕규 옮김, 한길사, 1979, 28~36쪽.

24 Mosca, Gaetano(1896), *The Ruling Class*, Franklin Classics, 2018, p.52.

25 Pareto, Vilfredo(1909), *Manuel d'Economie Politique, Manual of Political Economy*, translated by Ann S. Schwier, Augustus M. Kelley, Publishers, 1971, §116.

26 Meisel, James H.(1958), *The Myth of the Ruling Class: Gaetano Mosca and the "Elite"*, University of Michigan.

27 Corning, Peter(2011), *The Fair Society*, 『공정사회란 무엇인가』, 박병화 옮김, 에코리브르, 2011, 235쪽.

28 Mills, C. Wright(1956), 36~37쪽.

29 Gallie, W. B.(1973), "An Ambiguity in the Idea of Politics and Its Practical Implications", *Political Studies* 21:4, p.442. 갈리는 정치의 개념이 "통치한다ruling"라는 말과 "정치질한다politicking"라는 말로 구성되는 이중적 의미의 야누스적 얼굴을 가졌다고 말한다.

30 안성호(2016), 4쪽.

31 Etzioni-Halevy, Eva(1983), *Bureaucarcy and Democracy: A Poli-tical Dilemma*,『관료제와 민주주의: 하나의 정치적 딜레마』, 윤재풍 옮김, 대영문화사, 1990, 34쪽에서 재인용.

32 Miliband, Ralph(1977), *Marxism and Politics*, Oxford University Press, p.72.

33 Shils, Edward(1968), "Intellctuals", *International Encyclopedia of Social Sciences* 17, vol.7, Macmillan, p.399.

34 Weber, Max(1985), 62쪽.

35 Marx, Karl(1871), *The Eighteenth Brumaire of Louis Bonaparte*, 「루이 보나파르트의 브뤼메르 18일」, 허교진 옮김, 소나무, 1987, 242쪽.

36 Albrow, M. C.(1969), *Bureaucracy*,『현대관리사회와 관료제』, 김영훈 옮김, 탐구당, 1978, 12~29쪽.

37 Niskanen, Jr. William A.(1971), *Bureaucracy and Representative Government*, Chicago, Aldine · Atherton, p.48.

38 Downs, Anthony(1957), *Inside Bureaucracy*, Boston, Little, Brown and Company, p.17.

39 Parry, G.(1969), 17쪽.

40 Rourke, F. E.(1976), *Bureaucracy, Politics and Public Policy*, Boston, Little Brown, ch.7.

41 Toffler, Alvin(1990), *Powershift*,『권력이동』, 이계행 감역, 한국경제신문

국가의 딜레마

사, 22장.

42 Weber, Max(1985), 62쪽.

43 김영평 외(2019), 『민주주의는 만능인가』, 가갸날, 135쪽.

44 Parkinson, C. N.(1979), *The Law*, Melbourne, Schwartz.

45 Weber, Max(1985), 156쪽.

46 Parry, G.(1969), 17쪽.

47 Crozier, M.(1964), *The Bureaucratic Phenomenon*, University of Chicago Press.

48 Doel, H. Van den(1979), *Democracy and Welfare Economics*, 『민주주의의 경제학』, 신해룡 옮김, 세명서관, 2000, 44쪽.

49 Etzioni-Halevy, Eva(1983), 90쪽에서 재인용.

50 Mises, Ludwig von(1996), 29쪽.

51 Poulantzas, N.(1978), *State, Power, Socialism*, London, New Left Books, p.227.

52 Jonsson, Stefan(2005), 242쪽.

53 Morgan, Edmund(1988), *Inventing the People: The Rise of Popular Sovereignty in England and America*, New York, W. W. Norton, pp.14~15.

54 Badiou, A. & et a(2013), 188~189쪽.

7장

국가의 딜레마

어느 나라 국민이든 나라가 잘되기를 바란다. 그러나 현실은 그렇지 않다. 어떤 국가든 권력을 잡기 위한 정치세력 간의 다툼이 있고, 정치권력과 시민사회 간의 긴장이 있고, 국민 사이에도 이해 충돌이 빈번히 일어난다. 국가는 온갖 형태의 분란이 일상화된 집합체이다. 국가는 모든 성원의 요구를 충족시킬 수 없기에 항상 문제투성이고 불만의 대상이다.

국가는 애초부터 구성원들의 요구와 희망을 충족시키기 위해 만들어지지 않았다. 여러 분석가들이 추정한 바, 초기의 국가는 약탈과 폭력으로 얼룩진 '강도국가' 였다. 문명화 과정을 통하여 국가가 점진적으로 진화하였으나, 초기의 흉터는 수천여 년이 지난 지금에도 선명하게 남아 있다. 또한 긴 시간에 걸쳐 '좋은 국가'를 세우기 위한 많은 시도도 원래의 뜻대로 이루어지지 않았다.

'좋은 국가'의 형상을 만들어보겠다는 훌륭한 사상

가들의 노력은 현실과 부딪혀서는 숱한 실패를 겪었다. 가령 고대의 플라톤, 맹자, 키케로 등이 공들였던 도덕 국가의 이념은 지나치게 높은 이상을 추구한 나머지 실현되지 못했다. 르네상스기를 지나면서 보댕과 홉스 등이 근대국가의 형틀을 짜내기는 했지만 그 구조물은 구석구석 구멍이 뚫린 엉성한 것이었다. 무정부주의의 꿈도 허무하게 무너졌다. 그들의 희망과는 달리 국가의 수는 오히려 크게 늘어났고 그 힘도 더욱 강대해졌다. 또한 '작은 정부'론도 현실의 변화를 따라잡지 못했다. 현대국가는 이미 '큰 정부'가 되어 거대한 조직체로 변모했다.

민주주의의 장밋빛 이상도 퇴색된 채 구부러졌다. 루소는 '일반의지'라는 발명품으로 '위대한 인민'의 형상을 그려보려 했지만, 그 가능성의 희박함을 뒤늦게 알아차렸다. 일반의지는 작위적 관념이지 실재하지 않는다. 또한 오늘날 민주국가의 헌법에 빠짐없이 적혀 있는 인민주권의 원리도 정치현실과는 큰 간극이 있는 유명무실한 문구가 되어버렸다. 밀의 현명한 구상 또한 뜻을 이루지 못했다. 수의 제약을 극복하고 공동선을 도모할 목적으로 제안된 대의제는 제구실을 하지 못한다. 인민을 진정으로 대표하는 '똘똘한' 대행자를 찾기는 쉽지 않다. 대의민주주의에 환멸을 느낀 이들은 모양만 다를 뿐 과두제의 한 형태일 뿐이라고 거세게 비난한다.

국가의 딜레마

민주주의는 그 원형을 알 수 없을 정도로 흉하게 변했다. 일찍이 존 듀이는 민주주의가 앓는 질환을 치료하기 위해 '더 많은 민주주의more Democracy'[1]라는 처방을 내놓았지만 실제의 상황은 녹녹치 않다. 가령 직접 민주주의, 결사체 민주주의, 강한 민주주의, 심의 민주주의 등 '민주주의의 원형'을 복원하기 위한 다양한 의견이 제시되지만 현실에서는 좀처럼 개선될 기미가 보이지 않는다.

현대국가가 민주주의 정체를 표방하고 있음에도 국가의 정당성에 대한 논란이 사라지지 않는 까닭은 민주주의가 원리대로 작동되지 않기 때문이다. 그렇다면 민주주의라는 정치양식은 국가의 정당성을 담보하는 보장책이 되지 못한다. 때문에 인민은 점점 더 국가에 대한 신뢰를 잃어간다. 국가는 민주주의의 이상과 현실 간의 간극을 좁히지 못한 채 항상적으로 불완정한 상태로 존재한다.

통치의 함정

국가는 왜 실패하는가? 최근 이 주제로 다룬 영미권의 복수 연구가는 세계 각국의 정치상황에 대한 분석을 토대로 국가 실패의 원인을 "지배계층만을 위한 수탈적이고 착취적인 제도"에서 찾는다.[2] 국가 구성원 다수를 끌어안는 포용적인 정치 · 경제제도를 채택한 나라는 정치 발전과 경제적 번영을 누리고 있는 반면, 소수 지배층이 강압적으로 통치하고 착취를 일삼는 나라는 정치적 후진성과 경제적 빈곤에서 헤어나지 못한다. 소수의 지배자가 일방적으로 권력을 휘두르는 '독재적 리바이어던'보다는 "공동체 규범의 우리" 안에서 국가권력이 제한되는 '족쇄 찬 리바이어던'이 국민의 자유를 증진시키고 경제적 삶을 더 풍요롭게 한다.

이들의 연구는 풍부한 경험적 증거에 입각해서 익히 알려진 사실을 다시금 상기시키는 데는 성공적일 수 있으나, 국가 실패의 근본적 원인이나 국가 자체 내에 내

국가의 딜레마

재된 결함에 대해서 깊이 파고들지 못했다는 아쉬움이 있다. 이런 류의 분석에 비한다면 수세기 전 프랑스의 교육가 라블레François Rabelais가 쓴 글이 오히려 국가 실패의 본질에 한층 다가간 듯하다. 라블레는 『가르강튀아Gargantua』라는 풍자소설에서 "나 자신을 다스리는 방법도 모르는데, 내가 어찌 다른 사람들을 다스릴 수 있겠는가?"[3]라고 적었다. 그러기에 라블레는 자신은 "공직도 정부도 원하지 않는다"고 솔직하게 말할 수 있었다. 인간은 누구나 평생 동안 수신修身하기에도 버거운 존재이다. 수신도 안 된 자들이 치국治國하겠다고 나설 때 공동체의 불행은 시작된다. 그러기에 누가 통치하든 이 함정에서 벗어나기는 어렵다.

통치는 국가권력의 정점에서 행하는 정치적 행위이다. 통치라는 용어는 누군가가 나라 전체를 다스린다는 의미의 다분히 가부장적이고 봉건적인 뉘앙스를 풍긴다. 플라톤이 정치를 '인간 무리에 대한 보살핌에 관계된 기술'이라고 규정했을 때, 그 '보살핌'이라는 말에는 이데올로기적 허구가 숨겨져 있다. 그는 인간 무리를 보살피는 데서 '무엇을 어떻게 하는 것이 최선인지를 알 수 있는 능력'을 통치자의 제일의 덕목으로 꼽았지만, 역사상 그러한 만큼의 능력을 보여준 통치자를 찾기는 힘들다.

어떤 통치자든 아무리 출중한 역량을 갖추었다 하더라도 인민 전체를 보듬고 책임을 질 수 있는 능력은 없다. 그 자신도 불완전한 개인이며 한 시대의 자식이기 때문이다. 그러기에 국가 구성원 모두를 만족시킬 수 있는 통치의 완전성을 기대하기란 애초부터 불가능하다. 영국의 역사가 액튼 경John Dalberg-Acton이 정확히 짚었듯이, 통치라는 행위를 하는 데는 "특정한 계급만이 부적합한 것이 아니라 모든 계급이 부적합하다."[4]

플라톤의 철인왕哲人王이나 순자의 성왕聖王, 그리고 니체의 초인超人 등은 기실은 헛개비이다. 그런 류의 인간은 역사상 존재한 적이 없다. 철인은커녕 불안당이, 성왕은커녕 폭군이, 초인은커녕 소인배가 국가권력을 손에 쥐고 무차별적 폭력을 휘두른 적이 훨씬 더 많았다. 통치의 역사는 한 개인의 지혜와 지식만으로는 인민 모두의 삶을 보살필 수 없다는 교훈을 들려준다. 누군가가 통치하여야 하는데 그 누구도 통치역량이 부족하기에 이 딜레마에서 벗어날 수 없는 필연적인 상황을 '통치의 함정'이라고 부를 수 있을 것이다. 이 사실을 망각한 채 권력자가 통치행위에 사적 탐욕을 추하게 덧칠할 때 인민의 불행은 더욱 깊은 수렁으로 빠져든다.

민주주의가 만개했다는 오늘날에도 통치자니 통치권이니 하는 봉건풍의 용어가 빈번하게 사용된다. 통치

국가의 딜레마

자는 인민을 보살피는 데서 어느 누구보다도 탁월한 능력을 소유한 자도 아니고 공공선의 열렬한 수호자도 아니다. '인민의 어버이'니 '위대한 영도자'니 하는 말은 모두 거짓말이다. 그럼에도 불구하고 이 가부장적인 용어가 사라지지 않고 있는 데는 무지와 우둔함에서 오는 대착각을 청산하지 못했기 때문이다. 언젠가는 전능한 통치자가 언젠가는 나타날지 모른다는 미신적 환상 말이다. 있는 그대로의 사실을 말한다면, 현대국가에서 지도자는 특정한 정파의 우두머리이다. 그는 경쟁적인 정치투쟁에서 상대적으로 많은 표를 획득한 자, 곧 정치게임의 승자일 뿐이다.

현대국가에서 지도자로 선출된 이는 국민 앞에서 국가의 행위를 공정하게 다룰 것이라고 다짐하면서 한 국가를 대표하는 공인公人임을 서약한다. 공公, public과 사私, private에 대한 하버마스의 구분법에 따르면, 공은 국가적인 것, 모든 사람에게 열려 있는 것, 사유私有되지 않는 것이고, 사私는 국가적이지 않은 것, 개인에게만 닫혀 있는 것, 사유되는 것이다.[5] 공은 국가로 표상되는 정치적 실체의 영역에 한정될 경우에 비로소 의미를 갖을 수 있다. 그러나 누구든 그 영역에 한정된 행위만을 할 수는 없다. 공인은 현실에서는 존재하지 않는 개념이다. 따라서 공인 서약은 애초부터 불가능한 일을 다짐하는 형식적 의례이다.

통치가 공적 행위라고 말들 하지만 통치자는 그 과업을 온전히 공적으로 수행하는 사람이 아니다. 그는 공인 맹세를 하더라도 사인私人의 존재 구속성에서 벗어날 수는 없다. 그 또한 범인凡人과 다를 바 없이 어느 부모의 자식이고 한 가정의 가장이다. 더군다나 지연, 학연, 직업, 종교 등 개인적 삶의 영역에서 사적 네트워크에 얽매어 있는 상황제약적 존재이다. 어느 지도자든 국가적 과제를 수행하는 데서 사적 이해를 개입시키는 오류가 어김없이 발생하는 이유는 여기에 있다. 권력집단에 의한 공공성 훼손이 빈번하게 발생하는 것도 같은 이유에서이다. 이 때문에 국가적 행위의 공공성이란 완전하게 보장되지 않는다. 다만 누가 덜하고 더하는가의 정도 차이가 있을 뿐이다. 통치가 온전한 공적 행위가 아니라 언제든 공과 사가 뒤섞이는 정치적 행위인 한 통치의 딜레마는 항상적일 수밖에 없다. 이 같은 원천적인 제약을 인지한다면, 특정한 인물이나 정치집단에 이상적인 통치를 기대하는 헛된 꿈을 갖지 않을 것이다.

인민이라는 신기루

국가의 불안정성은 비단 통치자의 오류와 역부족만으로 빚어지는 사태는 아니다. 국가를 떠받치는 구성원들의 집합적 상태 및 그 본래적 성질 또한 국가의 딜레마를 영속화하는 원인이 된다. 국민은 그 내부가 상이한 이해관계로 복잡하게 얽혀 있는 집합체이다. 국민은 한편으로는 상호 협력하고 공존하지만 다른 한편으로는 서로 다른 이해를 추구하며 대립하고 다투기도 한다. 이로 인해 국가권력과 국민 간의 부조화, 국민 내부의 분산과 분열, 정치적 파당에 의한 선동, 일부 구성원 무리에 의한 반공동체적 해악 등이 수시로 발생한다.

국민 개개인을 하나로 묶어 국민으로 통칭하지만, 국민은 실체적 특성을 규정하기 힘든 모호한 집단이다. 요컨대 국민은 단일한 속성의 집합체가 아니다. 국민은 한 영토 안에서 역사적 경험과 문화적 관습을 공유하고 대부분의 경우 동일한 언어를 사용하는 국가의 구성원이라는 점에서는 같지만, 그 외에는 별 공통점이 없다. 국민은 성, 세대, 직업, 교육 및 교양 수준, 재산 보유 정도, 거주지 및 출신지역, 이념과 정치색, 문화적 취향과 기호 등에 따라 수백수천 부류로 구분되는 이질적인 개인들의 집합체이다.

이처럼 국민은 동질적인 하나의 덩어리가 아니다. 국민은 이해관계가 상충되는 이질적인 개인 및 이종異種 집단의 묶음이기에 하나의 속성으로 규정할 수 없다. 프랑스 철학자 위베르만Georges Didi-Huberman이 지적하듯이, "단일성, 정체성, 총체성, 일반성으로서의 국민이란 존재하지 않는다."[6] 국민의 목소리는 다양하며 종종 서로 충돌되기까지 한다. 전쟁이나 천재지변과 같은 비상적 상황이 아닌 한, '국민의 뜻'은 결코 하나로 모아지지 않는다. 즉 "하나의 국민은 없다."

통상 국민 여론은 분산된 채 나뉘어져 있다. 정치세계에서 국민의 의사는 최소 둘 이상의 여럿으로 갈라져 있다. 그럼에도 불구하고 '국민의 뜻'이 하나인 양 운위하는 행위는 정치적 선동에 불과하다. 정치선동가들이 말하는 국민이란 특정 정파를 추종하는 일부의 무리이다. 그리고 '국민의 뜻'이란 자신들을 뒤따르는 일부 유권층의 의사에 불과하다. 캐노번이 지적하듯이, 국민이라는 용어는 그때그때 특정 정파의 편의에 따라 여러

국가의 딜레마

용도로 사용될 수 있는 "정치적 유용성의 표시"[7]이다.

또한 국민은 잘 짜인 권력 엘리트집단이나 체계화된 관료조직에 비한다면 무수히 분할된 작은 조각들의 집합에 불과하다. 홉스적 용어로 표현하면, 국민은 만인 간의 전쟁상태와 협력상태가 혼재된 가운데 분산상태로 존재한다. 국민은 자기 생존의 이해관계에 구속되어 있는 수많은 형상으로 분할된 상태로 존재하기 때문에 국가권력과의 관계에서 조직적인 힘을 발휘할 수 없다. 그러기에 국민은 하나로 통합된 힘을 만들어내지 못한다.

하버마스가 잘 표현했듯이, "국민은 단지 복수the plural로 모습을 드러낼 뿐이다."[8] "국민은 단수인 '하나의 국민'으로서 결정을 내릴 능력도 전체로서 행동할 능력도 없다." 국민이 국가권력과의 관계에서 하나의 통합적 힘을 가질 수 없다면, '국가의 의사를 최종적으로 결정하는 권력'으로서의 주권을 행사하기란 사실상 불가능하다. 따라서 국민이 국가적 과제를 다루는 공론장에서 주권자로서의 역할을 할 수 있다는 민주주의적 명제는 사실과 동떨어진 허구이다.

국민은 또한 선악이나 시비의 단순한 이분법으로 재단되지도 파악되지도 않는다. 굳이 말하자면 국민은 선악과 시비의 복합체이다. 그들 가운데는 선인도 있고 악인도 있다. 그들 중 다수는 공통의 규범을 잘 준수하지만 일부의 무리는 무교양과 무지의 행동으로 공동체적 가치를 훼손한다. 또한 '위대한' 국민도 없고 '위대하지 않은' 국민도 없다. 나라가 국가 존망의 일촉즉발의 위기에 처했을 때 이를 극복하기 위해 하나로 뭉쳤던 국민은 위대한 듯 보였으나, 혼란의 상황에서 허둥지둥대며 사악한 통치자의 편을 든 국민은 위대하지 않았다. 가령 7차 개헌 시 유신헌법에 91.5퍼센트의 지지표를 던진 이들도 국민이었고, 9차 개헌 시 대통령 단임 직선제에 찬동한 93.1퍼센트의 이들도 국민이었다. 교양 있는 국민과 그렇지 못한 국민, 공동체적 국민과 반공동체적 국민, 그 사이를 우왕좌왕하는 국민, 이 모두는 국민이라는 복합체의 제각각의 여러 형상이다.

국민은 고정된 실체가 아니다. 국민은 상반된 가치체계 사이에서 오락가락한다. 또한 국민은 다 뭉칠 수도 다 모일 수도 없다. 국민 한 사람 한 사람은 어디서든 볼 수 있지만, '하나의 국민'은 보이지 않는다. 국민은 그 일부가 모여 모종의 형상을 만들다가 얼마 후에는 뿔뿔이 흩어져 그 형체가 사라지는 환영과도 같다. 그러기에 누가 지도자를 하든 국민의 의사를 하나로 모으는 일은 불가능하다. 국가의 태생적 딜레마는 인민이라는 신기루와 밀접히 결합되어 있다.

국가의 딜레마

국가는 지배자와 피지배자, 지도자와 다수의 인민, 두 주체가 한 덩어리가 되어 움직여가는 유동체이다. 두 주체 각각의 불안정성 또는 양자 관계의 부조화는 국가를 항시적으로 불안정하고 불만족스러운 상태로 만드는 원인이다. 국민의 의사가 항상 분산되어 있다면, 지도자가 누가 되든 인민 모두를 잘 보살필 수는 없는 일이다. 그러기에 인민의 보살핌을 공적 책무로 여기는 성실한 지도자라면 누구든 힘겹고 고달픈 상황에 처하게 된다.

인치와 법치 사이

어떤 이들은 '국가를 없애야만 국가가 저지르는 온갖 종류의 악을 제거할 수 있다'고 주장하고 또 다른 이들은 국가가 종종 오류를 범할지라도 '언제든 국가가 없는 것 보다는 있는 게 낫다'는 엇갈린 주장을 한다. 하지만 이 같은 논란은 부질없는 일이다. 국가는 없애자고 해서 없어지는 조직체가 아니며, 국가의 악도 제거하자고 해서 완전히 소멸되지 않는다. 밀리반트의 말처럼, "오랜 역사의 기간에 작동해온 '악령'들을 가까운 시일 내에 퇴치할 수 있으리라고 기대하기 어렵다."[9] 이 '악령들'은 긴 시간을 거치는 동안 권력에 깃들어 그 본질이 되었기 때문이다.

수천 년의 시간을 거치면서 국가는 그 형태와 양식에서 조금씩 진화했다. 그에 따라 악령의 크기도 줄어들었다. 특정한 개인이 통치자임을 자임하고 자의적으로 인민을 지배하는 방식은 그 수명을 다했다. 인치人治로

국가의 딜레마

는 '악령'의 실체를 감출 수 없기 때문이다. 인치의 폐단을 감추기 위해 통치자들이 고안한 발명품은 법이다. 루소의 말처럼, "법은 적어도 기원에 있어서는 가진 자들을 선호하도록 되어 있다." 왜냐하면 법은 통치자나 가진 자가 제정하기 때문이다. 법은 피통치자나 갖지 못한 자를 통제하기 위한 수단으로 만들어졌다. 최초의 성문법으로 알려진 '우르남무 법전'에 기록된 형법상의 용어들은 국가적 통제를 용이하게 하기 위한 일련의 지침과 다를 바 없다. 고대의 통치자들에게 법은 통치의 형식적 정당성을 갖추기 위한 핵심도구였다.

법의 개념이 바뀌게 된 데는 근대인의 자각에 힘입은 바 크다. 그 선구자인 몽테스키외는 법을 "사물의 본질에서 유래하는 필연적인 관계"를 규정하는 '보편적 의미의 인간 이성raison humaine'[10]으로 정의한다. 즉 법은 보편 이성의 추동체이다. 그는 법의 목적을 (통치자의 자의적 권력 남용을 막기 위한 권력의 분산과 균형에 두고), 공정한 법 집행을 통해 만인이 법 앞에 평등한 상태를 요청했다. 칸트 또한 국가를 "법질서 아래 결합된 인간집단"으로 규정함으로써 법이 국가 운용상의 최고 규범임을 강조했다.

근대의 '법치국가' 관념은 이론상으로는 국가를 지배하는 방식이 인치에서 법치로 전환됨을 지시한다. 법치는 국가의 존립을 정당화하는 주된 근거로서 공동체적 정의 실현을 목표로 한다. 법에 의한 지배는 국가적 행위의 정당성을 보장함과 아울러 공통의 이해에 반하는 행위에 대해서는 응분의 책임을 물어 강제적으로 제재를 가함으로써 국가 공동체의 평화와 안녕을 도모하는 데 그 목적이 있다. 원리상 법은 권력의 남용을 제한함과 동시에 공동체의 안전을 지키는 공통의 규범이다.

그러나 법치를 실행하는 국가는 법의 본질인 '보편 이성'대로만 작동되지는 않는다. 국가권력은 헌법을 위시한 각종 법률 등 여러 이성적 준칙을 갖추고 있음에도 불구하고 실제의 적용 과정에서는 종종 공정성의 한계선상을 넘나든다. 법치국가는 이성의 집합에 의해서보다는 오히려 각종 정념의 덩어리를 기반으로 움직여지는 경우가 많다. 국가 조직이 활성화되는 데는 개체의 생존 욕구, 종족 보호 본능, 전통적 생활관습에 배인 집단감정 및 집합적 무의식, 역사적 경험의 기억 및 문화적 공감, 사적이거나 집단적인 이해관계, 권력에의 의지와 욕망 등 여러 정념이 복합적으로 작용한다. 이 같은 정념은 수시로 이성의 흐름에 개입하여 법치의 틀을 흔든다. 인간 본성에 궁구하면서 흄이 정립한 "이성은 정념의 노예"라는 명제는 국가에도 흡사하게 적용된다. 이 때문에 어떤 이는 법의 본체인 '이성이 지배하는 공화국'이란 이성의 통제를 받는 듯하지만 실상은 그대로만

국가의 딜레마

은 실행되지 않는 정부에 붙혀진 이름으로 간주한다.

또한 법치는 국가적 행위의 공정성을 담보하는 데서 종종 탈선의 궤적을 그린다. 동일한 법률이 어느 경우에 적용되고 어느 경우에는 그렇지 않은지 또는 동일한 범죄에 대해 왜 동일한 제재가 가해지지 않은지의 이유는 간단하다. 법 또한 사람의 머리와 손에 의해 만들어지고, 사람에 의해 심의되고 판단되며 집행되기 때문이다. 따라서 법치국가는 공정한 법률에 의한 지배를 표방하지만 그 집행에서는 특정한 개인이나 집단의 사적 이해가 개입될 수밖에 없는 한계를 지닌다. '헌법 정신에 따라', '법대로', '공정한 법 집행'이라는 말들이 반복되지만, 법적 행위는 사람의 손이 닿는 순간부터 그 공정성을 의심하게 되는 상황을 맞게 된다.

이 때문에 법에 의한 지배는 법률가들이 득세하는 세상을 허용한다. 그들은 공론장에 자주 등장하는 주역이 되어 국가의 일이 공정한지를 놓고 다투지만, 상이한 이해관계에 따라 상반된 의견을 내놓는다. 동일한 현상에 대한 상이한 법률적 해석은 법이 결코 절대적인 규범이 아님을 말해준다. 그렇다면 법치는 국가의 정당성을 보장하는 완전장치가 아니다. 즉 완전한 법치란 존재하지 않는다. 법치국가란 사실상은 법치와 인치가 혼합된 국가이다. 부연하자면, 독재국가에서 법치가 인치와 내용은 같되 이름만 다른 지배양식이라면, 민주주의가 번성한 나라에서 법치라는 정치양식은 사실상 인치와 법치 사이의 어딘가에서 오락가락하는 체제를 의미한다. 그럼에도 불구하고 현대국가가 법에 의한 지배에 기초하는 이유는 공동체의 공정한 질서를 확보하기 위해서 이보다 더 나은 수단을 찾지 못했기 때문이다. 근대국가의 성립 이래 법에 의한 지배를 정교화하려는 여러 차원의 노력이 국가적 행위의 정당성을 제고하는 데 기여한 점을 부인할 수는 없으나, 그렇다고 하여 법치에 내재된 원천적 한계가 말끔히 제거되지는 않는다.

언제 끝날지 모를 도덕적 작업

국가의 역사에서 인치에서 법치로의 전환은 '국가가 왜 존재하는가'에 대한 이유를 말해준다. 국가는 그 자체가 목적이 아니다. 철저한 자유주의자 미제스^{Ludwig von Mises}가 확언하듯이, "국가의 유일하게 정당한 목적이란 모든 국민의 생명과 재산을 평등하게 보호하고, 폭력의 위협으로부터 공동체의 안전을 지키는 데 있다."[11] 그리고 국가가 갖는 권위의 원천은 오로지 '국가를 구성하는 사람들의 동의'에 있다. 따라서 국가권력은 자의적으로 행사될 수 없다. 그 권력은 구성원이 동의한 공통의 규범이 정한 범위 안에서 실행될 때 정당성을 갖는다. 법치는 국가권력이 그 목적에 부합되는 범위 내에서 행사하도록 합법의 틀 안에 제한함으로써 국가의 존재를 정당화한다.

국가는 구성원과 공동체를 위한 수단이다. 그러므로 국가 그 자체를 신성시하거나 국가에 대한 맹목적 충성을 강요하는 어떠한 관념도 정당화될 수 없다. 가령 "국민 여러분, 조국이 여러분을 위해 무엇을 할 수 있을 것인지 묻지 말고, 여러분이 조국을 위해 무엇을 할 수 있는지 스스로에게 물어보십시오"라고 주장한 미국의 35대 대통령 존 F. 케네디의 연설은 명백히 틀렸다. 그의 명언 아닌 명언은 국가라는 이름으로 행해지는 '고상한 거짓말 noble lie'이다. 그 반대로 국민이 국가를 위해 무엇을 할 것인지를 요구하기 전에 국가는 항상 국민을 위해 무엇을 해야 하는지 결정해야 한다.

국가는 개인이 없이는 존재할 수 없다. 개인은 국가에 우선한다. 스피노자는 『정치학 논고』에서 국가권력에 개인의 개별성을 종속시키는 이유는 개인을 위함이라는 점을 분명히 했다. 그는 인간은 본성상 국가를 필요로 하지만, 국가와의 사회계약은 개인의 자기 이익 실현과 보존이 담보될 때 유지될 수 있다고 말한다.[12] 국가와 개인, 권위와 자율 간의 긴장상태에서 언제든 개인과 자율이 우선이다. 다만 '개인이 국가에 우선한다'는 공리는 '자율적 개인'의 조건을 전제로 할 때 성립한다. 개인의 권리는 결코 무제한적이지 않다. 한 개인의 권리는 타인의 그것과 동등하므로 타인 및 공동체 전체 이익을 침해하지 않는 범위 내에서 유효하다. 개인에 대한 국가의 부당한 요구도, 역으로 국가에 대한 개인의 과도한 믿음도 허망한 결과를 불러온다. 자율적 개인이라면 공

국가의 딜레마

동체 규범의 틀 안에서 그가 할 일은 하고 국가에 대해 요구할 일은 요구하는 '공존의 균형'을 추구할 것이다.

인간이 있는 곳이면 어디든 국가가 있다. 플라톤의 말대로 국가는 인간의 확대판이다. 국가는 인간의 본성 위에 세워진 구조물이다. 현대국가는 역사적 진화 과정을 거쳐 '보편이성'의 준칙에 따라 운영되는 지배양식을 채택하는 데 이르렀지만, 그렇다고 해서 모든 사람의 욕구와 희망을 충족시킬 수는 없다. 밀의 말처럼 "모든 사람을 만족시킬 수 있는 법을 만드는 것은 불가능하다."[13] 국가의 일에 모든 사람이 참여하는 것이 바람직하다는 정치적 이상은 한갓 꿈이다.

또한 이와 유사한 사고패턴의 연장선상에서, 소수 엘리트에 의한 지배를 대체하여 다수 인민의 지배가 성립할 수 있는 양 주장하는 것도 포플리즘적 선동에 불과하다. 실제 가능하지도 않고 그 형식을 흉내낸 모든 시도는 실패했다. 게다가 다수의 인민이 직접 국가를 경영하는 방식이 소수의 권력 엘리트가 주도하는 현재의 상태 보다 더 나으리라는 어떠한 보장도 없다.

국가는 인간의 진화와 더불어 조금씩 진화해왔다. 국가가 잘되게 하기 위한 하나의 공식은 없다. 국가를 성공시키기 위한 수많은 방책이 제시되었지만, 제대로

되지 않았다. 국가가 처한 딜레마 상황은 우리로 하여금 국가의 앞날에 관해 희망과 절망, 낙관과 비관 사이를 오가게 한다. 우선은 국가에 관한 명백한 사실을 인지하고 정치 현실을 직시하는 사상적 태도가 먼저이다. 국가의 절대적 선은 존재하지 않는다. 국가의 진화는 상대적 선을 추구하는 과정이며, 조직체의 정당성을 조금씩 제고하는 과정이다. 인간이 아주 더디게 깨어나는 과정을 거쳐온 만큼, 국가 또한 아주 더디게 진화해갈 것이다. 국가를 정당한 조직으로 만드는 일은 언제 끝날지 모를 도덕적 과제로 남겨져 있다.

1   Dewey, John(1984), *The Public and Its Problem*, 『현대 민주주의와 정치 주체 문제』, 홍남기 옮김, 씨아이알, 2010, 140쪽.

2   Acemoglu, Daron & Robinson, James A.(2012), *Why Nations Fail: The Origins of Power, Prosperity, and Poverty*, 『국가는 왜 실패하는가』, 최완규 옮김, 시공사, 2017. ; Acemoglu, Daron & Robinson, James A.(2019), *The Narrow Corridor: States, Societies, and the Fate of Liberty*, 『좁은 회랑: 국가, 사회 그리고 자유의 운명』, 장경덕 옮김, 시공사, 2020.

3   Rabelais, Francois(1532), *Gargantua · Pantagruel*, 『가르강튀아 · 팡타그뤼엘』, 유석호 옮김, 문학과지성사, 2004, 232쪽.

4   Corning, Peter(2011), 273쪽에서 재인용.

5   Habermas, J.(1961), 69~85쪽.

6   Badiou, A. & et al.(2013), 『인민이란 무엇인가』, 서용순 · 임옥희 · 주형일 옮김, 현실문화, 2014, 98쪽.

7   Canovan, Margaret(2005), *The People*, 『인민』, 김만권 옮김, 그린비, 2015, 15쪽.

8   Habermas, Jürgen(1996), "Popular Sovereignty as Procedure", *Between Facts and Norms: Contributions to a Discourse Theory of Law and Democracy*, Cambridge, MIT Press, p.469.

9   Milliband, Ralph(1994), *Socialism for a Sceptical Age*, Cambridge, Polity Press, p.61.

10   Mon-tesquieu, Charles-Louis de Secondat(1748), *De l'esprit des lois, ou du rapport que les lois doivent avoir avec la constitution de chaque gouvernement, les moeurs, le climat, la religion, le commerce, etc.*, 『법의 정신 또는 각 정체의 구성, 풍습, 기후, 종교, 상업 등과 맺는 관계에 대하여』, 고봉만 옮김, 책세상, 2006, 31쪽.

11   Mises, Ludwig von(1996), 6~7쪽.

12 Spinoza, Benedictus de(1677), *Tractatus Politicus*, 『정치학 논고』, 강영계 옮김, 서광사, 2017, 75~77쪽.

13 Mill, J. Stuart(1992), p.28.

국가의 딜레마

"
"국가의 절대적 선은 존재하지 않는다.
국가의 진화는 상대적 선을 추구하는 과정이며,
조직체의 정당성을 조금씩 제고하는 과정이다.
인간이 아주 더디게 깨어나는 과정을 거쳐온 만큼,
국가 또한 아주 더디게 진화해갈 것이다."
"

찾아보기

ㄱ

가토 노리히코加藤典洋 126

간디Mahatma Gandhi 192

강도국가론 158

강한 국가주의 100, 122

고드윈William Godwin 80, 143~149, 167, 197, 201~202, 204, 324

고바야시 요시노리小林よしのり 126

골드만Emma Goldman 195

공공선 215, 223, 229, 236~237, 244~245, 247~249, 252, 256, 261, 299, 353

공공성öffentlichkeit 265, 354

공론장public sphere 232, 263, 267~268, 293, 305~306, 308, 321, 341, 357, 363

공민公民 98, 284, 338

공인公人 265, 353

공중公衆 268, 286, 302~309, 338~339

공통의 권력A Common-Wealth 53~54, 90

과두제 229, 273~276, 309, 312, 316, 348

과두제의 철칙 274, 309, 312

관료제 132, 253, 264, 313, 326~329, 331~335, 341~343

관료제의 정치적 편향성 329

괴벨스Paul Joseph Goebbels 110

괴테Johann Wolfgang von Goethe 103, 314

구르네M. de Gournay 328

국가무용론 143

국가숭배Statolatry 71, 82, 115

국가의 기원 47~48, 51~52, 56~57, 62, 68~69, 91, 175~176, 197

국가의 자연발생설 48

국가의 존재 이유 139

국가주의 71, 73, 82~83, 86~90, 94~97, 99~100, 102, 107~108, 111, 114~118, 121~123, 125~126, 128~131, 134, 139, 142, 165, 176, 181, 202, 206, 215~217, 260, 335

군중심리 290~291, 296

굼플로비츠Ludwig Gumplowicz 65~66, 75

그로티우스Hugo Grotius 70

그릴파르처Franz Grillparzer 288

국가의 딜레마

ㄴ

나폴레옹Bonaparte Napoléon 89, 94

네그리Antonio Negri 339

노드코트Stafford Northcote 327

늑대국가론 63, 65, 68, 72

니스카넨William Niskanen 330

니시카와 나가오西川長夫 129

니체Friedrich Wilhelm Nietzsche 116~
118, 233, 352

ㄷ

다운스Anthony Downs 330, 333

다윈Charles Robert Darwin 68, 72~73

다카하시 데쓰야高橋哲哉 124

달Robert Dahl 16, 25, 28~29, 40,
215, 218~219, 221, 277

'대문자 P로 상징되는 인민' 336

대의제(대의정부론) 32, 147,
156, 223, 238, 240~247, 252,
255~256, 258, 261~262, 265,
277. 319, 336, 348

'대중의 심리적 비참misère psy-
chologique des masses' 288

대중 인간l'homme-masse 289

뒤링Karl Eugen Dühring 111

디오게네스Diogenēs 140

ㄹ

라블레François Rabelais 61, 351

라이시Robert Reich 130, 271

라츠Joseph Raz 192

러셀Bertrand Russell 192

레닌Vladimir Il'Ich Lenin 79, 181

로크John Locke 23, 55, 57, 70, 192,
234

루소Jean Jacques Rousseau 55, 57~60,
62~64, 70, 117, 131, 144, 197,
223, 234~241, 248~249, 277,
313, 317, 324, 336, 348

루이 14세Louis XIV 83, 85

루터Martin Luther 117

룩셈부르크Rosa Luxemburg 181

르낭Ernest Renan 89, 102~103,
106~107, 110, 123~124

르센René Le Senne 162

르플레Frédéric Le Play 328

리바이어던Leviathan 41, 53~54,
74, 89~91, 92, 350

리프먼Walter Lippmann 308

ㅁ

마냉Bernard Manin　274

마네Edouard Manet　102

마르크스Karl Heinrich Marx
170~172, 175~177, 179~181,
183~184, 327~328, 334

마이젤James H. Meisel　318

마틴James J. Martin　30

매디슨James Madison　26~27, 244

매디슨의 공화제　244

매디슨적 민주주의　26~27

맹자孟子　140, 191, 259, 301, 348

메인Sir Henry Maine　48

모건Edmund Morgan　336

모건Lewis Henry Morgan　48

모스카Gaetano Mosca　317~318

모파상Guy de Maupassant　288

몽테스키외Charles De Montesquieu
146, 361

무리본능herd instinct　233

무솔리니Benito Andrea Amilcare Mussolini　108

무정부주의(아나키즘anarchism)
28, 63, 75, 139, 141,
143~145, 150~151, 153,
162~163, 172, 175, 179~180,
184~186, 195~197, 199~202,
204~207, 210, 215, 217, 340,
348,

문필가　143, 323

미국 헌법　25~30, 152, 154, 156,
160

미제스Ludwig von Mises　335, 365

미헬스Robert Michels　274, 290,
309~316

밀James Mill　241~242, 247~248

밀John Stuart Mill　242~243,
245~247, 256, 258, 278, 348,
367

밀리반트Ralph Miliband　322, 360

밀스C. Wright Mills　317, 319

ㅂ

바그너Richard Wagner　101, 116

바디우Alain Badiou　337

바우만Zygmunt Bauman　129

바쿠닌Mikhail A. Bakunin　167,
170~179, 181, 183~184, 198,
201, 204, 208, 314

반국가주의　142~143, 160, 170,
184~185, 195~196, 205~206

발자크Honoré de Balzac　328

버크Edmund Burke 258, 265, 298~300, 316

법치(법치주의) 22, 67, 360~365

베버Max Weber 16~19, 248, 257, 259~261, 274, 316, 326, 329, 332~334

베블런Thorstein Veblen 328

벤야민Walter Benjamin 117

보댕Jean Bodin 348

보드리야르Jean Baudrillard 268~269

보이지 않는 정당invisible party 332

본원적 인간L'homme Originel 58

뵈머Heinrich Böhmer 71

부르크하르트Jacob Burckhardt 300

ㅅ

사회와 국가의 구분 197~198

샤츠슈나이더E. E. Schattschneider 262

셸링Friedrich Schelling 71, 103

소로Henry David Thoreau 151, 185~188, 190~195

'소문자 p의 인민' 336

소크라테스Socrates 23

속견doxa 230

'수nombre'의 문제 258, 298~299

수호자주의 215~216, 220, 277

순자荀子 49, 352

쉴즈Edward Shils 323

슈미트Carl Schmitt 22, 86, 118, 120~121, 257, 261, 321

슈탈Friedrich Stahl 71

슈티르너Max Stirner 167

슘페터Joseph Alois Schumpeter 223, 246~255, 274, 321,

스탈린Iosif Vissarionovich Stalin 108, 181, 215

스펜서Herbert Spencer 321

스푸너Lysander Spooner 29, 151~156, 158~160, 196, 199, 201, 203, 207

스피노자Baruch de Spinoza 70, 366

시민불복종 209

시민사회 58, 69, 279, 305, 327, 347

시에예스Emmanuel Sieyes 242

시진핑習近平 130

'신뢰의 철회vertrauensentzug' 267

실러Friedrich Schiller 288

ㅇ

아렌트Hannah Arendt 17, 328

아리스토텔레스Aristoteles 49~50,
   69, 233

아우구스티누스Aurelius Augustinus
   69, 162

아퀴나스Thomas Aquinas 69

아테네 민주주의 225~229

안시용Charles Ancillon 70

애국심 94, 96, 146, 164~165,
   202~203

애도의 논리 89, 124

액튼John Dalberg-Acton 352

양주楊朱 140, 259

에머슨Ralph Waldo Emerson 186,
   188

에피쿠로스Epikouros 140

엘리트 29, 31~32, 157, 244,
   247, 250, 252~254, 259,
   274~275, 297, 305, 316~319,
   321~324, 330~331, 336,
   340~341, 357, 367

엘리트 이론 243, 248, 254, 296,
   309, 336

엥겔스Friedrich Engels 111, 175~177,
   209

여론 230, 232, 265, 270, 302,
   305~306, 308, 339~340, 356

오르테가José Ortega y Gasset 286,
   290, 299~300

오웰George Orwell 131

오페Claus Offe 267

오펜하이머Franz Oppenheimer 63~66,
   68

욘손Stefan Jonsson 295, 301, 339

우르남무 법전Code of Ur-Nammu 46,
   361

위고Victor-Marie Hugo 301

위베르만Georges Didi-Huberman 356

'이성raison'의 문제 258

인민의지 222, 228, 237, 250,
   254, 262, 273~274, 367

인식론적 민주주의epistemic de-
   mocracy238

일 반 의 지 57, 236~237,
   239~241, 249, 348

입센 Henrik Ibsen 260, 300

ㅈ

자민족중심주의ethnocentrism 100,
   107, 202

자연상태 52~53, 55~58, 90,
   197, 201, 228

자연상태 모델 52, 55~56

작은 정부론 195

전체의지 236

전통적 지배 19, 326

절반의 인민주권semisovereign
  people 262, 279

정당성 15~21, 23~25, 28,
  30~33, 38~40, 56, 81, 101,
  146, 152, 172, 188, 196, 199,
  201, 220~221, 231, 246, 276,
  349, 361~365, 368

'정당성 문제legitimacy problem' 17,
  19~20, 23, 28, 31, 38, 196

정치의 사사화私事化, privatization 240

정치질politicking 220, 320, 342

제퍼슨Thomas Jefferson 27

지배 엘리트 모델ruling elite model
  317

지식인 98, 102, 121, 125~126,
  288, 323

ㅊ

철의 삼각 지대iron triangle 318

철인(철인왕) 215~216, 229,
  352

청중민주주의audience democracy
  274

ㅋ

카E. H. Carr 170~171, 174, 183

카리스마적 지배 19

카시러Ernst Cassirer 115, 126

칸트Immanuel Kant 103, 245, 273,
  361

칼라일Thomas Carlyle 300

캐노번Margaret Canovan 339, 356

캐리Henry Carey 72

케네디John F. Kennedy 366

콜코Gabriel Kolko 87, 132

콩스탕Benjamin Constant 242

콩시데랑Victor Considérant 313~314

크로지어M. Crozier 334

크로포트킨Pjotor Kropotkin 63~64,
  139, 149, 196~198, 324

크롬웰Oliver Cromwell 30

클라우제비츠Karl von Clausewitz 86

키케로Marcus Tullius Cicero 69,
  348

ㅌ

타나베田邊元 125~126

타르드Jean Gabriel Tarde 302~309,

339

터커Benjamin Tucker 167

토크빌Alexis de Tocqueville 233,
256, 290, 298, 300, 323

톨스토이Lev Nikolayevich Tolstoy
149, 162~169, 192, 200~204

투렌Alain Touaine 265

트럼프Donald Trump 130

트로츠키Leon Trotskii 86

트리거Bruce Trigger 71

틸리Charles Tilly 88

ㅍ

파레토Vilfredo Pareto 317

파리코뮌 177, 179~180, 289,
296, 300~301, 310

파킨슨 법칙Parkinson's Law 332

파킨슨C. Northcote Parkinson 332

팔머Dave Palmer 29

패리Guerin Parry 333

페리클레스Perikles 225~226

페인Thomas Paine 197, 324

페일리William Paley 190

평균인el hombre medio 287

푸펜도르프Samuel Pufendorf 55

프랠린Richard Fralin 241

프레이저James Frazer 312

프레포지에Jean Preposiet 169

프로이트Sigmund Freud 288

프롤레타리아 독재 108, 177~181

프롬Erich Fromm 193

프루동Pierre Joseph Proudhon 141,
171~172, 179, 197~200, 323

프리드먼Milton Friedman 271

플라톤Plato 49~50, 64, 74,
215~216, 220, 229~233, 246,
263, 277, 348, 351~352, 367

플로베르Gustave Flaubert 300~301

피히테Johann Gottlieb Fichte 70, 89,
94~99, 102~103, 106~107,
112, 123, 132, 165

ㅎ

하버마스Jürgen Habermas 18~19,
305~308, 353, 357

함무라비 법전Code of Hammurabi 46

합리적인 이기주의자 251

해밀턴Alexander Hamilton 256,

258

헌법 18, 21~33, 35~41, 152, 154~157, 160, 192~193, 207, 242, 267, 276, 315, 348, 362~353

헌정주의constitutionalism 22, 25, 28

헤겔Georg Wilhelm Friedrich Hegel 71, 114~118, 171~172, 176

혼합정체 216

홉스Thomas Hobbes 52~58, 64, 69, 89~92, 228, 348, 357

횔덜린Friedrich Hölderlin 124

흄David Hume 55~56, 362

희생의 논리 89, 107, 123

히로히토裕仁 124

히틀러Adolf Hitler 71, 101, 110~112, 114, 118~120, 289

국가의 딜레마

국가는 정당한가

초판 1쇄 인쇄 2021.01.12
초판 1쇄 발행 2021.01.25

지은이 홍일립
펴낸이 김선식

경영총괄 김은영
편집주간 김지환
디자인 choi design studio
마케팅본부장 이주화
채널마케팅팀 최혜령, 권장규, 이고운, 박태준, 박지수, 기명리
미디어홍보팀 정명찬, 최두영, 허지호, 김은지, 박재연, 임유나, 배한진
저작권팀 한승빈, 김재원
경영관리본부 허대우, 하미선, 박상민, 김형준, 윤이경, 권송이, 이소희, 김재경,
　　　　　　최완규, 이우철

펴낸곳 다산북스 출판등록 2005년 12월 23일 제313-2005-00277호
주소 서울시 마포구 양화로 67 나동 302호
전화 070-4150-3186
홈페이지 www.dasanbooks.com
이메일 samusa@samusa.kr
종이·인쇄·제본·후가공 ㈜갑우문화사

ISBN 979-11-306-3482-1 03340